한국기독교박물관 자료를 통해 본 근대의 수용과 변용

이 저서는 2018년 대한민국 교육부와 한국연구재단의 지원을 받아 수행된 연구임 (NRF-2018S1A6A3A01042723)

메타모포시스 인문학총서 001

한국기독교박물관 자료를 통해 본 근대의 수용과 변용

초판 1쇄 발행 2019년 4월 30일

저　자 ｜ 한명근 외
펴낸이 ｜ 윤관백
펴낸곳 ｜ 도서출판 선인

등　록 ｜ 제5-77호(1998.11.4)
주　소 ｜ 서울시 마포구 마포대로 4다길 4 곶마루 B/D 1층
전　화 ｜ 02) 718-6252 / 6257
팩　스 ｜ 02) 718-6253
E-mail ｜ sunin72@chol.com

정가 24,000원

ISBN 979-11-6068-256-4 93900

· 잘못된 책은 바꿔 드립니다.

메타모포시스 인문학총서 001

한국기독교박물관 자료를 통해 본
근대의 수용과 변용

한명근 외

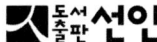

머리말

　본서는 한국연구재단 인문한국플러스(HK+) 지원사업 숭실대학교 기독교문화연구원의 '근대공간의 인문학, 문화의 메타모포시스(Metamorphosis)' 1단계 1차년도 아젠다의 일환으로 출판되었다. '메타모포시스'란 생물학적 용어로 '변태(變態)'를 의미하지만 사회적 의미로는 '변용(變容)'으로 해석하고 있다. 이러한 관점에 따라 본 사업단은 개항 이후 외래 문명의 수용이 한국의 근대를 형성하는 데 어떠한 경로와 방법을 통하여 이루어졌으며, 이러한 문명의 수용이 어떠한 방식으로 변용, 활용되어 오늘에 이르게 되었는지를 탐구하고 있다. 그리고 본 사업단은 숭실대학교 한국기독교박물관이 소장하고 있는 자료를 활용하여 한국 근대전환기 메타모포시스를 연구하는 것도 연구사업의 중요한 테마이다.

　한국기독교박물관에서 소장하고 있는 문헌자료는 2018년 3월 현재 조선중기 이후 해방까지 고문서, 고서, 서화류, 근대 인쇄물류 등으로 구분되며, 이 중 2018년 3월 현재 박물관에서 등록한 문헌자료는 총 6,997점에 달하고 있다. 그리고 이를 활용할 수 있도록 연구자에게 제공하고 있다. 그동안 숭실대학교 한국기독교박물관은 소장하고 있는 자료에 대해 주제별로 해제집을 발간한 바 있다. 2005년 2월 『한국기독교박물관 소장 고문헌 목록』을 시작으로 『한국기독교박물관 소장 기독교 자료 해제』(2007년 1월), 『한국기독교박물관 소장 과학·기술 자료 해제』(2009년 2월), 『한국기독교박물관 소장 한국학 자료 해제』(2010년 12월), 『한국기독교박물관 소장 민족운동 자료 해제』(2012년 12월, 이하 '민족운동 해제') 등 자료 해제집을 발간하였다. 이들 자료들은 한국 기독교사와 일제강점기 민족운동, 그리고 근대 전환기 형성 과정을 보여주는 귀중한 자료로 평가되고 있다.

3·1운동과 대한민국 임시정부 수립 1백주년을 맞는 올해는 매우 의미 있는 해이다. 이에 따라 본 사업단은 숭실대학교 한국기독교박물관에 소장되어 있는 자료를 활용하여 지난 2018년 11월 28일 「메타모포시스 인문학에서 본 한국기독교박물관 소장 자료 현황과 활용방안」이라는 주제로 학술대회를 개최한 바 있다. 본서는 이 학술대회에서 발표한 원고를 보완하여 '메타모포시스 인문학총서'라는 총서명으로 간행하는 처녀작이다. 본 연구총서는 다섯 편의 연구 성과로 구성되었다.

  첫 번째는 「한국기독교박물관 소장 근대 자료의 내용과 성격」(한명근)으로, 제목 그대로 한국기독교박물관이 소장하고 있는 근대 자료의 내용과 성격을 총체적으로 분석하였다. 한국기독교박물관 소장 자료는 한국기독교박물관의 정체성과 직결되어 있을 뿐 아니라 나아가 근대 문명의 수용과 일제의 식민지배라는 특수한 역사적 변혁기의 시대상을 거증하는 자료이다. 근대 자료의 발행 주체별로 보면 정부 등 국가기관, 민간, 종교사회단체, 일제식민통치기관, 개인 등으로 분류할 수 있고, 형태별로는 행정문서를 포함한 일반문서와 소장 자료의 대다수를 차지하는 단행본, 신문·잡지 등 다종 다기한 출판물이 있다. 이들 자료를 다시 주제별로 천주교 및 개신교의 수용과 확산을 촉진했던 기독교 자료, 한국학 자료, 일제 침략 및 저항의 과정에서 생산된 식민통치 자료, 외국인의 시각이 반영된 한국학 관련 자료 등으로 분류해볼 수 있다. 한국기독교박물관 소장 자료가 근대전환기 전반을 살펴보는 데 유의미한 자료이긴 하지만, 파편적으로 존재하고 있기 때문에 당대 생산된 다양한 성격의 자료를 총체적으로 분류 정리하였다는 점에서 의미가 있다고 판단된다.

  두 번째는 「한국기독교박물관 소장 일제강점기 '재판 관련 자료'의 현황과 활용방안」(성주현)이다. 한국기독교박물관은 일제강점기 민족운동 관련 자료 약 800여 점 가운데 자료적 가치와 보존 상태를 고려하여 314건, 355점을 선별하여 해제를 한 바 있다. 이 중 '재판 관련 자료'는 민족운동과 관련된 사건 또는 인물에 대한 판결문 등 행형기록의 일부이다. 일제강점기 독립운동가들의 행형기록은 다양한 유형의 자료들이 있는데, 이들 자료는 일제강점기 민족운동을 연구하는데 매우 중요한 자료이다. 이에 따라 이 글은 위에서 언급한 자료 중에서 '재판 관련 자료'에 대해 현황과 성격, 그리고 활용방안에 대하여 살펴보고 있다.

세 번째는 「근대전환공간의 인문학 – 외래사상과의 만남, 그 흔적을 찾아서」(오지석)이다. 근대 전환공간에서 이루어진 사유와 사상의 발전사는 외부(서양과 일본/ 중국)로부터의 유입과 갈등, 배제, 무시로 표현되는 흐름과 과학기술을 기반으로 한 차별적 수용론과 사상의 메타모포시스를 요구받았던 사상의 발전사가 녹아있다는 점에서 유의미하다. 이에 본고는 기독교사상과 관련하여 한국기독교박물관 소장 자료 가운데 대표적인 362점을 선별해서 성경, 신앙교리서, 개신교회사 일반, 천주교, 기타 순으로 해제한 『한국기독교박물관 소장 기독교 자료 해제』(2007년 1월)와 한국기독교 선교 130주년 기념 기획특별전 도록 『근대의 기억, 신앙의 기록－예수교서회의 문서운동』(2015년 10월), 전시 도록 『서양인이 본 근대전환기의 한국·한국인－영천 김정훈 기증문고를 중심으로』(2012년 5월)를 중심으로 근대 전환공간의 인문학의 메타모시스 양상을 추적하고 있다.

네 번째는 「한국기독교박물관 소장 〈문학과 예술〉 자료의 현황과 〈메타모포시스 인문학〉 연구의 활용방안」(전영주)이다. 이 글은 한국기독교박물관에 소장된 자료의 현황 소개하고 이를 중심으로 근대문학 연구의 활용방안을 제시하고 있다. 먼저, 한국기독교박물관이 소장하고 있는 39점의 고전 자료를 분석하였다. 다음으로, 언더우드와 게일의 『한영자전』의 사료적 가치와 번역어로서의 언어인식의 연구방안을 제시하였다. 또한, 근대초기의 번역문학과 관련한 자료를 분석하여 근대문학 연구의 가능성을 모색했다. 마지막으로, 근대초기 서양선교사가 간행한 『찬송가』 자료의 현황을 소개하고 근대시가문학과의 관련 연구를 제기하고 있다.

다섯 번째는 「숭실대학교 한국기독교박물관 소장 근·현대시기 영문 자료 연구(17세기~20세기 전반기)」(김지영)이다. 이 글은 숭실대학교에 소장되어 있는 근현대사 관련자료 중 영어로 기록된 자료를 조사하여 간략하게나마 그 규모와 내용을 파악해 보고자 하였다. 이미 한국기독교박물관에서는 소장하고 있는 영문 자료에 대한 기본적인 목록과 서지사항을 정리해 놓았지만, 본고는 한국기독교박물관에서 정리해 놓은 자료를 토대로 하여 각 영문 자료의 성격과 내용을 살펴보고, 이들 자료 중 숭실대학교 인문한국플러스 사업단의 아젠다와 부합하는 자료들을 발굴하여 연구할 필요성이 제기되고 있다. 따라서 본고는 한국기독교박물관에 소장되어 있는 영문 자료의 현황을 파악하고, 이 자료들 중 '근대전환공간의 인문학: 문화의 메타모포시스'라는 아젠다에서 활용할 수 있는 자료를 발굴하는 것을 목적으로 하고 있다.

그동안 일제강점기의 연구는 식민지배정책과 민족운동이라는 두 가지 관점에서 이루어져왔다. 최근 들어 다양한 관점에서 일제강점기를 분석하고 있다. 특히 일상생활에서의 삶의 모습을 통해 조명하고 있는 점도 새롭게 시도라고 평가할 수 있다. 본 사업단은 한국 근대전환기 메타모포시스적 해석을 새롭게 시도하였다는 점에서 앞으로 보다 많은 연구에 매진하고자 한다.

끝으로 본 연구원의 발표와 원고 집필에 적극적으로 참여해주신 연구원 선생님과 연구총서를 발행하는데 많은 도움을 준 도서출판 선인의 편집진에게 감사의 뜻을 전한다.

2019년 4월
숭실대학교 한국기독교문화연구원장
황민호

차례

머리말 / 5

한국기독교박물관 소장 근대 자료의 내용과 성격 ·················· 한명근
  Ⅰ. 머리말   15
  Ⅱ. 매산 선생과 근대 한국학 자료   16
  Ⅲ. 기독교 자료   21
    1. 성경   23
    2. 찬송가   31
    3. 신앙교리서   33
    4. 주일학교 공과   41
    5. 교회 회의록   45
    6. 한국교회사   47
    7. 기독교 신문   48
    8. 기독교 잡지   51
    9. 천주교 자료   59
  Ⅳ. 한국학 자료   62
    1. 한말 정치경제 자료   63
    2. 근대 교과서   65
    3. 개화기·일제강점기 발행서적   68
    4. 고전 복간본   71
    5. 중국·일본 발행서적   73
    6. 근대 신문·잡지   76
  Ⅴ. 일제 식민통치 자료   80
    1. 재판 관련 자료   81
    2. 사법·경찰기관의 훈시, 지시 및 주의사항과 회의 자료   88
    3. 사법·경찰기관의 각종 보고, 정리, 통계 및 법령 자료   95
    4. 기타 자료   104

Ⅵ. 해외 한국학 자료　　　　　　　　　　　　　　　　105
   1. 한국어 문법서와 어학사전　　　　　　　　　　105
   2. 개신교 선교사의 한국학 출판물　　　　　　　108
   3. 여행가, 외교관, 기자 등의 한국학 출판물　　112
   4. 서양인들의 동아시아학 출판물　　　　　　　115
   5. 한국인 저술의 외국어 출판물　　　　　　　　117
   6. 기타 선교단체의 영문출판물　　　　　　　　119
Ⅶ. 맺음말　　　　　　　　　　　　　　　　　　　　120

한국기독교박물관 소장 일제강점기 '재판 관련 자료'의 현황과 활용방안 ··· 성주현

 Ⅰ. 머리말　　　　　　　　　　　　　　　　　　125
 Ⅱ. '재판 관련 자료'의 현황과 성격　　　　　　　127
   1. 1910년대 암살사건 관련 재판자료　　　　　129
   2. 3·1운동 관련 재판자료　　　　　　　　　　131
   3. 1920년대 민족운동 관련 재판자료　　　　　134
   4. 광주학생운동 관련 재판자료　　　　　　　　137
   5. 사회주의·공산주의 활동 관련 재판자료　　　138
   6. 1930년대 재판 관련 자료　　　　　　　　　143
 Ⅲ. '재판 관련 자료'의 활용방안　　　　　　　　148
 Ⅳ. 맺음말　　　　　　　　　　　　　　　　　　156

근대전환공간의 인문학 – 외래사상과의 만남, 그 흔적을 찾아서 ···· 오지석

 Ⅰ. 머리말　　　　　　　　　　　　　　　　　　161
 Ⅱ. "西學"에서 "新學"으로　　　　　　　　　　　165
   1. 결이 다른 두 흐름('西學에서 神學으로')　　165
   2. 漢譯西學書 그리고 韓譯西洋書의 문헌가치　171
 Ⅲ. "격물치지에서 격치로, 다시 과학으로"　　　179

  1. 한역서학서로 본 "격물치지" 그리고 "격치"로 표현된 서양자연학, 과학 그리고 기술　179
  2. 서양과학에 대한 조선인들의 이해　181
 Ⅳ. 맺음말　182

한국기독교박물관 소장 〈문학과 예술〉 자료의 현황과 〈메타모포시스인문학〉 연구의 활용방안 ············ 전영주

 Ⅰ. 머리말 : 〈문학과 예술〉 관련 자료의 현황과 연구의 필요성　187
 Ⅱ. 한국기독교물관 소장 한국학 자료의 활용방안　191
  1. 연행록과 서간문, 여행기 시문 : 근대 초기 문학 장르의 양상들　191
  2. 『한영자전』의 사료적 가치와 번역어로서의 언어인식　195
 Ⅲ. 한국기독교박물관 소장 기독교 자료의 활용방안　197
  1. 조선에 체류한 선교사의 창작물과 번역문학의 의미　197
  2. 『찬송가』와 근대시가문학 형성과의 관련양상　200
  3. 기독교 신문 및 잡지의 문예학적 성격　203
 Ⅳ. 맺음말 : 앞으로의 연구 전망과 남은 과제들　206

숭실대학교 한국기독교박물관 소장 근·현대시기 영문 자료 연구 (17세기~20세기 전반기) ············ 김지영

 Ⅰ. 머리말　211
 Ⅱ. 17~18세기 간행 영문서적　213
 Ⅲ. 19세기 간행 숭실대학교 한국기독교박물관 소장 영문서적　215
 Ⅳ. 20세기 간행 영문서적　223
 Ⅴ. 맺음말 : 숭실대학교 한국기독교박물관 소장 자료 현황 및 활용방안　251

■ 참고문헌 / 263
■ 찾아보기 / 271

한국기독교박물관 소장 근대 자료의 내용과 성격

한명근

한국기독교박물관 소장 근대 자료의 내용과 성격

Ⅰ. 머리말

　개화기 이후 생산된 근대 자료[1]는 전통과 현대를 잇는 문명의 상징물이라 할 수 있다. 본 발표문에서 다루는 근대 자료는 시간상으로 1876년 개항 이후 1945년 해방될 때까지의 역사를 담은 것으로 형태상으로는 건조물과 기념물, 가옥, 생활유물 등 유형의 문화유산을 제외한 역사기록물이다. 그리고 생산 주체가 공공 영역이든 민간영역이든지를 불문하고 당대의 정치사회의 변화 양상을 채증할 수 있는 각종 간행물과 문서 등 문헌자료라 할

---

[1] 근대 시기에 공사립 기관 및 개인에 의해 간행되었거나 생산된 자료를 통칭한다. 자료를 소장하고 있는 기관에 따라 이를 박물관이나 역사관에서는 '유물'로, 국사편찬위원회와 같은 연구편찬기관에서는 '사료 또는 자료'로, 국립중앙도서관에서는 '기록'으로, 국가기록원의 경우 '기록물'이라는 용어를 사용한다. 이처럼 보존 관리, 활용하는 주체에 따라 그 용어가 달리 사용되고 있지만, 본 발표문에서는 공적이나 사적인 기관, 또는 개인이 발행했거나 생산한 자료로서 근대이행기 정치사회적 의미를 담고 있는 자료를 통칭하여 '근대 자료'라 칭하고자 한다.

수 있다.

본 글은 숭실대학교 한국기독교박물관(이하 '본관'이라 略함)에서 소장하고 있는 자료를 대상으로 하여 작성되었다. 이 자료는 한국기독교박물관의 정체성과 직결되어 있을 뿐 아니라 나아가 근대 문명의 수용과 일제의 식민지배라는 특수한 역사적 변혁기의 시대상을 증거하는 자료이다. 근대 자료의 발행 주체별로 보면 정부 등 국가기관, 민간, 종교사회단체, 일제식민통치기관, 개인 등으로 분류할 수 있고, 형태별로는 행정문서를 포함한 일반 문서와 소장 자료의 대다수를 차지하는 단행본, 신문·잡지 등 다종다기한 출판물이 있다. 이들 자료를 다시 주제별로 천주교 및 개신교의 수용과 확산을 촉진했던 기독교 자료, 한국학 자료, 일제 침략 및 저항의 과정에서 생산된 식민통치 자료, 외국인의 시각이 반영된 한국학 관련 자료 등으로 분류해볼 수 있다. 본관 소장 자료가 근대상 전반을 살펴보는 데 유의미한 자료이긴 하지만 파편적으로 존재하고 있기 때문에 당대 생산된 다양한 성격을 자료를 총체적으로 분류 정리하는 작업이 매우 난망한 것이었음을 밝혀둔다.

Ⅱ. 매산 선생과 근대 한국학 자료

본관에서 소장하고 있는 근대 자료의 성격을 이해하기 위해서는 먼저 본관의 설립 배경과 자료 입수 맥락을 살펴보지 않을 수 없다. 본관은 평양 숭실전문학교 졸업생이며 해방 이후 장로교 목사로 활동했고, 1954년 재건 서울 숭실대학의 사학과 교수로 재직했던 매산 김양선 선생(1907~1970)이 설립한 1948년의 '기독교박물관'과 '매산고고관'에 그 뿌리를 두고 있다. 매산 선생은 1948년 4월 16일 우리의 민족혼을 말살하고 기독교를 쇠멸케 했던 남산의 조선신궁 자리에 기독교박물관을 설립하여 말살된 민족의 혼을 되

살리고 일제에 의해 훼손된 기독교정신을 복원하고자 하였다.[2]

　매산 선생은 일찍부터 우리 문화 및 문화재에 관심을 가졌다. 그는 "문화재의 참된 가치와 의의는 신문화 창조의 바탕이 되는 데 있고, 근대화나 주체문화의 창조는 역사의 전통 위에 서야 한다."고 보고 "우리의 문화재는 우수한 문화를 창조하는 소재와 원동력이며, 신문화 창조의 바탕이 되는 문화재는 국가의 것이 되기에 앞서 국민의 것이 되어야 한다."고 생각하였다.[3] 이렇듯 매산 선생은 문화재가 새로운 문화 창조의 밑거름이 된다고 여기고 전통시대 역사자료와 근대 기독교 자료를 수집하였다. 특히 숭실전문학교 재학중 양주동 교수가 韓國古歌研究를 하면서 연구자료 수집에 열중하고 있는 모습을 지켜보며 집안에 소장되어 있는 500권 이상의 초기 한국 개신교 출판물을 정리하고 목록을 작성한 것[4]이 문화재 수집의 서막이었다. 그는 성경에 "보물이 있는 곳에 네 마음도 있느니라"는 구절처럼 보물을 가진 사람은 자연히 그 보물에 마음이 가기 마련인 것처럼 문화재의 귀중함과 소유욕을 갖게 된다고 하였다.[5]

　매산 선생이 연구활동을 하며 집중적으로 수집한 자료는 비단 개신교회사 자료만이 아니었다. 그는 한국교회사 연구를 시작하면서 연구범위를 넓혀 개신교에서 천주교로 확장시켰고, 이와 더불어 한국사와 고고학 연구까지 분야를 넓혀나갔다. 한국기독교사는 근세사와 밀접한 관계를 가지고 있으며 특히 기독교의 동방전래를 해명하기 위해 고고학 연구가 필요하다고 판단하였다.[6] 이러한 연구활동은 한국의 민족문화와 기독교 관련 자료 수집으로 이어졌다. 그리고 수집된 자료가 쌓이자 박물관을 설립하고 상설진

---

[2] 유영렬, 「매산 김양선의 생애와 민족의식」, 『崇實大學校 韓國基督敎博物館誌』 창간호, 2004, 116쪽.
[3] 金良善, 「新國民文化의 創造」, 『政經研究』 27호, 1967.4, 37~38쪽.
[4] 金良善, 「受難과 榮光의 遺物을 찾아-基督敎博物館을 마련하기까지-」, 『新東亞』 46호, 1968.6, 311쪽.
[5] 金良善, 「新國民文化의 創造」, 39쪽.
[6] 金良善, 「受難과 榮光의 遺物을 찾아-基督敎博物館을 마련하기까지-」, 312쪽.

열장으로 한국기독교문화를 전시함으로써 기독교 사회봉사의 美點을 전 국민에게 알려주고 싶은 희망으로 발전하였다.[7]

이와 같이 매산 선생이 중점적으로 수집한 자료는 우리 민족문화의 우수성을 보여줄 수 있는 자료와 한국 기독교 역사를 살펴볼 수 있는 자료, 그리고 식민지정책에 대항한 민족의 주체성 관련 자료가 대부분이었다. 이는 곧 한국 근대화와 관련된 것이기도 했다. 그는 한국의 근대화의 의미를 서구문명, 즉 과학문명의 수용을 통한 물질문명의 발전보다는 기독교문명이라는 정신문명에 더 큰 비중을 두었다. 물질문명과 정신문명은 병행되어 발전되어야 하지만, 정신문명이 물질문명을 선도해야 한다고 보았다. 그리고 한말, 일제강점기 한국 근대화는 프로테스탄트 교회가 주도하여 본격화되었다는 인식을 가지고 있었다. 즉 선교사는 현대식 의료사업과 교육사업에 앞장섰고, 한국교회는 한글의 발전, 근대 신문·잡지의 시작, 민주주의의 훈련, 농촌진흥운동, 독립운동에 주도적 역할을 수행했으며, 기독교 사상이 보급되면서 계급 타파, 여성 해방, 근로정신, 자립정신 등의 사회사상으로 발전되어 갔다고 여겼다.[8] 요컨대 한국교회는 정치적 격변기에 한민족의 정신적 지주가 되었고, 기독교 사상은 한국 근대화의 기반이 되었다고 인식하였다.

그리하여 매산 선생은 "신교육, 개혁운동, 독립운동에서 기독교의 공헌이나 업적을 세밀히 밝혀 일반사학계에 발표"하는 일을 게을리 하지 않았다. 그의 기독교 역사 연구의 특징은 한국기독교사의 주어가 한국과 한국인, 한국교회라는 주체적인 관점에서 복음 수용을 해석하려 했다는 점에 있다. 그리고 일반 역사학 연구자로서 일반사와 교회사를 함께 서술하였다는 점에 있다. 이뿐만 아니라 교파의 편협성을 뛰어넘어 대승적인 자세로 교회사를 바라보았다는 점은 그만의 초교파적이고 객관적인 연구 방법론

---

[7] 金良善, 「受難과 榮光의 遺物을 찾아-基督敎博物館을 마련하기까지-」, 313쪽.
[8] 金良善, 「基督敎가 韓國近代化에 미친 影響」, 『崇大學報』 1965년 3월 15일자.

이기도 했다.9) 그리고 매산 선생은 한국 기독교가 민족문제와 어떻게 결합되어 작동되었는지에 관심을 가지고 한국사회를 진단하려 하였다. 즉 그의 연구 초점은 기독교가 한말 개화운동 및 일제강점기 민족운동에 어떠한 역할을 감당했는가를 살펴봄으로써 한국기독교의 민족교회론적 위상을 제고하는 데에 맞춰져 있었다.10)

매산 선생은 한글 최초의 성경 번역 작업에 참여한 외조부 백홍준 전도사, 아버지 김관근 목사가 소장하던 성경, 찬송가, 신앙교리서 등을 근간하여 하여 주일공과, 기독교 신문·잡지 등 기독교 관련 서적과 전도지, 주보 등 각 교회에서 사용하던 자료까지 수집하였다.11) 그에게 있어 한국교회사 자료 수집과 보존 및 연구는 평생의 소임이자 숙명이었다.

해방 이후 매산 선생은 우리의 우수한 민족문화와 관련된 자료의 수집 및 연구에 주력하였다. 사재를 털어 전통사회의 고고·미술문화 자료, 근대사회로의 유입과 관련하여 서양의 과학기술문명 자료, 실학 자료, 한국 고지도 및 세계 지도 등 다양한 영역의 자료를 적극적으로 수집하였다. 특히 이 가운데 독립운동 판결문과 사업·경찰기관과 관련된 자료 등 일제의 식민통치와 관련한 희귀자료는 본관 소장 근대 자료를 대표하는 것 중의 하나이다. 이들 자료의 입수 경위는 명확하지 않으나 자료의 상당부분이 조선총독부 검사로 재직하며 수많은 독립운동가에게 유죄판결을 내렸던 야마자와 사이치로(山澤佐一郞) 검사의 所藏印 "山澤"이 찍혀 있는 것으로 보아, 야마자와 검사가 개인적으로 소장하고 있던 것을 매산 선생이 입수한 것으로 보인다.

이처럼 매산 선생의 수집 자료는 한국기독교역사 자료를 근간으로 하여

---

9) 박정신, 「교회사학자, 김양선은 어디 있는가」, 『한국기독교역사연구소 소식지』 31호, 1998.4.
10) 윤경로, 「梅山 金良善과 韓國基督敎史 研究」, 『崇實大學校 韓國基督敎博物館誌』 창간호, 2004, 129쪽.
11) 임병태, 「한국기독교박물관 설립자 金良善 교수」, 『인물로 본 숭실 100년』, 숭실인물사 편찬위원회, 1997, 278쪽.

기독교의 유입과 관련있는 서학 및 실학 자료, 근대 과학기술 자료, 민족의 독립운동 자료 및 한민족의 연원을 파악할 수 있는 고고·미술 자료로 구분할 수 있다. 근대로의 이행기 한국기독교와 민족에 관한 것으로 집약된다고 할 수 있다.[12] 매산 선생은 이와 같은 자료를 근간으로 하여 한국기독교박물관을 설립하였고, 1967년 7월에는 문화재는 특정 개인 또는 기관의 것이 아니라 국민의 문화재가 되어야 한다는 大義에 입각하여 자신이 수집한 소중한 유물을 모교에 기증함으로써 숭실대학교 부설 한국기독교박물관이 새롭게 출범하였다. 본고에서 다루는 한국기독교박물관 소장 자료는 매산의 기독교정신과 근대화에 대한 인식, 문화재를 바라보는 철학의 총체로서 지금까지 이어져 오고 있는 것이다.

한국기독교박물관은 2004년 4월 첨단보존설비를 갖춘 전시실과 수장고를 갖춘 신축박물관으로 이전하였으며, 이때부터 매산 선생의 학문을 계승하고 소장하고 있는 유물을 학계에 소개하여 활용할 수 있도록 자료 간행 작업을 진행하였다. 먼저 지류유물을 주제별로 분류한 목록집을 발간하여 자료의 기본 정보를 제공하였고[13] 중요자료를 네 영역으로 구분하여 해제집을 발간하였다.[14] 이와 함께 학계의 공개 요구가 높은 일부 희귀자료를 영인 해제하여 관련 연구자들에게 보급하는 사업을 진행하고 있으며,[15] 이

---

[12] 유영렬, 「매산 김양선의 생애와 민족의식」, 117쪽.
[13] 한국기독교박물관, 『한국기독교박물관 소장 고문헌 목록』(2005년)
[14] 『한국기독교박물관 소장 기독교 자료 해제』(2007년)
　　『한국기독교박물관 소장 과학·기술 자료 해제』(2009년)
　　『한국기독교박물관 소장 한국학 자료 해제』(2010년)
　　『한국기독교박물관 소장 민족운동 자료 해제』(2012년)
[15] 『기산箕山 김준근金俊根 조선풍속도』(2008년)
　　『한국기독교박물관 소장 燕行圖』(2009년)
　　『기산箕山 김준근金俊根의 기독교 미술 〈텬로력뎡〉삽도』(2009년)
　　『기독교 민족사회주의자 김창준金昌俊 유고』(2011년)
　　『월남 이상재 선생 옥사기록 공소산음 共嘯散吟』(2012년)
　　『한국기독교박물관 소장 興宣大院君筆帖』(2014년)
　　『한국기독교박물관 소장 中士奇洪大容手札帖』(2016년)
　　『한국기독교박물관 소장 古稀燕士』(2016년)

외에도 본관에서 소장하고 있는 숭실 설립자 베어드 박사 자료의 저작물을 모아 〈베어드 총서〉라는 이름으로 영인자료집을 발간하였다.16)

이 글은 본관 소장 문헌 자료 가운데,17) 개항 이후부터 1945년까지의 역사 자료를 선별하고 이전에 간행된 목록, 해제, 영인자료집을 기본 텍스트로 하여 1) 기독교 자료, 2) 국내에서 생산된 한국학 자료, 3) 외국인 시각의 한국학 자료, 그리고 4) 일제 식민통치 자료로 분류하여 정리하였다. 소장 자료가 형태, 내용, 발행처, 시기 등 다종다기하여 몇 개의 범주로 분류 배열하는 데에 근본적인 한계가 분명하다. 그럼에도 소장 자료의 특성을 고려하여 편의상 네 영역으로 묶었음에 양해를 구한다.

Ⅲ. 기독교 자료

한국 근대사회로의 전환공간에서 근대문명이 주체적 수용과 변용을 거쳐 확산되어 가는 특징을 이해하기 위해서는 극심한 정치적 격변을 겪었던

---

16) 베어드총서 1, 『명심도』(2013.1)
베어드총서 2, 『신도쾌락비결』(2013.1)
베어드총서 3, 『사복음대지 합부』(2013.1)
베어드총서 4, 『예수사적그림』(2014.1)
베어드총서 5, 『평민의 복음』(2014.1)
베어드총서 6, 『싯별젼』(2014.1)
베어드총서 7, 『고영규젼』(2014.10)
베어드총서 8, 『이긔는 싱명』(2014.10)
베어드총서 10, 『쟝자로인론』(2015.10)

17) 한국기독교박물관에서 소장하고 있는 문헌자료는 2018년 3월 현재 조선중기 이후 해방까지 고문서, 고서, 서화류, 근대인쇄물류 등으로 구분되며, 이 중 2018년 3월 현재 박물관에서 등록한 문헌자료는 총 6,997점에 달한다. 이를 박물관 유물 분류기준에 의해 고서류 2,667점, 고문서류 1,267점, 근대 자료류 2,729점, 서화류 39점, 지도류 116점, 시청각류 178점이다. 이를 시기상으로 구분하여 본 발표문에서 다루고 있는 1876년부터 1945년까지의 자료는 약 4,400여 점으로 본관 소장 자료의 약 63%에 해당된다. 이 가운데 발행 주체와 내용이 분명한 인쇄물을 중심으로 선별하였고 사진과 엽서 등 일부 자료는 분석 대상에서 제외하였다. 본고에서 다루고 있는 자료 대부분은 근대 인쇄기술에 의해 단행본 형태로 출판된 것이며, 필사본과 등사본도 일부 포함되어 있다.

1876년 개항 이후 1910년 일제식민체제로 변질되기까지 35년간 생산된 자료를 살펴보는 것이 중요하다. 전통사회에서 근대사회로 이행하는 과도기이자 식민지로 전락해가는 시기에 그 중요 지표는 국민의 의식에 지배적인 영향을 끼쳤던 간행물이라 할 수 있다. 이때 간행된 출판물은 근대의식의 성장 지표가 되거나 또는 전환기의 중요한 시대적 과제를 표출할 뿐만 아니라 새로운 사회로의 전환과 근대의식의 성장, 근대문명의 수용과 발전의 척도가 되기 때문이다.[18]

근대 활판인쇄술의 도입은 전통사회에서 근대사회로의 이행을 재촉하는 문화혁명이라 할 만큼 한국사회를 획기적으로 변화시키는 계기가 되었다. 근대인쇄기술의 도입으로 신서적이 대량으로 보급되었다. 신서적은 근대사회로의 이행기에 "서구사조를 직·간접적으로 소개한 서적 또는 그 영향을 받아 국내에서 제작·보급된 서적 일반"[19]을 의미한다. 즉 19세기 후반, 20세기 초반 국민들의 새로운 사회에 대한 지향이 반영되고, 시대적 요청에 의해 근대인쇄기술로 재발간되거나 새롭게 창작 또는 번역 출간된 발행물을 지칭한다 하겠다.[20] 이러한 신서적은 국민계몽과 근대의식의 성장, 민족운동의 흐름에 일정한 영향을 주었음을 부정할 수 없다.[21] 더구나 한글로 간행된 신서적의 대량 인쇄는 한글의 대중화 및 한국인의 언어·문자생활의 변화를 초래하였고, 개화기 신서적 출판의 전위에 있었던 성경, 찬송가, 각종 신앙교서 등의 보급은 근대문명 수용을 촉진하는 역할을 하였다.

근대인쇄기술의 도입기 기독교계는 신서적 출판을 주도하였다. 필자는

---

[18] 이하 글은 한명근, 「開化期(1876-1905) 신서적의 발간과 그 특징」, 『崇實史學』 20(숭실대학교 사학회, 2007.12)을 참조하였다.
[19] 李鍾國, 「韓國의 近代 印刷出版文化 硏究」, 『印刷出版文化의 起源과 發達에 관한 硏究 論文集』, (社)韓國出版學會, 1996, 81쪽.
[20] 韓明根, 「開化期(1876-1905) 신서적 발간과 그 특징」, 『崇實史學』 20, 숭실대학교 사학회, 2007, 18쪽.
[21] 韓明根, 위의 글, 27쪽.

개항된 1876년부터 본격적인 식민지화의 길을 걷기 시작한 1905년까지 발행된 서적 296종을 주제별로 구분하여 그 특징을 살펴본 바 있다.[22] 전체 서적 가운데 천주교 서적을 포함한 기독교 서적이 63.9%로 전체의 2/3에 가까웠고 다음으로 법률·농업·산술 등 근대 학문 관련 서적이 17.9%, 한국 및 세계의 역사·지리서가 14.5%, 기타 복간된 전통유학서 등 문집류가 3.7%였다. 그리고 발행주체별로 보면 기독교 서적 전문출판사에서 발간한 서적이 76.1%, 교육용 교과서 발간을 목적으로 대한제국 학부에서 발간한 서적 및 법부, 무관학교 등에서 발간한 관찬 서적은 13.8%에 불과하였다. 이로써 볼 때 근대 이행기 신서적의 내용 및 그 발행처 대부분은 기독교계와 관련되었음을 알 수 있다. 기독교계는 적어도 한국사회의 근대 도입기 근대문명의 싹을 틔우고 발전시키는 데 주도적 역할을 하고 있었던 것이다.

이렇듯 기독교 자료는 근대문명이 한국사회에 어떻게 수용되고 어떠한 방식으로 발전해갔는가를 보여주는 상징적인 자료라 할 수 있다. 본 장에서 살펴볼 성경, 찬송가, 각종 주석서와 신앙교리서 등의 신앙서적류와 개신교계의 교육선교 일환으로 간행된 근대학문 교과서 등의 문헌자료는 새로운 근대 문화 창출에 기여한 바가 크다고 할 것이다.

1. 성경

한국의 기독교 문서는 1882년부터 중국 奉天(현재의 瀋陽)에서 간행된 한글 번역성서를 그 효시로 한다. 이때부터 발간된 기독교 문서의 종류는 매우 포괄적이어서 형식분류조차 하기 힘들 정도이다. 성경, 찬송가를 비롯해 전도문서와 신앙서적, 신학서적, 주일학교 공과 등 교육서, 회의록, 종교와 사회문화 관련 출판물, 그리고 기독교신문 및 잡지가 광범위하게 생산되고

---

[22] 이하 내용은 韓明根, 위의 글, 34~46쪽에서 요약 정리하였다.

유통되었다. 본관은 기독교의 수용과 성장 및 발전과정에서 생산된 다양한 영역의 자료를 소장하고 있는데, 이를 성경, 찬송가, 신앙교리서, 주일학교 공과, 교회회의록, 한국교회사 관련 자료, 기독교 신문·잡지, 천주교 자료로 대별하여 살펴보고자 한다.[23]

한국에서 기독교 수용 이전에 이미 중국으로부터 한문성경이 전래되었다. 1866년 제너럴 셔먼호로 대동강에 도착한 토마스(R. J. Thomas) 목사가 순교 직전 한문성경인 『新約全書』(1858, IA0029)[24]를 전해주면서 한문성경이 본격 유입되었다. 한글 기독교 문서의 보급은 중국에서 선교활동을 하던 스코틀랜드 연합교회 목사 로스(J. Ross, 羅約翰)에 의해 이뤄졌다. 로스는 奉天에서 1881년 『예수성교문답』, 1882년 『예수성교요령』을 간행하여 기독교문서 발간의 시작을 알렸고,[25] 바로 이어서 1882년 한글 최초의 성서인 『예수성교누가복음젼서』(IA0014)를 발간하였다. 이른바 로스역(Ross Version) 성서로 불리우는 초기 한글 성경은 백홍준, 서상륜, 이응찬 등이 번역하고 국내에 보급하였으며, 총 9종에 이른다. 본관에는 『예수성교누가복음젼서』(1882, IA0014)와 『예수성교요안닉복음젼서』(1883, IA4187), 『예수성교셩셔데자힝젹』(1883, IA4185), 『예수성교셩셔맛딕복음』(1885, IA0001), 『예수성교젼서』(1887, IA4200), 『예수성교셩셔맛딕복음』(1892, IA0003) 등 6점을 소장하고 있다. 비슷한 시기에 일본 요코하마에서 李樹廷에 의해 『신약마가젼복음셔언히』(1895, IA4186)가 간행되었다. 이러한 초기 한글성서는 외국 선교사의 입국 이전에 자발적으로 모국어로 된 성경을 번역하여 보급함으로써 자생적인 신앙공동체를 형성했다는 사실을 입증하는 중요 자료이다.

1885년 언더우드(H. G. Underwood, 元杜尤), 아펜젤러(H. G. Appenzeller, 亞扁薛羅)

---

[23] 본 장 'Ⅲ. 기독교 자료'는 숭실대학교 한국기독교박물관, 『한국기독교박물관 소장 기독교 자료 해제』(2007)를 토대로 작성하였다.
[24] 본관 소장 자료일 경우 ( ) 내에 '간행연도'와 '유물번호(IA○○○○)'를 기재하였다(이하 동일).
[25] 韓明根, 앞의 글, 28쪽.

선교사 입국 이후 한글성경 번역이 활발해져 개인역 혹은 1887년 조직된 성서번역위원회의 번역 성서가 다수 등장한다. 캐나다 독립선교사 펜윅(M. C. Fenwick, 片爲益)이 번역한 『요한복음전』(1891, IA0008)과 『약한의긔록흔디로복음』(1893, IA0016), 성서번역위원회에서 발간한 초기 단편 성서로 아펜젤러 번역의 『누가복음젼』(1890, IA0012)과 성서번역위원회의 『마가복음』(1895, IA0011), 『사도행젼』(1895, IA0017), 마태·마가·누가·요한·사도행젼을 묶은 『신약젼셔』(1896, IA0013)가 보급되었다. 한편 이보다 앞서 중국의 한문성경 『新約全書』 1858년본(IA0029)과 1864년본(IA0015)이 전래되었고, 이어 중국의 『舊約全書』(1870년대, IA3848)와 일본에서 발행된 『新約全書』(1880, IA3847) 및 『新約全書 馬可傳』(1877, IA1201), 『舊新約聖經』(1908, IA4233) 등이 국내에 유입되었다.

한편 신약전서로 1887년 『예수셩교젼셔』 발행 이후 1900년 두 번째로 『신약젼서』(IA0026)가 시험역본과 개인역이 섞여 발행되었고, 1904년에는 이를 재개역한 『신약젼서』(IA0018)가 발행되었다. 1906년에는 한국 최초의 공인역본인 『신약젼서』(IA0022)가 발행되었다. 이어 1938년 개역 신약성서가 나오기까지 1908년, 1909년, 1911년에 『신약젼서』(IA4236, IA3967, IA0090)가 발간되었고 단편 신약으로 미국성서공회에서 『누가복음』(1911, IA0185), 『마가복음』(1911, IA0187)을, 대영성서공회에서 『누가복음』(1912, IA0056), 『마태복음』(1913, IA0035), 『사도행전』(1914, IA0044)을 발간하였다.

한글로 발간된 최초의 구약성서는 피터스(A. A. Pieters, 彼得)가 개인적으로 번역한 단편 『시편촬요』(1898, IA2269)이다. 성서번역위의 초기 성경 번역 활동이 신약을 중심으로 이뤄졌기 때문에 구약은 개인역으로 발간되다가 1911년이 되어서야 비로소 『구약젼서』 권1·2(IA6827·6828)가 발행되었는데, 이 역시 개인역 차원에서 이루어진 작품이었다. 이에 1911년 구약개역자회가 구성되었고 1936년이 되어서야 개역 구약성서가 완전한 형태로 출간된다. 이와 함께 개역된 구약 단편 성경도 지속적으로 출간되었는데, 본관은 『창셰긔』(1912, IA0039), 『즘언』(1915, IA0049), 『아모스 개역』(1937, IA2781), 『말나기 개역』(1937, IA2780)과 국한문의 『鮮漢文貫珠 舊約全書』(1931, IA6795) 등을 소장하고 있다.

다음은 일제강점기에 발행된 신구약 성서 가운데 본관에서 소장하고 있는 것이다.

단편구약성서 : 시편촬요(1898, IA2269), 삼우엘젼(1910, IA0057), 창세긔(1912, IA0039), 즘언(1915, IA0049), 아모스 개역(1937, IA2781), 말나기 개역(1937, IA2780), 젼도셔(1937, IA2779)

단편신약성서 : 누가복음(1911, IA0041), 마가복음(1911, IA0187), 누가복음(1912, IA0056), 누가복음(1913, IA0033), 마태복음(1913, IA0036), 마가복음(1913, IA0055), 누가福音(1914, IA0043), 누가福音(1914, IA0047), 사도행젼(1914, IA0044), 마태福音(1915, IA0053), 사도행젼(1915, IA0040), 누가福音(1916, IA0051), 마태福音(1917, IA0045), 마태복음(1921, IA0052), 누가복음(1921, IA0048), 갈나듸아 에베소(1922, IA4397), 英鮮對照 路加福音(1922, IA0241), 누가복음(1923, IA0046), 日鮮文對照路加福音書(1927, IA3849)

구약젼서 : 舊約全書 제1·2권(1911, IA6827·6828), 舊約全書 卷3(1912, IA0065), 鮮漢文貫珠 舊約全書(1931, IA6795)

신약젼서 : 新約全書(1911, IA0023), 신약젼셔·찬숑가 합부(1911, IA4813), 新約全書/讚頌歌合部(1916, IA0028), 신약젼서·찬숑가 합부(1916, IA2771), 改譯 新約聖書(1919, IA6659), 신약젼셔(1919, IA0024), 新約全書(1927, IA0027), 신약젼서(1933, IA3092), 鮮漢文 新約全書(1935, IA6791), 簡易鮮漢文 新約全書(1935, IA6058), 新約聖書(1935, IA2760), 신약젼셔(1936, IA2766), 신약개역(1938, IA6971), 신약젼셔(1939, IA4287), 新約聖書(1940, IA2763), 舊新約聖書(1940, IA2765, 일본 발행)

신구약젼서 : 新舊約聖書(1910, IA6986, 중국 발행), 舊新約聖書(1929, IA6170, 일본 발행), 新舊約聖書(1931, IA6977, 중국 발행), 舊新約聖書(1937, IA6164, 일본 발행), 聖經改譯(1938, IA2767)

1906년 공인 신약전서와 1911년 공인 구약전서가 완성된 이후에도 단편 성서는 계속 등장하였고, 신약 개역 작업은 1926년 신약 개역자회가 조직되어 본격적인 개역작업이 이뤄져 1937년 끝이 났는데,[26] 상기 자료를 통해 신약의 개역과정을 살펴볼 수 있다.

성경 발간이 활발해지면서 성경 이해를 돕기 위해 성경 내용을 해석한 주석 작업도 그만큼 활성화되었다. 한글주석서 발간이 본격화되기 이전에 이미 중국의 각종 주석서가 유입되어 한글주석서 발간에 영향을 끼쳤는데, 다음은 본관에서 소장하고 있는 중국의 구약 및 신약주석서이다.

哥林多前書注釋(1903, IA0834)　　　　舊約路得記註釋 룻기(1903, IA0827)
舊約民數紀略註釋 민수기(1909, IA0830)　舊約士師記註釋 사사기(1909, IA0817)
舊約申命記註釋 신명기(1910, IA0838)　　舊約雅歌註釋 아가(1910, IA0831)
舊約耶利米哀歌註釋(1909, IA0821)　　　舊約約百註釋 욥기(연도 미상, IA0842)
舊約約書亞註釋 여호수아(1903, IA0823)　舊約歷代志略 上卷註釋 역대기(1903, IA0818)
舊約歷代志略 下卷註釋 역대기(1903, IA0820)　舊約列王紀略 上卷註釋 열왕기상(1910, IA0826)
舊約以士喇書註釋 에스라서(1910, IA0837)　舊約以士帖書註釋 에스더서(1910, IA0832)
舊約以賽亞註釋(1910, IA0841)　　　　舊約箴言註釋 잠언(1909, IA0825)
舊約傳道書註釋 전도서(1910, IA0835)　　舊約創世記註釋 창세기(1903, IA6036)
舊約撒母耳前書註釋(1902, IA0824)　　　舊約何西至馬拉基註釋(1906, IA0840)
舊約約書亞註釋 여호수아(1903, IA6035)　新約註釋(1900년경, IA6038)
新約註釋 第二券 路加約翰(1916, IA6988)　新約註釋 第一券 馬太, 馬可(1916, IA6987)
新約註釋 第四券 腓力比至, 黙示錄(1916, IA6989)

중국에서 구약주석서가 신약주석서보다 먼저 발행된 데 반해 한국에서는 신약주석서가 구약주석서보다 시기상으로 빠르고 양적으로도 많다. 다

---
[26] 한영제 편, 『한국 성서 찬송가 100년』, 기독교문사, 1992, 30쪽.

음은 1911년부터 국내에서 발행되기 시작한 신약 단편주석서이다.

갈나듸아주석(1913, IA6507)
골노새인셔주석(1912, IA3926)
데살노니가젼후주석(1912, IA3925)
듸모데젼후,듸도,빌네몬 신약주석(1922, IA4394)
로마인셔신약주석(1922, IA4393)
마가복음주석(1911, IA6783)
베드로젼후주석(1913, IA3894)
빌닙보골로새주석(1922, IA4066)
사도힝젼주석(1912, IA6045)
야고보주석(1912, IA4015)
요한복음신약주석(1922, IA4398)
유다셔주석(1912, IA6500)
히브리인셔주석(1913, IA4014)

고린도젼후주석(1912, IA6504)
누가복음주석(1922, IA3926)
듸도셔주석(1912, IA3956)
듸모데젼후셔주석(1912, IA3927)
로마인셔주석(1912, IA6497)
묵시록주석(1913, IA6508)
빌네몬주석(1912, IA6499)
빌닙보주석(1912, IA3924)
사도힝젼주석(1922, IA4065)
에베소인셔주석(1913, IA3889)
요한일이삼셔주석(1912, IA4024)
히브리인셔 신약주석(1922, IA4396)

단편 신약주석서가 10여 년간 발행되어 마침내 신약전서 주석으로 『신약주석 上』(1922, IA2757), 『신약주석 中』(1922, IA2758), 『신약주석 下』(1922, IA2759), 『신약주석 젼』(1922, IA4280)이 발행되었다.

구약주석서는 신약주석보다 늦게 발행되기 시작하였는데, 본관 소장본으로 『창셰긔주석』(1929, IA6173), 『에스더주석』(1935, IA4389)과 성경주석 및 주해서로 『標準 聖經註解』(1939, IA6571), 『標準 聖經註釋』(1939, IA6192), 『單卷 聖經註釋』(1945, IA6166) 등이 있다.

한편 신자들이 성서를 쉽게 이해할 수 있도록 하기 위해 '총론', '大旨', '講解', '공부' 등의 이름을 붙인 성서 연구서, 성서공부를 위한 입문서, 성서 연구 보조책자, 또는 『유년구약니야기』 제1·2권(1926, IA2728·2733)와 같이 성경 내용을 이야기 형식으로 충실하게 설명한 성경교육 보충교재가 보급되었다.

성경 총론 또는 개론서로, 신구약 성경과 성경지리에 대한 내용을 요약 정리한 『성경총론』(1934, IA1349), 구약 39권을 역사와 사건별로 요약해 놓은 『聖經史記』(1905, IA0041)와 『구약총론 샹』(1921, IA0243), 『舊約文學槪論』(1938, IA6184), 『舊約全書總論』(1939, IA6191), 『신약총론』(1918, IA6050), 『新約文學槪論』(1937, IA6978) 등이 있다. 성경 관련 교리서로 성경 암송 지침서인 『성경암송』(1934, IA2734), 성경에서 기독교 신앙을 찾고 깨달아야 한다는 성경론이 담겨 있는 『聖經眞理』(1920, IA0213), 신약에 있는 바울의 행적을 기술한 『바울힝적』(1921, IA0210), 성경연구 참고도서인 『성경일람 하권』(1934, IA1351), 구약성서의 내용을 시대별로 간략히 기록한 『구약ᄉ긔』(1910, IA0074), 삽화 80개와 함께 구약을 해설한 『성경도셜(聖經圖說)』(1892, IA0058) 등이 있다. 이 외에 성경 관련 내용을 담은 것으로 다음과 같이 것이 있다.

성경지분(1910, IA3083)   聖書綱目(1916, IA6049)
聖經要領(1922, IA6167)   新約의 歷史的 背景(1923, IA6160)
聖經의 由來(1929, IA6537)   聖經十講(1930, IA6993)
聖書神學(1932, IA4750)   聖書靈解全集 第一輯(1933, IA6057)
舊新約聯絡史(1927, IA0756)

그리고 구약·신약의 주요내용을 간추려 '大旨', '大要'라는 제목으로 편찬한 것으로 구약의 내용을 간추린 개요서 『창셰긔대지』(1918, IA6159)와 신약의 내용을 간추린 『누가복음대지』(1904, IA0245) 등이 있으며, 마태복음 내용을 85문제로 강해한 설교집 『마태강단』(1934, IA0204) 외에 아래와 같은 자료가 있다.

新約全書大旨(1911, IA3928)   마태복음대지(1912, IA0163)
ᄉ복음대지 합부(1912, IA0157)[27]   新約全書大旨(1914, IA4735)

[27] 한국기독교박물관은 이 자료를 영인해제하여 2013년 베어드총서 5 『사복음대지 합부』

舊約全書大旨(1921, IA0724)   계시록대요(1936, IA6059)
新舊約大旨(1936, IA6717)

성경 공부를 위해 문답 형식으로 저술된 것도 있다. 언더우드 부부가 저술한 『요한공부』(1899, IA0252)는 요한복음서 본문과 이에 해당되는 문제와 해답을 제시하는 형식으로 구성되어 있다. 이같이 문답 형식으로 구성하여 성경을 쉽게 공부할 수 있는 저술서로 『셩경연구문뎨』(1915, IA0165), 『셩경연구삼백문제』(1918, IA2740), 『듸모데젼후공부문뎨』(1918, IA0197), 『삼우엘상하공부문답』(1918, IA0476), 『셩경문답』(1921, IA0346), 『오백문답』(1923, IA0219) 등이 있다.

한편 성경 강의를 위한 자료와 성경 공부를 쉽게 이해할 수 있도록 해설한 교육교재로는 다음과 같은 자료가 있다.

요한셔신강해(1928, IA6174)   利末記講義(1919, IA4395)
요나書靈解(1934, IA4391)   예레미야講義(1927, IA6053)
다니엘셔강해(1921, IA6154)   이사야공부긔(1918, IA0146)
창셰긔공부(1922, IA0199)   默示錄略解(1938, IA6061)
스도신경요희(1912, IA0207)   삼우엘젼(1910, IA0057)
듸모데젼후공부문뎨(1918, IA0197)   마태복음 · 야고보공과(1915, IA0202)
요한복음공과(1925, IA6052)

이밖에도 성공회에서 발행한 신양 묵상집으로 누가복음과 요한복음의 내용이 수록된 『新約默想 卷2』(1928, IA0180)와 사도행전, 로마서, 고린도전 · 후서 내용이 수록된 『新約默想 卷3』(1930, IA0232)이 있다. 중국에서 간행된 성경 관련 한문 교리서로 『聖經典林』(1910, IA6158), 『經題直講』(1910, IA6042), 『四福音鑰』(1916, IA1202), 성서교육과 관련한 『天道易知錄』(1930, IA0833)이 있고, 일

(96면)로 발간하였다.

본에서 간행된 신약 해설서 『新約聖書全解』(1934, IA6195), 연구강좌서 『聖書研究講座-ヨハネ福音序說』(1935, IA6848), 『聖書研究講座-原始基督敎』(IA6847), 『聖書研究講座-創世記出埃及記』(IA6849)가 있다.

2. 찬송가

찬송가는 한글성경보다 조금 늦게 발행되었다. 초기에는 각 교파별로 전용찬송가를 편찬하여 사용하였다. 한글로 발간된 최초의 찬송가는 1892년 감리교 선교부에서 서양 찬송가를 번역하여 펴낸 『찬미가』이다. 이후 장로교는 『찬양가』와 『찬셩시』를, 성결교는 『부흥성가』를, 구세군은 『구세군가』를, 침례교는 『복음찬미』를 발간하였다.

장로교에서는 1894년 공인찬송가로 언더우드가 주도하여 오선악보가 최초로 수록된 『찬양가』(1894, IA0087)를 발행하였다. 북장로회선교부에서 이 찬양가의 편집 과정에 이의를 제기하며 찬송가위원회를 구성하고 독자적으로 1895년 그래엄 리(Graham Lee, 李吉咸)와 기포드(M. H. Gifford, 奇普) 부인이 함께 『찬셩시』를 편찬하였다. 이 찬셩시는 주로 서북지방에서 사용되었으며, 1908년 장·감 연합 찬송가가 간행되기까지 총 12판이 출간되어 북장로교회 공인찬송가로 사용되었다. 본관은 『찬셩시』 제2판(1898, IA0101), 제3판(1900, IA2279), 제7판(1903, IA3808), 제9판(1905, IA3811), 제11판(1906, IA0239)을 소장하고 있다. 그리고 북장로회에서 찬셩시를 편찬하기 이전에 사용하던 약 105×77cm 크기의 궤도찬셩시 4점(IA4459, IA5750, IA5751, IA5752)도 있다.

감리교 공인찬송가인 『찬미가』는 1892년 한국 최초로 발간된 찬송가이다. 본관은 『찬미가』의 가사 81곡을 수록한 제3판 『찬미가』(1896, IA0113)와 가사 90곡을 수록한 제4판 『찬미가』(1897, IA2144), 가사 176곡을 수록한 5판 『찬미가』(1900, IA4164), 가사 205곡을 수록한 제6판 『찬미가』(1902, IA3809), 그리고 뒤이어 발행된 『찬미가』(1907, IA0096), 『讚美歌』(1932, IA6055)를 소장하고 있다. 펜윅은 1899년 독자적으로 침례교 공인 찬송가집 『복음찬미』(1904, IA0111, 제2판)

를 발행하였고 영국성공회에서는 1904년 『天道讚詞』(IA0123)를 발행하였다. 동양선교회 성결교회에서 발행한 공인찬송가집 『부흥성가』(1931·1932·1934, IA2773·IA4461·IA0115)가 있으며, 구세군의 『구세군가』(1912, IA0114), 안식교의 『예수재강림찬미가』(1911, IA0095)와 『찬미가』(1922, IA0112)가 있다.

이밖에도 애니 베어드(A. L. A. Baird, 安愛理)가 지은 『챵가집』(1920, IA0096), 중앙기독청년회에서 발행한 곡보 없는 『별찬송가』(1922, IA0098), 조선주일학교연합회에서 어린이가 교회행사 때 부르는 동요 등을 엮어 발행한 『유년찬송가』(1925, IA2754), 로즈(B. M. Rhodes)가 교회행사 때 어린이들이 부를 수 있도록 동요를 중심으로 수록된 邊成玉의 『유치원 챵가』(1928, IA2755), 신의주복음서관에서 발행한 『方言讚美歌』(1933, IA0119), 玄濟明이 편찬하고 조선장로회총회 종교교육부 발행한 『아동찬송가』(1936, IA0116), 그리고 일본에서 발행한 『讚美歌』(1932, IA0112), 『リワイワル聖歌』(1932, IA6929) 등이 있다.

한편 장로교와 감리교는 1902년 '통합공의회찬송가위원회'를 조직하고 공동찬송가 편찬 작업에 착수하였다. 1908년 그 첫 결실로 총 262장의 악보 없는 『찬송가』(IA4020, 등록문화재 제675호)를 편찬함으로써 연합찬송가 시대를 열었다. 이 찬송가는 1930년대 감리교와 장로교가 『신정찬송가』와 『신편찬송가』를 편찬할 때까지 초교파적으로 사용되었다.[28] 이어 1909년에는 여기에 곡보를 붙인 『찬송가』(IA4814)를 발행하였다. 이때부터 성서와 찬송가 합집이 간행되기 시작하여 『신약젼셔·찬가 합부』(1911, IA4813), 『신약젼서·찬숑가 합부』(1916, IA4234), 『新約全書·讚頌歌 合部』(1918, IA0028)가 발행되었고, 이 외에 피터스가 엮은 『찬송가』(1917, IA0103), 『찬숑가』(1918, IA0109), 『찬송가』(1920, IA3810), 『찬숑가』(1925, IA0301)와 만국성경연구회에서 편찬한 『천년새벽찬숑』(1923, IA0094), 강신명 목사가 편찬한 『縮刷讚美歌 第1號』(1924, IA6974), 曹正煥 역의 『名作 讚頌歌講話』(1930, IA1348) 등이 있다.

1931년에는 '예수교연합공의회'가 첫 사업으로 『신정찬숑가』(IA2772)를 출

---
[28] 한국기독교역사연구소, 『한국기독교의 역사』 I, 기독교문서, 1999, 203쪽.

간하였다. 그러나 장로교총회 측과 협의, 교열 없이 출간됨으로써 갈등이 빚어졌다. 그리하여 조선예수교장로교총회 종교교육부에서 1935년 단독으로 『신편讚頌歌』(IA0852)를 편찬하였다. 몇 해 뒤 발간된 『신편찬송가』(1938, IA6531), 『特選 聖歌曲集』(1940, IA6974) 등은 한국 찬송가의 발전 과정을 살펴볼 수 있는 자료이다.

3. 신앙교리서

한국 기독교 초기 신앙서적은 중국에서 활동하던 외국 선교사들에 의해 한문으로 간행된 서적이 큰 비중을 차지하였다. 이들 신앙교리서는 중국성교서회와 미국 및 영국 선교사들이 기독교계 계몽출판을 위해 운영한 上海 美華書館과 廣學會에서 출판되었으며, 주로 신앙교육 교재로 활용하기 위해 발간된 특징이 있다. 또한 이들 자료의 상당부분은 교리를 쉽게 이해할 수 있도록 문답 형식을 취한 특징이 있다.

神道總論 卷1(1872, IA1335) 依經問答喩解(1880, IA0259)
禮拜模範(1881, IA0086) 耶蘇敎官話問答(1887, IA0082)
眞道入門問答(1890, IA1200) 約瑟傳:官話(1892, IA2309)
天道溯原(1893, IA1604) 喩道要旨(1894, IA0836)
神人合解(全)(1895, IA0237) 聖學入德門(朴治淳 外 17名)(1899, IA3554)
安仁車(1902, IA1245) 牧師之法(1908, IA1204)
安息日論/二約釋義叢書[合綴](1909, IA0851)

한국 기독교 수용 초기 국내에서 발행된 신앙교리서는 신앙의 내적 성장을 도모하기 위한 서적, 교회의 규례를 이해하고 교회생활을 잘 할 수 있도록 돕기 위한 서적, 인간 예수의 행적과 생애를 다룬 서적, 기독교 신앙생활 지침이 되는 서적, 교리를 문답식으로 해설한 서적, 기독교 역사를 공부하여 신앙의 전통 위에 견실한 그리스도인으로 훈련하고자 하는 서적 등 다양하다. 이를 다음의 몇 유형으로 분류하여 살펴보고자 한다.

첫째, 성경 이외의 한국기독교 초기 신앙서는 전도를 목적으로 표방하며 간행한 전도문서와 기독교 교리를 설명한 교리서가 대부분이었다. 초기 신앙서는 초신자 또는 불신자에게 기독교 교리를 설명하고 훈련시키기 위한 목적에서 발행되었는데, 대부분은 중국에서 이미 간행된 서적을 번역하여 출간한 것이다. 국내에서 최초로 간행된 기독교 전도문서는 1894년 언더우드에 의해 번역 간행된 『성교촬리(聖敎撮理)』(IA0059)로, 전체 9장의 짧은 지면에 삼위일체와 신앙인이 지켜야 할 것이 소개되어 있다. 1894년 이후 1910년까지 간행된 대표적인 전도문서는 다음과 같다.

성교촬리(聖敎撮理)(1894, IA0059)
인가귀도(引家歸道)(1894, IA0168)
구세론(1895, IA0067)
眞理便讀三字經(1895, IA0063)
쟝원량우샹론(張袁兩友相論)(1898, IA0075)
위원입교인규됴(爲願入敎人規條)(1898, IA0077)
요한삼쟝십륙(1905, IA0083)
쥬일직희난론(1899, IA0076)
쟝자로인론(1906, IA0247)
전도인일일공과(1906, IA0117)
구세진전(求世眞傳)(1907, IA0772)

1895년 발간된 『구세론』은 삼위일체 교리와 하나님의 열 가지 계명이 수록되어 있고, 마펫이 펴낸 『眞理便讀三字經』은 교리를 한문 3음절로 표현하고 이를 해설함으로써 한문, 한글 및 기독교 교리 공부에 적합하였다. 『위원입교인규됴(爲願入敎人規條)』는 교회의 規例와 관련된 것으로 신앙생활과 교회활동에 대한 훈련을 위해 발행했고, 『쟝자로인론』29)은 우화 형식으로 복음을 전파하기 위해 발행됐으며, 『구세진전(求世眞傳)』은 기독교 교리를 해설한 전도문서로 구원의 도에 대해 해설한 서적이다.

둘째, 교리에 대한 이해를 돕기 위해 기독교의 근본교리가 되는 핵심 내용을 문답식으로 구성하여 편찬한 신앙서적도 다수 등장하였다. 대표적인 교리문답서로 다음의 자료가 있다.

義經問答(1893, IA0108)	훈ᄋ진언(訓兒眞言)(1894, IA0148)
미이미교회문답(1896, IA0068)	예수교문답(1901, IA3100)
성경요리문답(1906, IA0233)	신구경요지문답(1908, IA2741)
『성경도리』(1908, IA0236)	성경요리문답쥬석(1911, IA0206)
고등문답(1914.5, IA0223)	마가복음강문뎨, 남감리교회 총측, 남감리교회 례문(1915, IA0251)
예수교의문해답(1917, IA3537)	죠선예수교쟝로회 신됴와 소요리문답 (1937, IA3074)

상기 교리문답서 가운데 『훈ᄋ진언(訓兒眞言)』은 스크랜톤 여사(M. F. Scranton)가 한문 주석 성서를 번역한 것으로 하느님, 창조, 예수의 구원 등 성경 이야기를 문답식으로 쉽게 해설한 교리서이다. 올링거(F. Ohlinger, 茂林吉)가 번역한 『義經問答』은 성경 이해를 돕기 위해 삼위일체론에서 종말론까지 9개 주제를 114개 문답형식으로 구성한 첫 문답식 전도문서이고, 한글 필사본으로 언더우드가 번역한 『예수교문답』은 초신자들을 위한 기본 교리서이다. 앞서 언급한 마펫 번역의 『쟝원량우샹론(張袁兩友相論)』(1898, IA0075)은 문답형식의 기독교 교리서를 대표하는 자료로, 친구 사이인 張씨와 袁씨 간의 신앙문답 형식으로 구성되었다. 게일(J. S. Gale, 奇一) 번역의 『성경요리문답』은 성서에서 기본 교리 107개를 문답으로 정리한 교회의 입교문답서다. 스왈른(W. L. Swallen, 蘇安論)이 번역한 『성경도리』는 구약과 신약의 상응

---

29) 한국기독교박물관은 이 자료를 영인해제하여 2015년 베어드총서 10 『쟝자로인론』(38면)으로 발간하였다.

하는 구절을 문답식으로 정리하여 대지 내용을 전개하고 결말에 이르는 방식으로 구성되어 있다. 교파별 교리서로 감리교 선교사 존스(G. H. Johnes, 趙元時)가 저술한 감리교회 기본 교리서인 『미이미교회문답』은 불신자와 초신자들이 교리를 쉽게 이해할 수 있도록 문답식으로 엮었고, 장로교회의 신경과 성경요리문답이 수록된 『죠션예수교장로회 신됴와 소요리문답』도 발행되었다.

한편 어린아이를 위한 교리문답서도 활발하게 발행되었다. 1915년 기독교 초신자와 어린이를 교육하기 위한 목적으로 테이트(M. B. I. Tate)가 저술한 문답서 『어린아희 문답』(1915, IA0201)이 발간되었고, 이후 1916년 개정판 『예수교초학문답』(1916, IA0726)에 이어 1920년(IA0757), 1922년(IA0193), 1931년(IA2743), 1934년(IA2744)에도 발행되었다.

셋째, 기독교 교리를 중심에 두고 금주, 혼인 등 신자의 기독교적 생활윤리를 강조하는 신앙생활지침서이다. 먼저 기독교 절제운동 차원에서 제기된 것으로 금주와 관련된 『금쥬미담』(1923, IA0509), 술과 담배의 해악을 다룬 『酒草戒言』(1923, IA0727), 신자들의 신앙생활 지침서로 작성된 『예수의 교훈과 신자의 의무』(일제강점기, IA2782), 생활 지침이 되는 격언집 『보빅로온말』(1916, IA0479), 신도들이 그리스도적 삶 속에서 행복을 찾는 방법을 증언한 『信徒快樂秘訣』(1927, IA0732),[30] 기독교인들의 자녀 양육 지침서인 『리가요록(理家要錄)』(1911, IA0184), 마펫이 지은 혼인에 관한 의식을 다룬 예식서인 『혼례셔』(일제강점기, IA0179), 한승곤이 19세기 말에서 20세기 초 한국사회에 만연된 조혼, 이혼, 중혼 등의 혼인문제를 기독교적 입장으로 정리한 『혼인론』(1914, IA0147), 혼인에 관한 예식을 다룬 『교인의 혼례론』(1922, IA0473) 등이 있다. 기타 안식교의 생활지침서인 『가뎡필지』(1923, IA0866)가 있다.

넷째, 교회사와 성경지리에 관한 서적도 편찬되었다. 루터의 종교개혁을

---

[30] 한국기독교박물관은 이 자료를 2013년 베어드총서 2, 『신도쾌락비결』(310면)로 발간하였다.

다룬 『누터기교긔략』(1908, IA6973), 기독교 초기의 박해시절에 순교한 이들의 발자취를 기록한 『슌도긔록(殉道記錄)』(1912, IA0209), 교회사를 종교개혁 중심으로 다룬 『깅졍교스긔』(1913, IA0242), 스왈른이 예수 강림부터 로마교황 그레고리 1세까지의 교회역사를 다룬 『교회스긔』(1914, IA0181)와 케이블(E. M. Cable, 奇怡富)이 譯述한 『교회사긔』(1922, IA6051), 언더우드 부인(L. H. Underwood)이 저술한 세계적인 전도자 죠지 뮬러(George Muller)의 평전 『지요지뮬라젼』(1922, IA0248), 사도행전 이후 교회역사인물을 정리한 『敎會歷史人物誌』(1923, IA6155), 서구 기독교 역사 전반을 다룬 『基督敎史』(1939, IA6199) 등이 있다.

다섯째, 예수의 생애와 행적을 담은 신앙서이다. 복음서를 통해 예수의 생애를 재구성한 『복음요슈』(1896, IA0073), 예수의 행적 공부를 위해 4복음서를 대조 기술한 『스복음뒤죠긔술』(1910, IA2730), 『예수사긔』(1910, IA6043), 예수의 생애를 기적을 중심으로 서술한 『셩셔고사략론-예수긔젹』(1911, IA0246)과 『예수힝젹공부』(1912, IA4748), 『다락방』(1918, IA0172), 『그리스도힝젹』(1921, IA0154), 『예수사적그림』(1938, IA6776),31) 『나사렛예수』(1939, IA6064), 그리고 예수의 재림을 다룬 『예수의 재림』(1913, IA3048) 등 예수의 생애를 다루거나 기록적으로 소개한 신앙서가 있다.

여섯째, 신앙의 형성과 구원 등에 관한 내용을 소설화한 서적도 다수 발행되었다. 1895년 존 번연(J. Bunyan)의 원작을 게일이 번역하고 金俊根이 삽화 42컷을 그려 목활판본으로 인쇄한 『텬로력뎡』 권지일(IA0060), 『텬로력뎡』 권지이(IA0061)는 한국 번역문학의 효시가 되었다. 같은 해 연활자본으로 삽화 없이 인쇄한 『텬로력뎡』(1895, IA0062), 1910년 『텬로력졍』(IA0080)과 1926년 『텬로력졍 데1권』(IA0137)이 있다. 그리고 1895년 김준근의 삽화만을 모아 『텬로력뎡 삽도』(1895, IA4460)가 발행되었다.32) 선교경험을 기반으로 한 창작

---

31) 한국기독교박물관은 이 자료를 영인해제하여 2014년 베어드총서 4 『예수사적그림』(142면)으로 발간하였다.
32) 한국기독교박물관은 이 자료를 영인해제하여 2009년 『기산箕山 김준근金俊根의 기독교 미술〈텬로력뎡〉삽도』(68면)로 발간하였다.

기독교 소설도 등장했다. 애니 베어드(A. L. A. Baird)가 지은 『샛별젼』(1905, IA0070)과 『고영규젼(高永規傳)』(1911, IA1586)33)은 당시의 기독교 신앙소설의 대표적 작품이다. 이밖에 번역소설로 밀러(E. H. Miller, 密義斗)·金東極 譯의 『第四博士』(1920, IA3838)가 있다.

이 외에도 성경지리에 관한 것으로 성경 공부에 흥미를 더하기 위해 지리책으로 엮은 『셩경디리』(1912, IA0218), 『성경디지문답(聖經地誌問答)』(1919, IA4390), 성경에 나오는 예언 관련 지역의 역사와 사진을 함께 수록한 성경지리서 『예언의 응험』(1934, IA0159) 등이 있고 설교 관련 지침서로 『강도첩경』(1914, IA0755), 『강도긔담(講道奇談) 제1권』(1922, IA0728), 『生命의 宗敎(玄垣國牧師說敎集)』(1938, IA6188), 『어머니의게 대한 강도』(1916, IA0249), 『講道要領』(1910, IA0723), 『강론문데』(1922, IA0260) 등이 있다.

기타 성공회 발행 신앙서로 1905년경 영국 종고성교회(성공회) 발행의 『聖敎初課』(1905, IA0125)와 성공회 기도서 『救主禱文』(1906, IA0124), 트롤로프 신부가 성공회 기도문 등을 모아 편찬한 『쥬일례빗경』(1895, IA0072), 천지창조부터 예수의 부활까지 성경의 주요 내용을 요약정리한 『聖經要課』(1902, IA2493), 성공회 기도지침서인 『私禱文』(1932, IA0173), 문답형식의 의식해설서인 『儀式明鮮』(1933, IA1682), 구약 시편 제1권(1장~41장)을 수록한 『聖詩選篇』(1937, IA6496), 그리고 성공회 연감으로 『朝鮮聖公會年鑑 第一號』(1937, IA6496)가 있다.

안식교 관련 자료로 주일, 안식일 논쟁에 관한 문제를 정리한 『쥬일안식량론』(1913, IA0166)과 다니엘서 강해서로 아시아와 서양의 위인이라는 뜻의 『亞西偉人』(1927, IA2336)과 『正路의 階段』(1936, IA6981)이 있다.

한편 1910년대 들어서는 한국인의 저술활동이 활발해지기 시작한다. 한국인은 선교사를 도와 공역본을 발행하였다가 단독으로 번역서와 저술서를 발행하기에 이르렀다. 다음은 본관에서 소장하고 있는 한국인의 편서,

---

33) 한국기독교박물관은 이 자료를 영인해제하여 2014년 베어드총서 6 『싯별젼』(60면), 베어드총서 7 『고영규젼』(80면)을 발간하였다.

저서, 역서 목록이다.

성신충만(1911, IA6541, 韓承坤 編)
七克寶鑑(1918, IA0162, 宋麟瑞 譯)
도가부인요람(1921, IA0215, 金相高 編)
예수 生活의 硏究(1926, IA6976, 康雲林 譯)
산샹보훈연구(1929, IA6970, 康雲林·金弼秀·吳天泳 譯註)
宗敎와 個性(1929, IA6172, 李承根 著)
聖潔을 쉽게 아는 길(1931, IA4752, 이명직 著)
一千九百年 後의 예수(前篇)(1932, IA6156, 柳瀅基 譯)
求世軍敎理 便覽(1933, IA6182, 朴駿燮 編)
基督敎의 眞髓(1933, IA6183, 柳瀅基 譯)
先知者와 메시아 道理(1936, IA4751, 吳宗德 著)
聖經史話大集(1940, IA6983, 金弼禮 譯)
主祈禱講話(1942, IA6146, 金在俊 譯)

한국인 최초로 기독교 문서를 저술한 이는 盧炳善이다. 그는 1897년 16면 분량의 『파혹진선론』을 지어 신앙인의 생활윤리를 제시하였다. 吉善宙는 1904년 17면의 『懈惰論』을 지었고 1916년에는 이 해타론을 수정 보완, 확대하여 한국판 〈천로역정〉이라 불리우는 52면의 『만스셩취(萬事成就)』(1916, IA0264)를 발행하였다.

감리교 전도사 吳基善은 한국인의 입장에서 십계명을 풀이한 주석서 『십계요히(十誡要解)』(1911, IA0214)를 발행하였다. 의주읍교회 집사인 金志梓는 신앙 관련 주제 100가지를 성서구절과 함께 모아 정리한 교리서 『信者의 鏡』(1913, IA0250)을 저술 발행하였다. 강계읍교회 安秉翰 장로는 비유를 통해 기독교로 歸依를 유도하는 내용의 『비유요람』(1923, IA0152)을 저술하였다. 金觀植·崔相鉉은 공동으로 『基督敎社會思想』(1926, IA6538)을 번역하여 예수교서회에서 발행하였다. 한편 한국인에 의한 본격적인 신학 연구서도 등장했는데, 감리교 협성신학교의 金仁泳 교수는 『豫言의 本質과 進展』(1932, IA0171)을 저술하였다. 길선주 목사가 講述한 『末世論』(1935, IA0085)은 세대주의 전천년설 신앙을 엿볼 수 있는 자료이다.

다음은 앞서 살펴본 자료 외에 본관에서 소장하고 있는 신앙서적 목록이다.

基督抹殺論(1911, IA4728)
셩경요과졀차(1911, IA0176)
신입학생인도 (1911, IA2341)

예수를 보고져 하노라(1911, IA0870)
사도신경요해(1912, IA0207)

즁션비유요지(1912, IA0169)
거룩한 셩으로 가는 로졍긔(1914, IA0195)
텬로지남(1914, IA2375)
인학(1915, IA3081)

大正五年度每朝祈禱歷(1915, IA0475)

삼대비결(三大秘訣)(1915, IA4305)

셩교총론(聖敎總論)(1916, IA6151)
사룸을 예수끠 인도ᄒᆞᄂᆞᆫ 법(1917, IA0198)
명심도(1918, A0225)
유대인과 복음(1919, IA0194)
하ᄂᆞ님의 돈(1919, IA0150)
그리스도교 도리와 경험(1921, IA4749)
사룸을 낙는 밋기(1922, IA0472)
인가독경(1922, IA0196)

교인필지(1911, IA0121)
셩신츙만(1911, IA6541)
우리 하나님과 그의 創造하신 宇宙(1911, IA0230)
예수진교사패(1911, IA6044)
셩경연셩회(데륙회)(1912, IA0175)

信者의 鏡(1913, IA0250)
天人之際(1914, IA6161)
구학(1915, IA3082)
大正四年度每朝祈禱曆(1915, IA6533)
덕혜입문(德慧入門)(1915, IA0078)
만ᄉᆞ셩취(萬事成就)(1916, IA0264)
신학공과(1916, IA0164)
예수의 人格(1917, IA0506)
칠극보감(1918, IA0161)
이긔는 싱명(1919, IA0211)
個人救援(1920, IA0212)
셩례론(1921, IA0729)
아모권면(1921, IA0262)
쥬필직림(1922, IA0153)

평민의 복음(1925, IA6196)	敎衆에 對한 職務(講道學 講演)(1926, IA6163)
그리스도의 事實(1930, IA6185)	印度途上의 그리스도(1930, IA6165)
聖靈論(1931, IA0722)	神道論(1931, IA0721)
先知書硏究 卷一(1932, IA0754)	유다와 이스라엘 력대렬왕 (1932, IA2731)
생명의 요소(1933, IA2735)	예루살렘에서 예루살렘(1933, IA4697)
원입첩경(1933, IA2737)	人生問題와 그 解決(1934, IA4211)
사도학원(1935, IA6197)	예수와 信者와의 관계(1935, IA6168)
牧會學(1936, IA4392)	성경에 대한 새증거(1936, IA6187)
個人傳道學(1940, IA6181)	善德纂 約翰福音之傳 解說(1941, IA6554)

위 자료 가운데 전도를 위한 지침서로 활용도가 높은 자료로『사름을 예수씌 인도ᄒᆞᄂᆞᆫ 법』『사름을 낙ᄂᆞᆫ 밋기』가 있다. 베어드 저작인『명심도(明心圖)』,[34]『평민의 복음』,[35]『이긔ᄂᆞᆫ 싱명』[36]은 한국기독교박물관에서 영인 해제하여 교계에 공개하였다. 매퀸이 저술한『人生問題와 그 解決』은 한국기독교문화연구원에서 2017년 현대어로 옮겨 발행하였다.[37]

4. 주일학교 공과

초기 교회는 한국사회의 주요 교육의 장이 되었다. 특히 교회에서 이루

---

[34] 한국기독교박물관은 이 자료를 영인해제하여 2013년 베어드총서 1『명심도』(56면)으로 발간하였다.
[35] 한국기독교박물관은 이 자료를 영인해제하여 2014년 베어드총서 5『평민의 복음』(288면)으로 발간하였다.
[36] 한국기독교박물관은 이 자료를 영인해제하여 2014년 베어드총서 8『이긔ᄂᆞᆫ 싱명』(50면)으로 발간하였다.
[37] 윤산온 저, 엄국화 역해,『人生問題와 그 解決』, 한국기독교문화연구원, 2017.

어진 주일학교운동은 종교교육의 중요한 역할을 담당하였다. 주일학교에서 이뤄지는 교육내용은 성서교육, 신앙교육에 그치지 않고 새로운 사상과 문물의 전수도 포함하고 있었다. 주일학교 교육 공과의 시작은 성경교재로 『만국주일학교공과』가 계간으로 발행되면서부터이고, 최초의 주일학교 교육 또는 교사 양성에 관한 연구서인 『교샤량셩 쥬일학당 교과셔』(1909, IA0295)는 주일학교 교육을 정립하는 초석이 되었다. 한편 평양이 중심이 되어 일기 시작한 유년학교운동은 전국교회로 확대되었고, 주일학교 교육이 확산되면서 1911년 '주일학교위원회'가 결성되었다. 3·1운동 이후 문화운동, 사회계몽운동이 활발해지고 교육열기가 커지면서 주일학교운동은 질적, 양적으로 성장해갔다. 1921년 교파연합으로 발족한 '조선주일학교연합회'는 주일학교 사업을 주관하며 주일학교 교재 발간에 주력하였다.[38]

  주일학교 교재는 1910년 병합 이후 교단의 조직화가 이뤄지며 주일학교 교육이 활성화되며 본격적으로 발간되기 시작했다. 주일학교위원회와 뒤이어 조직된 조선주일학교연합회는 수많은 교재를 발간하였다. 『쥬일학교 공과의 셜명』(1913, IA0263)은 모든 계단공과에 대한 가이드북으로 간행되었고, 『쥬일학교션생 양셩공과』(1917, IA0281)는 주일학교 교사 양성을 위한 목적으로 발간되었다. 그리고 주일학교 운영에 관한 자료로 『쥬일학교 교쟝의 삼십년 경력』(1916, IA3697)이 간행되었고, 교사용 참고 서적으로 활용하기 위한 『쟝리쥬일학교』(1918, IA0319), 주일학교 예배를 위한 예식서로 『쥬일학교례빅슌셔』(1920, IA3065), 주일학교 교육 및 운영에 필요한 내용을 정리한 『쥬일학교 조직과 셜비』(1922, IA0329) 등이 발간되었다.

  한편 1913년부터 한국선교공의회의 위촉을 받은 예수교서회는 여섯 등급으로 나눠진 계단공과를 발행하기 시작하였다. 교육대상인 학생의 연령별, 등급별로 공과를 발간하고 교사용도 등급별로 구분하여 발간하였다. 학생용은 초등부·중등부·장년부 공과로, 교사용은 초등부·유년부·장

---

38) 李萬烈, 『韓國基督敎文化運動史』, 大韓基督敎出版社, 1992, 253~255쪽.

년부 공과로 분류 발행되었다. 1913년 한 해만 예수교서회에서 발간한 공과 부수가 104,368권에 이른 것으로 보아,[39] 공과 교재가 교회교육이 뿌리내리는 데 크게 기여했음을 알 수 있다. 다음은 본관에서 소장하고 있는 공과 관련 자료 목록이다.

계단공과 유치부 교과서(교사용 제1년)(1925.10 · 1926.10, IA2751 · IA2750)
계단공과 소년부 교과서(교사용 제3년)(1929, IA2739)
고등과 쥬일학교 공과지(1912, IA3058)
고등반 쥬일셩경공과 제1 · 2 · 3 · 4호(1914, IA0340 · 0283 · 0315 · 0318)
고등반 쥬일셩경공과 일년합부;삼우엘 젼후공부(1915.11, IA0253)
고등쥬일학교공과 제3호(1913, IA3051)
만국유년쥬일공과지 일년합부;신구약즁(1920.11, IA0266)
만국쥬일공과 1911.7~9 · 10~12, 1912.1~3 · 7~9 · 10.12.(IA0339 · 0267 · 0334 · 0167)
만국쥬일공과 참고셔 교사용 일년합부(1920.12, IA3896)
만국쥬일공과 보통공과 일년합부 1922 · 1923 · 1924(IA2703 · 3938 · 2704)
만국쥬일공과 유년부 통일공과 1929 · 1930 · 1932(IA2709 · 3937 · 2713)
만국초등쥬일공과 일년합부 1923 · 1924(IA0254 · 0291)
유년만국통일쥬일공과 1934 · 1937 · 1938 · 1941(IA2716 · 2720 · 2722 · 2776)
유년주일학교 통일공과(1942, IA2725)
만국쥬일공과 쟝년부 일년학부 1926 · 1927 · 1928 · 1929 · 1930 · 1931(IA2705 · 2706 · 2708 · 2710 · 2711 · 2714)
장년만국쥬일공과 일년합부 1932 · 1934 · 1935 · 1936(IA2715 · 2717 · 2718 · 2719)
장년만국통일쥬일공과 1937 · 1938 · 1939 · 1940 · 1941 · 1942(IA2721 · 2723 · 2724 · 2725 · 2777 · 2726)
쟝년신입반공과 일년합부 1922 · 1923(IA3069 · 0294)
정교급쥬일학교공과 제4권 제4호, 제5권 제2호(1918 · 1919, IA3096 · 3094)
주일학교 통일공과(유년용)(1942.12, IA2752)
주일학교 통일공과(장년용)(1941.12, IA2753)

---
[39] 李章植, 『大韓基督敎書會 百年史』, 대한기독교서회, 1984, 33쪽.

쥬간셩경학교교안 제1권(1930.7, IA3933)

쥬무급쥬일학교공과 제3권 제3호(1916, IA3057)

쥬일셩경션뎡공과 유년반 뎨2년 뎨1·2·3·4호(1913.11~1914.4, IA0287·0330·0853·0290)

쥬일셩경션뎡공과지 제2년 제2·4호, 제3년 제3호, (1914, IA4232·3060·0221)

쥬일셩경유년반공과지 일년합부(1918.12, IA3103)

쥬일셩경유년반공과지 즁1년합부(1919, IA3068)

쥬일셩경특별공과 요한복음공부 뎨이년·유년반 뎨이년(1913, IA0323·3055)

쥬일셩경특별공과 고린도젼후공부 일년합부 1918(1917.10, IA2702)

쥬일셩경특별공과 마태복음공부 일년합부(1916.1, IA0321)

쥬일학교 특별과공과 마가복음공과 뎨일(1912, IA3084)

쥬일학교공과 上·下卷(1921·1922, IA0327·3099)

초등쥬일학교공과 초등과 뎨일년 뎨이·삼호(1913, IA3056·3102)

즁등쥬일학교공과 즁등과 뎨일년 뎨일호(1912.1, IA0278)

즁등쥬일학교공과 초등과 뎨일년 뎨이호(1913.3, IA0279)

츌애굽쥬일셩경공과 1·2·3권 고등반(1912·1913·1913, IA0325·0316·0331)

츌애굽쥬일셩경공과 유년반 뎨일호(1914.12, IA0288)

요한공부(1899, IA0252)

유년셩경니야기(1923.11.30, IA2732)

종교교육통신(1932.10.20, IA3539)

주일학교 교수법(1940, IA6982)

공과(1925.11.23, IA2749)

공관복음공부(일제강점기, IA0145)

기독교육 유년초학(하기아동 셩경학교용-)(1936.6.25, IA2746)

뎨ᄉ년급교과서(1922.6.18, IA3066)

기타 자료로 다음과 같은 안식일학교의 교재가 있다.

만국안식일학교과뎡 1912.5~6·7~9·10~12, 1914.7~9, 1915.4~6, 1916.4~6.(IA0298·3105·0309·0284·3932·3063)

안식일학교 아희과정 1918.1~3.(IA3073)

안식일학교과정 : 교리연구.츈계(1917.11.6, IA0300)

안식일학교과정 교리연구; 1917.10~12, 1918.1~3.(IA0310 · 3073)

안식일학교 뎨일 · 이과졍 1918.4~6, 1919.4~6 · 7~9.(IA0341 · 0256 · 0255)

안식일학교 교사의 과졍(1919.12.31, IA0303)

안식일학교 과정;사도행젼공부(1916, IA3052)

교육에 관한 연구(안식일학교 과정, 1920년 동긔)(1920, IA3104)

안식일학교의 즁대함(1921, IA0302)

5. 교회 회의록

한국 기독교 가운데 장로회의 세부 역사를 살펴볼 수 있는 자료로 당회록, 노회록, 총회록 등이 있다. 이들 자료는 기독교 역사를 매우 객관적이고 사실적으로 기술하였기 때문에 장로교의 태동과 발전과정을 매우 실증적으로 보여준다.

본관에는 1912년 9월 결성되어 일제 말기까지 존속하였던 대한예수교장로회총회의 제1회~37회 회록(1913.10.23~1943.9.13, IA4239~4243) 전부가 5책으로 합철되어 있으며, 그 외 개별 회록으로 2~5 · 7 · 8 · 10 · 11 · 22 · 26 · 28 · 30회 회록(1913.10~1942.10)을 분권으로 소장하고 있다. 그리고 조선예수교연합공의회(The National Christian Council)의 초창기 활동을 살펴볼 수 있는 『朝鮮예수敎聯合公議會 第2回會錄』(1924, IA3063) 및 3 · 4會 會錄(1925 · 1926, IA3063 · 3076)을 소장하고 있다. 이 공의회는 1924년 장로교회와 감리교회가 중심이 되어 총 65명으로 구성되어 복음전파를 위해 서로 협력하였고 주된 활동으로 한국교회와 세계 기독교 단체를 연결하는 사역을 감당하였다.[40]

노회록은 조선예수교장로회 각 노회 활동 전반을 살펴볼 수 있는 유의미한 자료이다. 노회의 회의내용을 기록한 회의록은 임원진 변화, 시찰회 보

---

[40] 해리 로즈 지음, 최재건 옮김, 『미국 북장로교 한국 선교회사』 Volume Ⅰ(1884~1934), 연세대 출판부, 2009, 440~441쪽.

고, 안건토의 사항, 교회 설립과 분립 또는 합병과 관련된 사항, 그리고 지역 각 교회의 정황을 소상히 알 수 있는 매우 실증적 자료라 할 수 있다. 본관 소장 지방 노회록은 다음과 같다.

* 간도로회 데1・2회 회록(1923.1.15, IA0531)
* 경기노회 제11・12회 회록(1929~1930, IA3879), 제19・20회 회록(1934, IA3880)
* 경북로회 데5・6회 회록(1919.12.28, IA0519), 데7・8회 회록(1921.1.12, IA0520)
* 경성노회 제1・2회 정기회 회록(1933.9.8, IA2051), 제5・6회 정기회 회록(1935.9.9, IA0503), 제7・8회 정기회 회록(1936.9.12, IA0504), 제11・12회 회록(1938.9.2, IA0505)
* 경안로회 조직회록(1922.9.8, IA0548)
* 산서로회 데1・2회 회록(1917.9.25, IA0512)
* 안쥬로회 데1・2회 회록(1922.9.9, IA0565), 데3・4회 회록(1923.9.5, IA0566)
* 義山老會 第4回 會錄(1920.11.16, IA0561), 第5回 會錄(1921.5.30, IA0562), 第9回 會錄(1923.5.15, IA0563), 第10回 會錄(1923.11.15, IA0564)
* 전남로회 데5・6회 회록(1921, IA0533)
* 전라로회 데2회 회록(1912.8.25, IA4238), 데7회 회록(1916~1917, IA0570)
* 전북로회 데3・4회 회록(1919.7.25, IA0567), 데5회 회록(1918, IA0569), 데11회 회록(1922.10.30, IA0568)
* 평남로회 데1・2회 회록(1911.8.10, IA0534), 데3・4회 회록(1913.9.8, IA0535), 데4・5회 회록(1914.8.31, IA0536), 데7・8회 회록(1915.7.29, IA0537), 데9・10회 회록(1916.8.3, IA0538), 데11・12회 회록(1917.8.20, IA0539), 데13・14회 회록(1918.8.4, IA0541), 데17・18회 회록(1920.8.16, IA0542), 데19・20회 회록(1921.8.18, IA0543)
* 평북로회 데8회 회록(1915.10.30, IA0551), 데9회 회록(1916.4.16, IA0549), 데10회 회록(1916.11.18, IA0553), 데12회 회록(1918.2.9, IA0550), 데13회 회록(1918.5.18, IA0554), 데14회 회록(1919.3.8, IA0552), 데18회 회록(1920.12.30, IA0555), 데21회 회록(1922.4.15, IA0571), 데22회 회록(1922.12.5, IA0572)
* 평셔로회 데1・2회 회록(1922.9.5, IA2052), 데3・4회 회록(1923.8.30, IA2053)
* 평양로회 데1・2回 회록(1922.8.18, IA0521), 데3・4回 회록(1923.8.10, IA0522)

* 함남로회 데3회 회록(1919.11.25, IA0556), 데4회 회록(1920.11.10, IA0557), 데5회 회록(1921.11.5, IA0558), 데6・7회 회록(1923.1.15, IA0560)
* 함북로회 데1・2회 회록(1918.12.7, IA0544), 데3・4회 회록(1919.10.18, IA0545), 데5・6회 회록(1920.10.30, IA0546), 데7회 회록(1923.4.4, IA0547)
* 황해로회 데1회 회록(1912.3.5, IA0573), 데2회 회록(1911.8.19, IA0526), 림시회록과 데8회 회록(1915.8.15, IA0575), 데16회 회록(1919.12.1, IA0576), 데19회 회록(1921.6.30, IA0547), 역대 임원록(연도 미상, IA3249)

감리교회 역사와 관련된 것으로 『미감리교 朝鮮年會錄』(1916, IA3059 / 1917, IA0871 / 1918, IA0517 / 1920, IA0868 / 1922, IA3054) 5개년도분이 있고, 『南監理會 朝鮮年會錄』 제1회(1919, IA0378)와 지방회록으로 『예수敎美監理會 平壤地方會錄 第16回』(1922.5.5, IA0515)가 있다. 이밖에도 장・감 연합회의록으로 『朝鮮耶蘇敎長・監聯合協議會 第四回 會錄』(1918.6.6, IA0577)과 기독교청년회연합회 회의록 『朝鮮基督敎靑年會聯合會 第二定期大會會錄』(1917.11.1, IA0511), 『朝鮮基督敎靑年會聯合會3年大會會錄』(1914.1.8, IA0581)이 있다.

6. 한국교회사

장로교와 감리교회를 중심으로 전개된 한국 교회 역사와 관련한 자료로, 먼저 장로회 및 감리회의 교리와 헌법 등 지침이 되는 자료로 조선예수교 장로회 최초의 헌법으로 모법이 된 『朝鮮예수敎長老會憲法』(1922, IA2330)과 이후 판본(1922, IA6550 / 1930, IA6539)이 있다. 장로회 총회에서 장로교회 역사를 정리한 『朝鮮예수敎長老會史記』(1938, IA6551), 『朝鮮예수敎長老會 史記彙集(1907~1933)』(1935, IA4731), 교회의 정치를 다루고 있는 장로교 교회헌법인 『수도가 교회 다스리는 법』(1911, IA0156), 1907년 조선예수교장로회 독노회 시대부터 조선예수교장로회 총회시대인 1914년까지의 상비부서인 '전도국'의 역사를 기록한 문서인 『전도국ᄉ긔 데일권』(1914, IA3062), 한국 장로교회 여전도연합회 역사와 선교사를 연구하는 데 중요 자료인 월례회 인도책으로『조력회순서』(1936, IA3971 / 1939, IA3823)가 있다.

감리교회 법전으로 미국 미 북감리교회 교리와 헌법을 우리 실정에 맞춰 번역한 법전인『美監理敎會法典』(1926, IA2338)과 미국 감리회 강령과 규칙으로 한국 감리교회의 강령과 규칙을 마련하기 위해 번역, 간행한『미감리회 강령과 규측』(1911, IA0205), 감리교회 규례집『감리교회죠례』(1908, IA0235)와 감리교회 교리문답서인『감리회 문답』(1911, IA0231),『基督敎朝鮮監理會 敎理와 章程』(1931, IA6992), 감리교 청년회인 엡윗회 지도자 양성을 위해 간행한 실천신학서인『엡윗會組織과 事業』(1936, IA0579)이 있다.

기독교 단체 자료로, 1901년 장로교 청년단체인 면려회가 새문안교회에서 조직되면서 기독교청년 및 학생 면려회가 결성되었다. 만국기독교청년회 지침서로 만국기독교청년면려회 조선연합회를 결성하기 위한 사전 작업으로 작성된『만국긔독청년면려회 강령』(1923, IA0158), 기독교청년면려회 조직 운영에 관한 지침을 담은『면려회례배순셔』(1922, IA0203), 면려회 활동 청년들의 질적 향상과 신앙훈련을 위해 발행한『勉勵會指南』(1932, IA4729)이 있다.

한국 교회사 관련 단행본으로『貞洞敎會 三十年史』(1915, IA2513),『미국성셔공회 일빅년 력ㅅ의 대강』(1916, IA0730),『朝鮮耶蘇敎長老會神學校 要覽』(1916, IA0890),『원두우강연집』(1927, IA0216),『朝鮮基督敎及外交史』(1928, IA2274),『朝鮮예수敎長老會五十週年歷史畵譜 第一輯』(1935, IA6798),『閔休先生實記』(1938, IA6568),『東洋基督敎 景敎東漸史』(1940, IA6570), 북장로회 선교사인 밀러(Miller, E. H., 密義斗) 저작의『禧年紀念說敎集』(1941, IA6179) 등이 있다.

7. 기독교 신문

내한 선교사들은 입국 직후부터 신문과 잡지를 발간하여 복음전파에 힘을 기울였다. 그렇지만 이들 신문 및 잡지는 단순히 종교적 목적 이외에 세계정세와 근대 지식을 제공함으로써 민족 계몽에도 기여한 바가 적지 않았다.

먼저 개화기 기독교계에서 발간한 신문으로는 1897년 4월 1일 언더우드 선교사가 주관하여 순한글로 창간한『그리스도신문』이 대표적이다. 본관에는 1897년 발행된 제1호부터 39호까지 통권으로 소장하고 있으며, 이듬해인 1898년에 발행된 제1-52호도 소장하고 있다. 이 신문은 1905년 7월 감리교회의『죠션크리스도인회보』와 통합되어『그리스도신문』으로 발행되었다. 1906년도 발행된 5-23호, 30-37호 및 1907년 발행된 4-7·9·10·18호가 있다. 연합신문『그리스도신문』은 1907년『예수교신보』로 개칭하여 격주간으로 발행되다가 1910년 2월 종간되고, 1910년에는 다시 장로회 측에서『예수교회보』로 개칭되었다.41) 이와 관련한 본관 소장본은 다음과 같다.

* 예수교신보 제15호(1907.12.9, IA3071)
* 예수교회보 제2권 제1-52호(1912.1.3~12.26, IA2503)
* 예수교회보 제3권 제1-21호, 24~53호(1912.1.2~1912.12.31, IA2507)
* 예수교회보 제4권 제1-37호(1913.1.7~9.16, IA2508)
* 예수교회보 제5권 제2-33호(1914.1.13~8.18, IA2509)

일제강점기에 들어 기독교 신문으로 1911년 1월부터 남북감리교가 공동으로『그리스도회보』를 발행하였고, 1915년 12월 장로교와 감리교가『예수교회보』와『그리스도회보』를 폐간하고 연합으로『基督申報』를 창간하여 1937년 8월까지 발행하였다. 1936년 12월에는『基督敎報』가 매주 화요일마다 주간으로 발간되기 시작했고, 1938년 8월 16일에는 교파연합으로『基督新聞』이 발행되기 시작해 1942년 4월 23일 종간되었다. 이어 1942년 4월 29일부터는 장로교, 감리교, 성결교, 구세군 연합으로『基督敎新聞』을 발행하였는데, 주간으로 발행된 마지막 신문이었다.42)

---

41) 李萬烈,『韓國基督敎文化運動史』, 大韓基督敎出版社, 1992, 367~371쪽 참조.
42) 李萬烈, 앞의 책, 371~376쪽 및 김봉희,『한국 기독교문서 간행사 연구(1882-1945), 이화

한편 1933년 1월 20일 남북 조선감리회가 하나로 통합된 이후 소식을 전하기 위해 월간지『監理會報』를 발행하기 시작하였고 1937년 2월부터는 『朝鮮監理會報』로 제호를 바꿔 1942년 4월까지 발행하였다. 장로회에서도 1940년 1월부터 회보를 발행하였다. 이때는 일제가 1937년 7월 중일전쟁을 일으킨 후 조선에서 극심한 언론탄압을 자행하였고, 종교계 역시 철저히 통제 받았던 시기였으므로『長老會報』는 당시 일제의 강압에 의해 결성된 국민정신총동원 조선예수교장로회 연맹의 기관지로서 친일 회보의 성격을 벗어나지 못하였다.43) 본관에는 創刊號를 비롯하여 1940년에서 1942년 사이 발행된『長老會報』23점을 소장하고 있다.

이 외에도 조선예수교장로회총회 종교교육부에서 1932년 12월 크리스마스 특집호로 창간하여 1935년 12월까지 발행한 장로회 월간 기관지『宗敎時報』(편집인 鄭仁果), 경남노회 종교교육협의회 발행에서 발행한『慶南老會宗敎敎育通信』(1930.7.23~1932.10.30)과 경남노회 종교교육부에서 발행한『慶南敎會報』(1938.1.1~1938.12.1), 경북노회교회보사에서 발행한『慶北老會敎會報』(1937.8.1~12.1), 부산의 구포교회에서 발행한『龜浦敎會週報』창간호부터 第55號까지를 소장하고 있다. 다음은 일제강점기 발행한 기독교 신문으로 본관 소장 목록이다.

* 그리스도회보 第3卷 第1-42號(1914.3.16~1915.2.15, IA2504)
* 基督敎報 제1~19·29·41~72·74~77·79~81·83~169號(1936~1938, IA2482 등 5점)
* 基督敎報附錄 오라토리오 제93·98·102~104·107·112·117號(1937~1942, IA3544 등 8점)
* 基督申報 제1권 제1-56호, 제2권 제1-52호, 3권 1-46호, 48-52호, 6권 1-52호, 7권 1-29호, 31-50호, 8권 1-52호, 제9권 1-52호, 10권 1-9호, 11-52호, 11권 1-52호, 제12권 1-14, 16-52호, 第628-732·744-757·759-785·787-891·892-943·954·1022-1047號

여자대학 출판부, 1987, 53~54쪽.
43) 李萬烈, 앞의 책, 378~380쪽.

(1917~1934, IA2497 등 119점)

* 基督新聞 第1-80・82-94・96-119號(1938~1941, IA2477 등 총6점)
* 基督敎新聞 第2-36號(1942.5~1942.12, IA3541 등 2점)
* 監理會報 第15-25號(1934.3.10~1935.1.10, IA2362)
* 朝鮮監理會報 第70-89號(1938.1.1~12.16, IA2485)
* 長老會報 第1・4・6-8・11・14・33・38・47・50・77・81・103・104・113-115號 (1940.1.24~1942.4.8, IA3113 등 23점)
* 福音申報 第71-77號(1935.1.18~1938.3.9, IA4009)
* 宗敎時報 第1卷 第1號, 第2卷 第1・7・8號(1932.12~1933.7, IA2924 등 3점)
* 週刊基督敎報 附錄 89號(1937.1.5, IA2389)
* 慶南老會 宗敎敎育通信 第1~21號(1930.7~1932.10, IA2813 등 21점)
* 慶南勉勵會報 第3卷 4號, 第4卷 2號, 第5卷 6號(1935.10~1936.10, IA2839)
* 勉勵會報 第48號(1935.12.10, IA2842)
* 慶北老會敎會報 132・133・134・136號(1937.8.1~1938.12, IA2835 등 4점)
* 龜浦敎會週報 第1-55號(1942~1943, IA2783)

8. 기독교 잡지

한국 근대 잡지의 발간은 기독교 선교사업에서부터 시작됐다. 선교사들은 효과적인 선교방법으로 잡지를 발간하여 신앙생활에 필요한 정보를 제공하였다. 그리고 잡지를 통해 서구 근대문물을 소개하는 역할도 담당했음은 부인할 수 없는 사실이다.

감리회 선교사 아펜젤러와 올링거가 1892년 1월 창간한 *The Korean Repository*는 비록 외국인에 의해 영문으로 발행되었지만, 국내에서 선교사들이 발행한 최초의 잡지이다.[44] 1900년 존스(G. H. Jones, 趙元時)가 협성신학교에서 한국 최초의 신학연구지인 『神學月報』를 주간으로 발행하기 시작했고, 1901년 헐버트가 영문월간지로 *The Korea Review*를 발행하여 한국의

---

[44] 한국기독교역사연구소, 『한국기독교의 역사』 Ⅰ, 204쪽.

역사와 문화, 종교 풍습 등을 소개하였다. 1900년 장로회에서 선교잡지로 *The Korea Field*를, 감리교에서는 *The Korea Methodist*를 발행하다가 두 잡지를 통합하여 1904년 11월 장·감 연합으로 *The Korea Mission Field*를 발행하였다. 이 잡지에는 한국의 역사와 문화 및 한국 기독교사에 관한 글과 한국 선교와 교회 성장에 관한 내용들이 수록되어 있다.

학술문화단체인 대영아시아학회 영국 왕립아시아학회(한국지부)는 1900년 한국의 역사, 종교, 문화, 지리, 언어 등 한국 전통문화 전반에 걸친 연구결과를 수록한 연간 학술지『大韓 *Transactions of the Korea Branch of the Royal Asiatic Society*』을 발행하였다.[45] 이 잡지는 일제강점기 '朝鮮'이란 명칭으로 발간되었다. 일제강점기 뉴욕에서 발행된 친일본계 잡지로 한국 선교 관련 논문이 게재된 *The Oriental Review*와 예수교서회에서 1920년 2월부터 1925년 6월까지 계간지로 발행한 *The Korea Bookman*이 있다. 이 외에 중국에서 발간한 기독교 잡지로 중국 침례교 출판협회(Published Bimonthly by the China Baptist Publication Society)에서 격월로 간행한 *The New East* 1916년, 1918~1933년분과 중국 광동에서 서양인들이 발행한 중문학 영문 월간 잡지 *The Chinese Repository* Vol. 11~14(1943, IA2282 외)를 소장하고 있다.

다음은 본관에서 소장하고 있는 개화기와 일제강점기에 출판된 선교잡지 목록이다.

* *The Korean Repository*(1895.1~1897.12, IA6796 등 6점)
* *The Korea Review* Vol.1, No.1·3·5·8·10, Vol.2, No.1~12, Vol.3, No.2·4~9, Vol.4, No.1·3~12, Vol.5, No.1~3·12, Vol. 6, No.1·4~7·9~12(1901.1~1906.12, IA2157 등 48점)
* *The Korea Mission Field* Vol.7, No.3·7, Vol.11, No.7, Vol.19, No.1, Vol.27, No.2, Vol.34, No.5, Vol.37, No.2·4(1911.3~1941.2, IA2407 등 8점)

---

[45] 盧孤樹,『韓國基督敎書誌硏究』, 藝術文化社, 1981, 84~85쪽.

* 大韓 Transactions of the Korea Branch of the Royal Asiatic Society Vol. Ⅰ · Ⅱ · Ⅲ (1900~1903, IA2205 외 6점)
* 朝鮮 Vol.4~30.(1912~1940, IA2209 등 24점)
* The Korea Bookman Vol.1, No.1~4, Vol.2, No.1~4, Vol.Ⅲ, No. 3·4, Vol.Ⅴ, No. 4(1920.1~1924.12, IA3819 등 9점)
* The Japan Magazine Vol.11, No.10·12, Vol.12, No.11·12, Vol.13, No.7, Vol.21, No.1(1921~1930, IA6447 등 5점)
* The New East VOL.Ⅺ NO.2(1916~1932, IA6355 등 85점)
* The Chinese Repository Vol 11~14(1943, IA2282 등 4점)
* The Oriental Review Vol.2, No.2(1912.9, IA6443)

일제강점기 기독계의 언론활동으로 출간된 잡지의 종류는 약 150여 종에 이른다.[46] 이 가운데 영문 잡지를 제외한 기독교 잡지로 본관에서 소장하고 있는 잡지명과 발행처는 아래와 같다.

『敎會指南』(時兆社 발행), 『基督敎 宗敎敎育』(京城朝鮮主日學校聯合會 발행), 『福音과 宗敎敎育』(慶南老會宗敎敎育協會 발행), 『復活運動』(復興社 발행), 『說敎』(說敎社), 『聖經雜誌』(京城朝鮮耶蘇敎書會 발행), 『聖貧』(釜山聖貧學社 발행), 『聖書講臺』(平南 聖書講臺社 발행), 『聖書朝鮮』(聖書朝鮮社 발행), 『聖火』(京城聖火社 발행), 『聖書之光』(일본 大垣市聖書之光社 발행), 『셩서증언』(京城 聖書講堂 발행), 『新生』(京城 新生社 발행), 『新生活』(京城新生活社 발행), 『信仰生活』(信仰生活社 발행), 『神學世界』(監理敎會協成神學校 내 神學世界社 발행), 『神學月報』(존스 발행), 『神學指南』(長老會神學校 발행), 『朝鮮 節制時報』(朝鮮節制時報社), 『주일학생명심부』(조선예수교서회 발행), 『主日學界』(조선예수교서회 발행), 『主日學校先生』(主日學校先生社 발행), 『主日學校雜誌』(朝鮮主日學校聯合會 발행), 『中央靑年會報』(朝鮮中央基督敎靑年會 발행), 『活泉』(東洋宣敎會活泉雜誌社 발행)

---

[46] 李萬烈, 앞의 책, 381쪽.

일제강점기 많은 기독교 단체가 설립되어 기관지 성격의 잡지가 발간되었다.[47] 먼저 성서 및 신학연구 잡지를 살펴보면, 1900년 창간된 『神學月報』는 1896년에 출간된 『大朝鮮獨立協會會報』에 이어서 두 번째로 발간된 한글 잡지이자, 한국 최초의 신학잡지여서 그 상징성이 매우 크다. 이어 1916년 협성신학교에서 『神學世界』를 월간으로 창간하였고, 1918년에는 평양장로회신학교에서 『神學指南』을 계간으로 창간하였다. 1927년 조선성서연구회의 김교신 등은 무교회주의를 표방하여 『聖書朝鮮』을 창간하였고, 이밖에도 성경 연구를 목적으로 1918년 1월 조선예수교서회에서 격월지로 창간한 『聖經雜誌』와 평남에서 발행된 『聖書講臺』가 있다.

* 神學月報 第5卷 第4,5號(1907, IA0470)
* 神學世界 第6卷 第1~6號, 第10卷 第1~6號, 第13卷 第1~6號, 第14卷 第1號, 第15卷 第1~6號, 第18卷 第1~5號, 第20卷 第2~6號, 第21卷 第1~6號, 第24卷 第4號, 第25卷 第1,3,4號(1921~1940.8.18, IA2334 등 40점)
* 神學指南 第1卷 第2~5號, 第4卷 第1號, 第5卷 第1~3號, 第8卷 第3號, 第16卷 第1號, 第17卷 6號, 第18卷 6號, 第19卷 第2·5號, 第20卷 第1·3號(1918.7~1937.9, IA2607 등 20점)
* 聖書朝鮮 第61~65, 67~71號(1934.2~1934.12, IA0733 등 10점)
* 聖經雜誌 第1卷 第1~6號, 第2卷 第1~6號(1918.2~1920.4, IA0497 등 17점)
* 聖書講臺 第10·13號(1928.8·1928.11, IA0744 등 2점)

둘째, 기독교 교단이나 단체 기관지로 발간된 잡지이다. 성결교단의 기관지 『活泉』은 1922년 길보른(E. A. Kilborone, 吉寶崙)에 의해 창간되어 많은 신앙인의 영적 생활에 활력을 불어넣었다.[48] 안식교의 기관지 『敎會指南』은

---

[47] 이하 기독교 잡지와 관련해서는 李萬烈, 『韓國基督敎文化運動史』, 大韓基督敎出版社, 1992와 김봉희, 『한국 기독교문서 간행사 연구(1882-1945)』, 이화여자대학 출판부, 1987를 참조하여 정리하였다.
[48] 李萬熱, 앞의 책, 395~396쪽.

時兆社에서 월간으로 발간하였고, 이 외에 청년면려회는 기관지로『勉勵會報』를, 조선예수교서회는 기관지로『예수교서회보』를 발간하였다.

* 活泉 第1卷 7,12號, 第2卷 1,5號, 第6卷 6號, 第7卷호 1,2號, 第9卷 1號, 第10卷 2,3號, 第12卷 5號, 第14卷 5號, 第18卷 10號, 제19卷 4號 외(1923.5~1941.3, IA6177 등 19점)
* 敎會指南 第9卷 1號~第11卷 12號, 第12卷(1924~1927, IA0771 등 2점)
* 勉勵會報(1935, IA2484)
* 예수교서회보 제4·6호(1904.11·1905.5, IA0069)

셋째, 기독교 교육을 위한 잡지이다. 기독교 교육 잡지는 서울과 지방 등에서 활발하게 간행되었다. 대표적인 것은 1930년 1월 장·감 연합기독교 교육 기관지로 창간된『宗敎敎育』이다. 클라크(C. A. Clark, 郭安連)가 편집 겸 발행인을 맡았으며, 1931년 2월부터는『基督敎宗敎敎育』으로 이름을 바꾸어 발행하였다. 주일학교 교육의 필요성에 따라 결성된 조선주일학교연합회에 의해 1923년 10월부터『主日學校通信』이 계간으로 간행되어 연합회 및 주일학교 소식을 전하였다. 이 잡지는 1928년『主日學校申報』로 이름을 바꿨다. 조선주일학교연합회는 1933년 기관지로『朝鮮主日學校 聯合會報』를 간행하여 전국 주일학교 연합회 소식과 종교교육의 중요성을 논하는 글을 수록하였다.[49] 조선남감리회연회 주일학교부에서 1929년 1월 교사들의 교안 지침서 성격의 월간지『主日學校先生』을 간행하였다. 지방에서도 관련 잡지가 간행되었는데, 慶南老會宗敎敎育協會는 1931년 1월부터 1936년 12월까지『福音과 宗敎敎育』을 발행하였다. 이 잡지는 1937년 1월부터『경남교회보』로 이름을 바꿔 발행되었다.

조선주일학교연합회에서 효율적인 교회교육을 목적으로 각종 잡지를 발

---

49) 盧孤樹, 앞의 책, 113쪽.

간하였다. 1925년 창간한 월간 어린이 잡지인 『아희생활』(1927.1~12, 1932.1~12)을 비롯해서 1923년 10월부터 발간한 『主日學校通信』, 1925년에는 『主日學校雜誌』, 1928년에는 『主日學校申報』를 발간하기 시작했고, 1930년에는 『主日學校雜誌』를 폐지하고 본격적인 종교교육잡지로 『宗敎敎育』을 발행하기 시작했다.50)

* 宗敎敎育(基督敎)(1931.8, IA0864)
* 基督敎 宗敎敎育 第2卷 第6號(1931.6, IA0938)
* 主日學校通信 第19~22號(1928.3~1928.6, IA2982 등 4점)
* 主日學校申報 通卷 23~27・29・34・45・48~51・53~60・62・65~67・70~73・77・78・80~82・84・85・86・90・92~94・96・97・99號(1928.8.2~1939.1.1, IA2927 등 44점)
* 朝鮮主日學校 聯合會報 第1卷 第2~4號(1933.7~12, IA3032 등 3점)
* 朝鮮主日學校 聯合會錄 第15回(1936, IA3835)
* 主日學校先生 第2卷 6,8~12號(1930.5~1930.11, IA2977 등 5점)
* 아희생활(1927.1~12, 1932.1~12, IA4207・4208)
* 主日學校雜誌 第1卷 第4號, 第2卷 第1~4號, 第4卷 第6號(1925.10~1928.6, IA3013 등 5점)
* 慶南敎會報 第7卷 1~10號, 第8卷 1~6,9號(1937.1~1938.12, IA2784 등 16점)
* 福音과 宗敎敎育 第2卷 第12號, 第3卷 第1~12號, 第4卷 第1,2~6,8~11號, 第5卷 第1~10號, 第6卷 第1~10號(1932.12~1936.12, IA2848 등 40점)

넷째, 신자들의 신앙적 지성을 함양하고자 하는 목적에서 발간된 잡지이다. 기독교창문사가 감리교 엡윗청년회 기관지로 1928년 10월 창간하여 월간으로 발행한 『新生』은 신앙 지도자를 위한 내용뿐 아니라 종교와 역사 문화, 민족문제까지를 거론함으로써 기독교와 일반사회의 간극을 좁히는 역할을 하였다.51) 평양신학교 출신의 金麟瑞가 개인의 문서운동 차원에서

---
50) 尹春炳, 『韓國基督敎新聞・雜誌 百年史』(1885~1945), 대한기독교출판사, 1984, 62~63쪽.

집필, 편집까지 맡아 발간한 『信仰生活』은 개인적인 신앙강령을 강하게 주장한 잡지이다.52)

1931년 6월 평양장로회신학교 학생들은 월간으로 『게자씨』를 창간하였다. 蔡弼近, 南宮爀, 朴亨龍이 주요 필진으로 참여하여 순수한 기독교 복음주의에 관한 성서해석 등에 관한 내용을 담았다.53) 서울 부활사에서 발행한 『復活運動』에는 기독교사상 관련 논문과 성서강해 및 가정의학 관련 내용이 수록되었다.54) 1934년 12월 아담스(E. A. Adams, 安斗華)가 신자들의 가슴에 신앙의 불을 붙이기 위한 목적으로 창간한 월간 기독교잡지 『火柱』 創刊號(1934.12, IA3049)가 있다. 창간호 편집 후기에 명시한 투고 범위는 "성서연구, 종교교육, 家庭敎話, 청소년지도, 基督史話, 基督敎文藝"에 국한하였고, 창간호 표지에는 "낮에 구름기둥과 밤에 불기둥이 백성 앞에 떠나지 아니하더라"라는 표어가 기재되어 있다.

* 게자씨 第4卷 第8號, 第5卷 2號(1935.8.1 · 1936.2.1, IA3016 · 3015)
* 復活運動 第3卷 第7 · 11號, 第4卷 第2 · 3 · 8號, 第5卷 第2 · 4 · 5號(1937.7~1939.5, IA1352 등 8점)
* 信仰生活 第4卷 第7 · 9~11號, 第5卷 第1~3 · 5 · 6 · 8 · 9 · 11號, 第6卷 第3 · 4 · 7 · 9~11號, 第7卷 第4號(IA6850 등 20점)
* 新生 第2卷 第3 · 5 · 6號, 第3卷 第5 · 6號, 第4卷 第2號, 第5卷 第7 · 11 · 12號 (1929.3~1933.9, IA0303 등 30점)

이상에서 살펴본 바와 같이 기독교 잡지는 초기에는 선교사를 중심으로 발행되다가 점차 한국인들이 필진으로 참여하게 되었고 이에 서구의 신학과 문화를 소개하는 기능 외에 한국의 문화에 기반한 기독교문화 창출에도

---

51) 李萬烈, 앞의 책, 407쪽.
52) 李萬烈, 앞의 책, 407~408쪽.
53) 盧孤樹, 앞의 책, 109~110쪽.
54) 盧孤樹, 앞의 책, 115쪽.

기여하였다.55) 이상의 잡지 외에도 본관 소장 기독교 잡지로 다음이 있다.

* 聖貧 第1卷 第1~5號(1937.4~1937.8, IA2843 등 5점)
* 聖書之光 第42 · 49號(1939.4 · 1939.11, IA2896 등 2점)
* 성서증언 제18 · 22號(1912.6 · 1912.12, IA0217 등 2점)
* 聖火 第2卷 第2~4,6~9號, 第3卷 第2 · 5號(1936.1~1936.7, 1937.1 · 1937.4, IA0481 등 9점)
* 新生活 6月號(臨時號) (1922.6, IA1323)
* 어린이세상 제7권 제5호 부록(1929.6.20, IA2912)
* 朝鮮 節制時報 1~3號, 22,23號(1936.4~1938.4, IA2920 등 4점)
* 주일학생명심부 第2號(1932.10.31, IA2742)
* 主日學界 第1卷 第1號, 第3卷 第1~3號, 第5卷 第3號(1919.1~1928.3, IA3035 등 5점)
* 中央靑年會報 第5 · 12 · 15 · 18~20 · 25號(1915.1.8, IA0508 등 7점)

한편 미션학교에서 발간한 학보로 한국 대학 최초의 교지인 『崇實學報』 1 · 2(1915 · 1917, IA4088 · 1838), 계성학교 교지 『啓聖學報』 1 · 3 · 5호(1913 · 1915 · 1917, IA0466 · 3064 · 3906), 숭실중학 교지 『崇實活泉』 5(1926, IA4199), 1914년 조직된 숭실대학 문학부에서 발행한 문예지 『崇實文學報』 1 · 2(1916, IA4197 · 4198) 및 평양장로회신학교의 동문 기관지 『學友會報』 제1호(1923.1, IA0919) 등이 있다. 이 외에 농민잡지로 조선장로회 총회 농촌부에서 1928년부터 농촌계몽을 위해 『農民生活』을 발행하였다. 발행인은 숭실 교장 매퀸(G. S. McCune)이고 발행소는 숭실전문학교 출판부였으며, 발행 목적은 서양의 신농법, 종자개량법 등 농촌진흥을 위한 신기술 보급에 있었다. 본관은 第5卷 第12號(1933.12, IA4047)부터 第12卷 第4號(1940.4, IA6094)까지 총 47점을 소장하고 있다. 조선기독교 청년회 연합회에서 농촌 지도를 목적으로 간행한 기관지 『農

---

55) 한국기독교역사연구소, 『한국 기독교의 역사』 Ⅱ, 기독교문사, 79쪽.

村靑年(The Rural Young Korean)』第1卷 第3·4·6·7·8號(1929, IA3021·3017·3018·3019·3020)도 있다.

9. 천주교 자료

18세기 이래 조선사회에 유입된 한역서학서와 서구과학문물의 유입은 전통에 머물러있던 조선사회의 세계관을 확장시키는 계기가 되었고, 이때 각종 천주교 관련 서적이 중국을 통해 유입되었다. 초기 천주교 신앙 형성에 역할을 한 자료로 『天主實義』(IA1897)와 『七克』(IA0843), 『眞道自證』(IA2073), 『敎要序論』(IA0385), 『盛世芻蕘』(IA1987), 『取譬訓蒙』(1870, IA1879) 등이 중국에서 간행되어 우리나라에 전해졌다.

한국에서 발행된 천주교리서는 1864년 목판인쇄소가 차려지면서 급속도로 보급되었다.[56] 목판인쇄소 설치 이전 한글천주교 자료는 한역서학서를 번역하여 필사본 형태로 신자들에게 보급되었다. 청소년 신앙교육 단체인 천신회의 회칙과 교리공부 내용을 수록한 『天神會課』(1861, IA2064), 사후 천국의 복락과 지옥의 고통을 일깨우기 위해 서술된 묵상서인 『수후묵상』(1864, IA3085),[57] 신자들이 천당에 갈 수 있는 길을 제시한 심신서인 『텬당직로』(1864, IA1759)와 같이 19세기 중반 한글 휘갈림 궁서체로 된 한글 필사본의 교리서가 보급되었다.

1864년 서울에 2개의 목판인쇄소가 구비되면서 대량 인쇄 및 배포가 가능해졌다.[58] 목판인쇄된 교리서 역시 휘갈림 궁서체로 아름다운 한글 판본의 전형을 보이고 있다. 당시 목판인쇄된 교리서로 『신명초힝』(1864, IA2062),

---

[56] 하종희, 「한국 천주교관련 고문헌의 출간 및 출판문화사적 연구」, 숙명여대 교육대학원 석사학위논문, 1997 참조.
[57] 『수후묵상』은 한국기독교박물관에서 지난 2007년 한국 천주교 초기 자료인 『니벽선싱몽회록』과 『류한당언힝실록』을 묶어 기독교고전 세계화시리즈로 영인하고 현대어로 번역하여 출간한 바 있다.
[58] 한국기독교역사연구소, 『한국기독교의 역사』 I, 기독교문사, 1999, 110쪽.

한국 천주교회의 대표적 기도서인 『텬쥬셩교공과』 권3(1864, IA2061), 『텬쥬셩교공과』(1887, IA1238), 한국인 신자 정약종(丁若鍾)이 지은 천주교리서 『주교요지』(1885, IA0183), 묵상자료로 출판된 『신명초힝』 하(1882, IA1244), 고해성사 준비를 위한 성찰서인 『성찰긔략』(1864, IA1764) 등이 있다. 연활자본 인쇄가 지배적이던 1910년도에도 『취비훈몽』 데5·6권(IA173·1674)이 한글필사본으로 전해진다.

1880년대 한글 연활자본이 도입되어 대량인쇄가 가능해졌다. 프랑스의 리델 주교(主敎)의 주관 아래 崔智爀의 手筆字를 字本으로 하여 일본 요코하마(橫浜)에서 주조한 한글 연활자를 1888년 들여왔다. 최초의 한국 천주교회의 성서도 이 활자로 인쇄되었다. 중국에서 한문으로 간행된 『聖經直解』는 이미 번역되어 필사본 형태로 전해지다가 명동에 활판인쇄소가 구비되어 1892년부터 9권 9책의 한글 『성경직해』 권2~9(1892~1904, IA1680·1681·1683·1688·1689·1710·1711·1712)가 간행되었다. 그 후 1910년 한국 천주교회는 독자적으로 4복음서 완역본인 『四史聖經』(1910, IA0846)을 간행하기에 이른다. 이 성경은 1971년 공동번역의 성서가 발행될 때까지 읽혀졌으며, 한국교회사 및 국어연구에 있어 매주 귀중한 자료로 평가되고 있다.[59]

천주교 성인들의 전기를 다룬 『쥬년쳠례광익』 1~4권(1908, IA1691·1697·1676·1706), 노인들의 입교를 위해 최소한 지켜야 할 규범을 설명한 『진교절요』(1914, IA3546), 기본 교리를 간결명료하게 정리한 『셩교빅문답』(1884, IA1671), 『셩교요리문답』(1907, IA1677), 칠성사(七聖事) 교리서인 『셩교졀요』(1910, IA1686), 신·구약 해설 및 천주교의 중국 傳敎史를 서술한 『셩교감략』(1903, IA1704), 천주교 신학자들이 개신교를 비판적으로 서술한 『예수진교ᄉ패』(1907, IA1709), 『텬당직로』(1884, IA1678), 다블뤼(Daveluy, 安敦伊) 주교가 저술한 신앙서 『회죄직지』(1898, IA1694), 뮈텔(Mütel, 閔德孝) 주교가 감준한 교리문답서인 『셩교요리문답』(1896, IA0848), 『신명초힝』 상(1882, IA1703), 천주교 신자들의 기도생활을 위

---

[59] 『한국기독교박물관 소장 기독교자료 해제』, 471쪽.

해 기도문을 묶어놓은 『일과절요』(1904, IA1669), 『주교요지』(1897, IA1672), 심신 묵상서인 『셩모셩월』(1910, IA1687), 한국천주교회의 장례에 관한 예식서인 『텬쥬셩교례규』(1914, IA1695), 그리고 한글 기도서로 1887년 『텬쥬셩교공과』(1887, IA1238)가 재판된 데 이어 1912년과 1913년 권1~4(IA1699 · 1690 · 1679 · 1668)가 발행되었고 1919년 『텬쥬셩교십이단』(IA1912)이 발행되었다.

그 외 기사와 기도에 관한 것을 총망라한 典禮書인 『미사례의』(1917, IA0849)가 뮈텔 주교의 감준 하에 출간되었고, 로마미사경본을 한글로 번역한 최초의 체계적인 전례서인 『彌撒經本』(1936, IA0850)이 출간되었다.

한국 천주교 역사가 담겨 있는 자료로 다음과 같은 것이 있다. 1881년 위정척사파의 척사 상소를 종식시키고 유림을 진정시키기 위해 반포한 『御製 諭大小臣僚及中外民人等斥邪綸音』(1881, IA1605)과 박해기록으로 1866년 병인박해 이후 순교한 877명의 순교자 행적을 담은 『치명일기』(1895, IA1901), 1839년 기해박해 시 순교한 천주교 신자 78명의 순교자전인 『기해일기』(1905, IA1902), 1785~1856년까지 천주교 탄핵 관련 자료를 수록한 『闢衛編 上』(1931, IA0415), 김대건의 문초기록을 필사한 『金大建問招記』(1922, IA4293)가 있다. 그리고 김대건 신부의 일대기를 다룬 『金大建』(1942, IA2316)과 원산과 간도지역의 전교활동을 담당했던 덕원수도원의 역사를 자세히 수록한 『德源聖芬道修道院案內』(1935, IA0892)가 있다.

이 외에 단행본으로 천주교 유입부터 러일전쟁까지 천주교 역사를 정리한 『朝鮮天主敎小史』(1933, IA2333), 약현천주교청년회에서 펴낸 『天主敎會藥峴地方史(1888~1933)』(1933, IA0582), 덕원수도원에서 발행한 『遵主聖範』(1938, IA4727)과 『교리강의 성사편』(1943, IA6979), 전주천주공교회에서 발행한 『으히들의성혜죠빈』(1923, IA6584), 러시아 정교회에서 발행한 『간략흔시험』(1913, IA1203)이 있다.

천주교 성가집으로 서울교구에서 한국 최초의 천주교회 성가집으로 간행한 『죠션어셩가』(1924, IA0122)가 있다. 이 성가집은 박해를 거치면서 구정 혹은 필사로 전해지던 성가가 수록되어 있는 귀중한 자료로 평가받고 있는데, 한글 및 라틴어성가가 합본으로 앞부분에 라틴어 성가 CANTUS, 뒷부분에 한글 죠션어성가가 수록되어 있다. 천주교 잡지로는 『京鄕雜誌』 5권(1911, IA1707)을 비롯해 6권, 8~16권, 18권, 23권, 28권과 京鄕新聞 附錄彙集 『寶鑑』 4권(1906~1909), 『카톨릭 靑年』(1935, IA0894), 마산 완월리 천주당에서 발행한 『露德聖母雜誌 第6號』(1913, IA0188)가 있다.

이 시기 중국 상하이와 홍콩에서 발간된 것으로, 교리문답식으로 천주교리를 설명한 호교서『答客詔言』(1881, IA2075)과 '진리가 숨겨져 있는 동굴' 곧 천주교를 뜻하는 제목의 교리서 『理窟 卷1~2』(1901, IA1811), 『上宰相書』(1887, 홍콩, IA6535), 『要理問答釋義(第一册)』(1940, IA6843) 등이 있으며, 1900년대 복간된 천주교리서로 상하이에서 간행된 『天主實義』(1935, IA1896)와 일본 교토에서 간행된 『七克』(1917, IA0843)이 있다.

기타 외국어 자료로 가톨릭 조선 선교에 관한 소개서 *The Catholic Church in Korea* (1924, IA6299)와 한국 천주교회 요람으로 각 지역별 교회 형편과 각종 예배 서식이 수록된 *DIRECTORIUM COMMUNE MISSIONUM COREAE* (1931, IA6054) 등이 있다.

Ⅳ. 한국학 자료

본관에서 소장하고 있는 개화기 한국학 자료는 당대 서구문물이 유입되며 받아들인 근대학문 분야의 단행본이 주를 이루고 있다. 여기에는 대한제국 학부에서 발행한 역사, 지리서 및 자연과학 분야의 교과서가 상당수 포함되어 있다. 그리고 조선시대에 발행된 전통 서적을 복간한 자료도 있다. 반면 개화기 정치사회의 변천양상을 추적할 수 있는 정부 측 자료는 빈약한 편이다.

1. 한말 정치경제 자료

먼저 개화와 척사의 대립이 첨예할 때 척사론을 대변하는 자료로 항일의 병장 李昭應이 서양을 배척하는 주장을 편 『洋物論』(1877, IA1750)과 개항 전후 개항반대론의 실상을 파악하는 데 도움이 되는 위정척사운동가 柳基一의 『斥洋錄』(연도 미상, IA1751)이 눈에 띈다. 개항 직전 조선과 일본의 외교 분쟁 및 조약 체결에 이르는 과정을 기록한 『朝鮮交際始末』(1877, IA1851)과 개항 직후 일본문물을 시찰하기 위해 수신사로 파견된 金綺秀가 그 일정을 일기로 남긴 『信使日記』(1876, IA0440)에는 쇄국론과 개국론의 갈등, 개항을 둘러싼 격변의 정세가 잘 담겨 있다. 개항 직후 정치 혼란의 상징적 사건이었던 임오군란과 갑신정변을 목도한 초로의 선비가 우국충정의 소회를 토로한 『漆室問答』(1887, IA1766), 조선후기 민간사회에 유행했던 각종 비결서와 예언서를 발췌 편집한 『秘訣』(1894, IA1916)은 19세기 후반 불안했던 사회현상을 잘 보여준다.

개항 이후 근대문물이 유입되면서 상업의 발전 속도도 빨라졌는데, 이와 관련된 자료로 1885년 작성된 『大朝鮮國京畿左道楊根郡農桑社章程』(1885, IA1727)과 대한제국기 상인 이익단체인 동아개진교육회의 목적과 조직 및 상무적 성격을 파악할 수 있는 『東亞開進敎育會主旨』(1906, IA2019)와 『東亞開進敎育會 商務細則』(1908, IA2011), 대한상무조합본부의 장정과 규칙 등이 수록된 『大韓商務組合本部章程』(1908, IA2006), 運船에서 발생하는 약탈, 살상 등의 문제를 해결하기 위해 제정한 『運船會社章程』(1902, IA0433)이 있다. 근대 최초의 정치사회단체인 독립협회의 규칙과 부칙을 묶은 『獨立協會附則』(1898, IA2055)은 독립협회의 조직 운영과 회원 관리현황 등을 파악할 수 있는 중요 자료이다.

정부 측 생산된 자료로 갑오개혁 당시 朴泳孝 내무아무대신의 훈시로 추진하고자 했던 근대적 개혁의 구체적 실천방안이 제시된 『內務衙門訓示』

(1895, IA2020), 정부 문서로 법부협판 겸 고등재판사 판사 權在衡이 법부대신 李範晉에게 명성황후 시해사건을 조사하게 하여 보고한 『開國五百四年八月事變報告書』(1895, IA0891), 1895년부터 1898년까지 의정부 및 내각에서 軍部 등 각 부와 주고 받은 照會 및 指令 96건을 모아 편찬한 『政府內閣照會』(1895~1898, IA1914), 광무년간 실시된 지방에서의 양전사업 실시 과정이 담긴 『勅令章程訓令』(1900, IA1594), 1901년도 정부의 세입 세출 총액예산안인 『光武四年歲入歲出總豫算表』(1900, IA2054), 그리고 1903년 편찬된 것으로 고종 상소문 3편과 내부대신 수신 편지, 각국 공사관 발송 공문 등이 수록된 『瓊牘』(1903, IA1815)이 있다. 이들 자료는 광무년간의 정치적 격변과 대한제국 정부의 경제정책, 외교의 일단을 살펴볼 수 있는 귀중한 자료이다.

다음으로 을미사전 전후 의병활동과 관련하여 갑오농민전쟁 당시 충청도 지역에서 동학항쟁의 기치를 내건 의병들의 궐기를 소호하는 격문, 통문, 발문 등이 필사되어 기록된 『湖西募義錄』(1895, IA1262)은 당시 의병 봉기의 배경과 전개 상황을 파악하는 데에 매우 유의미하다. 1896년 명성황후 시해사건으로 1896년 1월 봉기한 홍주의병의 활동에 관한 기록으로 1895년과 1896년 홍주의병에 참여한 林翰周가 보고 느낀 것을 토대로 정리하여 연활자본으로 발행된 『洪陽紀事』(1896, IA0375)가 있다.

개항기 외교사 연구의 필수자료로 1898년 외부에서 1876년(고종 3) 이래 각국과 맺은 조약 등을 모아 간행한 『約章合編』(1898, IA1581,1599), 공문서로 탁지부대신 朴定陽과 안성군수 李鎬準의 공문이 수록된 『甘結』(1904,1906, IA0336, 4805)이 있다. 통감부 시기 자료로 학부 문서철인 『學部關係諸書類』(1908~1910, IA3890)는 근대교육체제의 도입과 함께 식민지 교육환경으로 변모해가는 상황을 추적해볼 수 있다.

민간자료로 月南 李商在가 1902년 개혁당 사건에 연루되어 의금부 감옥에서 3년간 옥살이하던 시기의 집필기록인 『共嘯散吟』(1902~1904, IA2494)[60]에

---

[60] 한국기독교박물관은 2012년 이 자료를 영인 해제하여 『월남 이상재의 獄舍記錄 共嘯散

는 논설 5편과 서간문 4편, 상소초 1편, 옥사 동지들과 주고받은 시 43수가 수록되어 있는데, 대한제국기 기독교인들의 대외정세 인식과 국가관, 문명관, 종교관을 통한 시대인식의 단면을 엿볼 수 있는 귀중한 자료이다.

일제강점기 독립운동 관련 자료로 1919년 3·1독립만세운동 현장에 배포됐던 〈三一獨立宣言書〉(1919, IA4220), 대한민국임시정부 설립 초기 작성된 〈臨時政府宣言書〉(1919, IA4436)와 〈大韓民國臨時政府成立祝賀文〉(1919, IA4435)은 귀중한 희귀문서이다. 그리고 3·1민족대표의 한 사람인 金昌俊의 〈獄中書翰〉(1919~1921, IA3649)과 〈回顧錄〉(1946, IA4218)[61]은 일제강점기 독립운동가이자 목사였던 김창준의 신앙관과 민족관, 기독교민족운동의 특성을 잘 살펴볼 수 있는 육필자료이다.

2. 근대 교과서

서양 근대지식이 유입되고 근대 교육기관이 설립되면서 신문화운동이 점차 활발해졌고, 근대 출판문화도 급속도로 발전해갔다. 특히 신교육에 필요한 교과서 간행은 근대사회로의 전환 가능성을 예측하는 척도가 된다. 초기 근대 교과서는 1883년 최초의 근대교육기관으로 설립된 元山學舍의 교과목 편성을 통해 유추해볼 수 있다. 산수, 격치, 기기학, 농학, 양잠, 광물학, 만국공법, 지리, 법률, 외국어 등이 교과목으로 채택되었는데, 현재 원산학사에서 사용했던 교과서의 실체를 파악하긴 어렵다. 다만 신학문 교과서 발간이 시급한 과제로 대두되었을 것이며, 본격적인 근대학문 교과서 간행은 1894년 갑오개혁으로 근대적 교육제도가 도입되면서 정부 주도로 이루어져, 1895년 우리나라 최초의 官纂교과서인 『國民小學讀本』이 간행되었다. 학부 편집국은 근대교육기관 설립 못지않게 근대학문 교과서 간행

吟』(168면)으로 간행하였다.
[61] 한국기독교박물관은 2011년 김창준의 〈獄中書翰〉과 〈回顧錄〉을 영인 해제하여 『기독교민족사회주의자 김창준 유고』(160면)로 간행하였다.

및 보급에 노력하였다.[62]

　1900년대 들어 학교 교과서는 주로 기독교 학교에서 발행되었고, 그중에서도 수학, 천문지리, 동·식물학, 물리·화학 분야의 교과서가 압도적으로 많았다. 기독교계의 대표적인 교과서로 1894년 스크랜튼(M. F. Scranton) 선교사가 지은 『地璆略論』(1894, IA2370)과 1895년 헐버트(H. B. Hulbert) 선교사가 지은 세계지리 교과서인 『사민필지』(1895, IA3861), 이화학당에서 1899년 발행한 한국 최초의 생리학 교과서 『젼톄공용문답』(1899, IA0066), 평양 숭실 설립자인 베어드(W. M. Baird, 裵緯良) 선교사 부부가 교과용 도서로 발행한 『동물학』(1908, IA0141), 『싱리학초권』(1908, IA0380), 『식물도셜』(1908, IA0138), 『텬문략히』(1908, IA3107)가 있다.

　다음은 본관에서 소장하고 있는 개화기 및 일제강점기 간행된 근대교과서를 영역별로 분류한 것이다.

　인문과학 : 西禮須知(1902), 初等小學 卷3(1907), 中等修身敎科書(1907), 高等小學讀本(1907), 高等小學修身書(1907), 最新高等小學理科書 一(1907), 心理學敎科書(1907), 普通學校學生(徒)用 漢文讀本 卷4(1908), 最新高等小學理科書 二(1910), 普通學校漢文讀本;第五學年用(1923), 中學漢文語法の講義と白文の練習(1924)
　역사 : 태서신사 상·하(1896~1897), 俄國略史(1898), 新訂東國歷史(1906), 幼年必讀釋義 下(1907), 初等本國歷史(1908), 中等敎科 東國史略(1908)
　수학 : 新訂算術(上)(1901), 심산초학(1905). 新訂 算術 三(1906), 精選算學(1907), 最新算術(1907), 中等敎科 算術新書(1908), 산학신편:고등(1908), 新訂敎科 算學通編(上,下)(1908), 最新算術 上·下卷(1908), 普通學校敎員用 算術書 卷4(1908), 고등산학신편(1917), 新訂算術(尋3學年用)(1909)
　천문지리학 : 地璆略論(1894), 사민필지(1895), 萬國地誌(1895), 小學 萬國地誌(1895), 大韓地誌(1899), 輿載撮要(1900), 中等 萬國地誌 一·二(1902), 中等地文學(1907), 初等大韓地誌(1907), 大韓新地誌 乾·坤(1907), 新編大韓地理

[62] 한명근, 앞의 글, 20~22쪽 참조.

(1907), 天文學(1908), 텬문략해(1908), 사민필지(1909), 地球畧論(대한제국기)
- 동·식물학 : 動物學(1906), 식물도셜(1908), 新編動物學(1908), 初等植物學(1908), 植物學敎科書(1908), 中等 生理學(1908), 最新動物學問答(1909), 初等植物學(1910), 中等動物學(1910)
- 생리해부학 : 젼톄공용문답(1899), 生理學 仁·義·禮·智·元·亨·利·貞(1905), 히부학 권一·二(1906), 中等 生理學(1908), 中等 生理學 附圖(1907), 生理學 初卷(1908), 物理學 初步(1908), 新編生理學敎科書(1909), 初等生理衛生學大要(1909)
- 물리·화학 : 新撰小物理學(1906), 初等用 簡明物理敎科書(1907), 初等理化學(1907), 新選化學敎科書(1908), 改訂中等物理學敎科書(1909), 改訂 近世化學(1909), 신편화학교과서(1909), 新撰中等無機化學(1910), 新編化學(1900년대 후반)
- 자연과학 일반 : 新撰博物敎科書(1906), 初等理化學(1907), 新撰小博物學(1907), 新撰 小博物理學(1907), 新編博物學(1907), 新撰地文學(1907), 中等地文學(1907), 最新高等小學理科書 一·二(1908), 普通理科敎科書(1908), 精選地文敎科書(全)(1909), 理科師生 卷壹(1910년경)
- 군사학 : 步兵操典』(1898), 陸軍禮式』(1900), 戰術學敎程 卷之二』(1902), 武要精選(1906), 大韓陸軍口令(대한제국기)

개화기에 편찬된 다종의 교과서는 대부분 기독교계에서 출판되었으며 수학, 천문지리학 등 근대학문 분야의 교과서가 대종을 이루고 있는 특징이 있다. 그리고 교과서 대부분은 근대인쇄기술이 적용되어 연활자본으로 보급되었고 학문 유입이 늦은 일부 교과서의 경우 등사본으로 간행되기도 했다. 본관에서 소장하고 있는 등사본으로 된 희귀 교과서로 1906년 제중원에서 발행한 해부학과 생리학 교과서는 매우 귀중한 자료이다. 『히부학』 권 一·二(1906, IA0795·IA0136)는 한글로 펴낸 최초의 해부학 교과서로 알려져 있다. 해부학과 같은 시기에 출판된 것으로 추정되는 생리학 교과서로 『生理學』 仁·義·禮·智·元·亨·利·貞 등 총 8권(IA1027~IA0134)을 소장하고 있는데, 이 역시 한글로 된 생리학 교과서의 효시이다.

한편 당시 시대상황을 반영하고 있는 교과서로, 서양인과의 교제 예법에 관한 내용이 수록된 학부 간행의 『西禮須知』(1902, IA3095)와 鄭寅琥가 편찬한 국어교과서 『初等小學』(1907, IA6647)은 애국심과 자주독립을 강조한 계몽도서의 성격도 지니고 있었다. 통감부 시기 간행된 『新訂東國歷史』(1906, IA2634 · 2638), 『大韓新地誌』(1907, IA2636 · 2641) 등 역사지리 관련 교과서는 서세동점이라는 국가적 위기상황에서 자국사의 이해를 통하여 자강 독립의식을 고취하기 위한 목적으로 발간되었다.

3. 개화기 · 일제강점기 발행서적

개화기 서구학문이 유입되면서 다양한 학문분야의 단행본이 저술되거나 번역되었다. 다음은 개화기 및 일제강점기 간행된 단행본을 주제영역별로 분류한 것이다.

인문사회과학 일반 : 小學諺解略選(1887), 進明彙論(1905), 增訂法學通論(1907), 政治原論(1907), 十九世紀歐洲文明進化論(1908), 朝鮮光文會告白(1910년경), 最新實用 朝鮮百科大全(1916), 朝鮮의 現在와 將來(1923), 新選童話法(1939), 朝鮮名家書畵展覽會出品作家便覽(1939)

역사 지리 일반 : 이언 권지ᄉ(1880), 諭中外大小民人等斥邪綸音(1881), 萬國政表 卷2(1886), 往復(1895), 淸國戊戌政變記(1900), 西遊見聞(1902), 平壤邑誌(1906), 新訂東國歷史 卷歷1~2(1906), 年通攷(1907), 幼年必讀釋義(1907), 精選萬國史(1909), 萬國事物紀原歷史(1909), 國民讀本(1909), 國朝人物志 上 · 中 · 下(1909), 海東名將傳(1911), 만국통감 사권(1912), 耽羅記年(1918), 逸士遺事(1922), 文獻便考(1923), 韓史綮辨(1924), 唐陵君遺事徵(1928), 人蔘史 卷1~7(1928~1941), 朝鮮史硏究艸(1929), 續修增補 江都誌 上 · 下(1932), 朝鮮史 第二~四編(22책, 1932~1938), 續修增補 江都誌 上 · 下(1932), 常山誌(1932), 佐翁尹致昊先生略傳(1934), 新選歷史精圖 國史之部(1936), 故事通(1944)

언어 · 어학 : 言文(1908), 신명국문쳡경 일이 합부(1908), 鮮英文法(1914), 新字典(1915), 언문쳡경(1922), 朝鮮正音文典(1926), 사정한 조선어 표준말 모음

(1937), 老乞大諺解(1944), 이두 用例表(일제강점기)

문학 예술 : 送別帖(1886), 環璆唫草(1896), 치악산(稚岳山)(상편)(1908), 伊太利少年(1908), 古秋遺集(1909), 을사록(1900년대), 伊蘇普의 空前格言(1911), 불상한 동무(1912), 五百年奇譚(1913), 新式 備門尺牘(1916), 精選尺牘(1913), 近古文選(1918), 環璆唫(1924), 尋春巡禮(1926), 靑年詩人百人集(朝鮮詩壇 第五號 特大號)(1929), 東尤壽帖序(1937), 三國酬唱(朝鮮, 日本, 中華)(1945)

음악 : 普通敎育唱歌集 第1輯(1911), 朝鮮俗曲集(1913), 二十世紀靑年 女子唱歌(1926), 新流行唱歌(1929), 朝鮮神歌遺篇(1930), 風琴獨習 中等唱歌集(1934), 精選朝鮮歌曲(일제강점기)

교육 : 學規新論(1904), 쇼아교육(1908), 官立漢城高等學校一覽(1910), 敎養科目 題名(일제강점기),

의생활 : 牛痘新說(1885), 濟嬰新編(1889), 造洋飯書(1899), 家庭救急法(1909), 家庭日用寶鑑(1912), 麻疹秘方(1912), 가뎡위생(1919), 新校 重訂方藥合編(1926)

농학 및 경제학 : 蠶桑撮要(1884), 農政新編 乾·坤(1885), 農政新書 卷1~3(1885), 農政撮要(1886), 重麥說(1888), 農談(1894), 養蠶鑑(1900), 人工養蠶鑑(1901), 蠶桑實驗說(1901), 蠶業會社規則(1903), 農政新編(1905), 經濟學(1907), 最新經濟學(1908), 家庭養鷄新編(1908), 農學入門(1908), 富國全書 養鷄新論(1908), 養潛實驗說(1908), 果樹栽培法(1909), 農業新論 卷下(1908), 蔬菜栽培全書(1909), 新訂蠶業大要(1909), 實利農方新編(1909), 柞蠶飼養法(1909), 接木新法(1909), 最新田野 山林 實地測量法(1909), 實用果樹栽培法(1910), 實用果樹栽培書(1910), 最新 土壤學(1910), 養鯉新法(1910), 農業大要(1913), 實驗養蜂(1924), 最新商品學(1928), 人蔘神草(1933), 和漢古方農書展覽會目錄(1941), 開城人蔘開拓小史(1941)

전통유학 : 增註三字經(1885), 諫院雜抄(1890), 輔仁社規範(1903), 牖蒙千字 卷1~3(1903~1905), 牖蒙續編(1904), 文章指南(1908), 普通學校學生(徒)用 漢文讀本 卷4(1908), 普通學校漢文讀本;第五學年用(1923)

기타 종교·잡술 : 大韓光武11年歲次丁未明時曆(1907)天約宗正(1908), 天道敎大憲(1910), 神言(1913), 天道敎書(1921), 은듕경(恩重經)(1925), 宗敎講座講本(1933), 불교성전 第一編(1936)

개항 이후 근대 농업에 주목하게 되면서 농학 개론 및 양계, 양잠, 과수, 양봉 등의 지침서가 다수 발간되었다. 당시 이용후생과 부국강병을 꾀하던 개화지식인들에 의해 농업기술서가 유행처럼 발행되었다. 근대 초기 대표적인 농학자가 安宗洙는 1881년 일본시찰을 가서 많은 농서를 유입하였고, 한국 최초의 근대적 농업기술서인 『農政新編』(1885, IA1917·1918)와 『農政新書』(1885, IA1905·1906)를 연활자본으로 간행하여 서양의 선진 농사기술을 소개하였다. 농상공부대신을 지낸 鄭秉夏도 농사 연구서로 시비, 耕耘, 土性, 墳土, 파종, 물대기 등 농사기술과 과수재배법을 서술한 『農政撮要』(1886, IA0324)를 편찬하였다. 충청도 관찰사를 역임한 李淙遠은 제언축조법에 관한 전문서 『農談』(1894, IA1609)을 저술하였고 우리나라 잠상기술 도입의 선구자인 李祐珪가 누에치기와 뽕나무 재배법에 관한 내용을 수록한 『蠶桑撮要』(1884, IA1788)을 발간하였다. 그 외 경작지 측량, 과수 재배 및 양계, 양봉에 관한 도서도 다수 발간되었다.

한시 필사본으로 『送別帖』(1886, IA2460), 金得鍊의 『環璆唫草』(1896, IA1248), 『古秋遺集』(1909, IA1768)이 있고, 소설로는 을사늑약을 둘러싼 갈등을 다룬 『을사록』(1900년경, IA3093)과 李人稙의 소설 『치악산(상)』(1908, IA1213), 외국문학 작품을 번역하여 소개한 것으로 李輔相 譯의 『伊太利少年』(1908, IA3963), 崔南善 譯의 『불상한 동무』(1912, IA0226), 宋憲奭 譯의 『伊蘇普의 空前格言』(1908, IA1268) 등이 있다. 기타 인문학 관련 자료로 조선예수교장로회총회 교육부에서 발행한 것으로 기독교적 관점에서 아이들과의 대화법을 설명한 『新選童話法』(1939, IA6162), 지석영이 저술한 일종의 韓漢字典인 『言文』(1909, IA0335)이 주목된다.

음악관련 자료로 보통학교, 사범학교 등 각종 학교의 교육용으로 편찬한 창가집 『普通敎育唱歌集 第1輯』(1911, IA0428), 李尙俊이 아리랑 등 한국 전통 민요 7곡과 당시 불려지던 민요 7곡을 골라 5선악보로 펴낸 『朝鮮俗曲集』(1913, IA0427), 여성의 모범이 될 만한 분들의 傳記를 축약한 내용을 담은 『二

十世紀靑年 女子唱歌』(1926, IA3262)가 있다. 교육 관련 자료로는 개화사상가인 朴殷植이 1904년 교육개혁에 관한 논술을 모아 펴낸『學規新論』(1904, IA0430)이 눈에 띈다. 의생활과 관련해서는 먼저 의학서로 池錫永이 우리나라 최초의 우두법 전문서로 편찬한『牛痘新說』(1885, IA3913)과 李在夏가 지석영의『우두신설』을 발췌하고 보완하여 천연두 치료와 처방을 설명한 편찬의『濟嬰新編』(1889, IA0376)이 있고 서양음식 조리법이 담긴『造洋飯書』(1899, IA0374)와 기타 가정위생 및 구급법 관련 자료가 있다. 종교 관련 서적으로 불교의『恩重經』(1925, IA0653),『宗敎講座講本』(1933, IA2747) 및 천도교의『天約宗正』(1908, IA6842),『天道敎大憲』(1910, IA3601),『神言』(1913, 1353),『天道敎書』(1921, 6895)가 있다.

이 외에 대한제국기의 특징적인 자료로 군사기술과 관련된 것을 들 수 있다. 고종은 제국주의 침략에 맞서기 위해 근대식 군대로의 개편을 추진하고 중앙군과 지방군 병력 확대, 근대 무기 도입 등 군사력 증강을 꾀하였다. 이러한 분위기 속에 신식군대에 필요한 정보를 담은 자료 발간이 추진되었다. 본관은 1898년 군부대신 閔泳綺가 작성한 보병훈련교본『步兵操典』(1898, IA0366), 육군의 경례, 儀式 등 禮式에 관한 설명서인『陸軍禮式』(1900, IA0797), 군대의 수색근무, 경계근무, 행군, 駐軍 등 군 전술을 상세히 설명한『戰術學敎程 卷之二』(1902, IA3969), 군사훈련과 전투기술에 관한 교본인『武要精選(軍隊撮要)』(1906, IA1221), 그리고 군 구령집『大韓陸軍口令』(대한제국기, IA3110)을 소장하고 있다.

4. 고전 복간본

근대인쇄술이 도입되면서 고전의 복간 작업이 유행처럼 진행됐다. 그 시작은 언론사의 고문헌 복간작업이었다. 1898년 9월 일간신문으로 창간된 황성신문사는 野史, 雜誌 등 고문헌을 수집하여『三國遺事』,『高麗圖經』,『燃藜紀述』,『靑野謾輯』과 같은 사서, 야사와『國朝古事文獻』,『星湖僿說』,

『磻溪隧錄』과 같은 정치서, 농공서 등을 복간하였다.[63] 이와 함께 시, 소설을 비롯한 개인문집의 복간도 활발하게 이뤄졌는데, 특히 실학자들의 실사구시적 학풍이 반영된 서적이 상당수를 차지하였다. 본관에서 소장하고 있는 것으로 정약용의 『與猶堂全書』, 『牧民心書』, 『民堡議』, 이익의 『星湖僿說』, 박지원의 『燕巖集』, 홍대용의 『湛軒書內集』, 『湛軒書外集』 등이 있다. 조선후기 실학사상을 근대적 사상으로 받아들이는 풍토가 반영된 것으로 보인다. 다음은 본관 소장 복간본 자료이다.

시 : 皎亭詩集(1906), 增補海東詩選(1919), 八家精華 卷1~2(1923), 雲養集(5책, 일제강점기), 箋註四家詩(1921)
소설 : 성현공숙녈긔(聖賢公淑烈記)(2책, 1905)
실학문집 : 耳談續纂(1908), 燕巖集(2책, 1901), 擇里誌(1912), 旅菴遺稿(5책, 1939), 旅菴全書(7책, 1939), 順菴先生文集(12책, 1900), 星湖僿說(5책, 1929), 星湖先生文集(25책, 1917), 星湖先生全集(36책, 1922), 牧民心書(1904), 民堡(1943), 民堡議(1878), 與猶堂全書(74책, 1934~1938), 湛軒書內集(2책, 1939), 湛軒書外集(5책, 1939)
개인문집 : 慵睡齋遺稿(單)(1900), 古歡堂收艸(3책, 1883), 蒪庭遺藁(6책, 1882), 韓山世稿(26책, 1935), 雪汀先生朝天日記(1899), 冬郞集(1899), 雲樵遺稿(1904), 中東詠物律選(1912), 白遯別稿(1924)
사회문화 : 押海家史(1901), 萬姓大同譜 上·下(1931), 重刊麗韓十家文鈔 卷1~3(1921~1923), 金氏史補;高麗 金詹事本傳(1883), 增修無冤錄大全(1907)
기타 : 龍飛御天歌 全(1911), 明倫歌(1935)

위 복간본의 원저자는 실학자인 丁若鏞, 李瀷, 洪大容, 申景濬, 安鼎福과 그 외 金允植, 玄鎰, 李忔, 柳栢榮, 康洵, 康瑋, 金鑢, 韓致元, 洪承敬, 權純九 등이다. 문집이 아닌 복간자료로 실록, 읍지, 가문족보 관련 자료인 『錦城

---

[63] 『皇城新聞』 1903년 1월 26일 廣告.

邑誌』(1897, IA1935), 『奎章閣志(全)』(1904, IA1468), 『世宗實錄』卷108(1938, IA3579), 『續修中京科譜』(1918, IA1479), 『慶州李氏世譜』十四(연도 미상, IA1990), 『朝鮮湖南誌』卷1~7(7책)(1935, IA1315 등) 등이 있다. 이 외에 한문 학습서로『牖蒙續編』(1904, IA0816), 『牖蒙千字』(1908, IA0344) 등이 있는데, 한문 고전서의 대부분은 학교에서 사용할 만한 교과서가 제대로 완비되지 않은 상황에서 학부에서 임시교과서로 간행한 교양 한문 교과서이다.

5. 중국·일본 발행서적

국내 발행 단행본 외 중국과 일본에서 간행되어 국내에 유입된 근대학문 서적도 다수 소장하고 있는데, 박물관 설립자인 매산 선생의 학문적 관심에서 수집된 자료이다. 중국에서 간행된 서적의 경우, 주로 중국에서 활동하던 외국인 선교사들이 주도해서 편찬한 근대과학기술 서적이 대다수를 차지하고 있다. 그중에서도 영국인 선교사 존 프라이어(J. Fryer, 傅蘭雅) 등 중국에서 활동하던 서양의 선교사가 중국에 근대과학지식 전파를 목적으로 간행한 입문서 성격의 자연과학 분야 내용이 많다. 在中 서양선교사들은 선교 및 계몽 목적으로 일반의 흥미를 유발하고 당시까지 알려진 과학지식을 일목요연하게 설명하고 소개하는 서적을 한문으로 번역 출판하였다. 본관 소장 자료 대부분은 존 프라이어가 번역한 것인데, 존 프라이어는 19세기 무렵 70여 조에 이르는 서양의 여러 과학 분야의 책자를 한문으로 번역 발행하였고, 이 서적의 상당수는 "○○須知"라는 제목으로 발행되었다.

"○○須知"라는 제목의 서적은 1872년부터 영국 선교사 에드킨즈(Joseph Edkins, 艾約瑟)와 미국 선교사 겸 동문과 교습 마틴(W. Martin) 등이 중국 북경에서 발간하기 시작한 『中西聞見錄』第1~36號(1872~1875, IA3864 등 총 18책)을 저본으로 하였고, 이 『中西聞見錄』은 1876년부터 존 프라이어가 상해에서 『格致彙編』(1876~1881, IA1440 등 총 33책)으로 개명하고 1890년까지 발간되었다.[64] 이 『格致彙編』은 서양과학기술 전파에 관련된 그의 탁월한 업적이며, 위의

"ㅇㅇ須知"라고 제목 붙은 책은 존 프라이어가 직접 저술하거나 번역하여 『格致彙編』에 연재했던 글을 단행본으로 출간한 것들이다. '格致學'은 곧 자연과학을 뜻한다. 본관 소장 존 프라이어 저작 가운데 "ㅇㅇ須知"라는 제목의 서적과 개론·입문서는 아래와 같다.

『化學分原』(1872, IA058) : 분석화학 입문서
『化學鑑原續編』(1875, IA0950·0951·0952) : 유기화학·생화학 개론서
『地理須知』(1883, IA0630) : 지리학 입문서
『地志須知』(1883, IA0632) : 인문지리 입문서
『地學須知』(1883, IA0631) : 지구과학 개론서
『化學須知』(1886, IA0632) : 화학 개론서
『電學須知』(1887, IA0634) : 전학(電學) 개론서
『天文須知』(1887, IA0629) : 천문학 개론서
『聲學須知』(1887, IA0636) : 소리 기계 개론서
『全體須知』(1894, IA0142) : 해부학 개론서
『光學須知』(1895, IA0635) : 광학 입문서

존 프라이어의 발행년 미상의 서양과학기술 서적으로 증기기관을 설명한 『汽機新制』卷5~8(연도 미상, IA0968), 『汽機必以』卷6~7(연도 미상, IA0967)과 해군훈련 지침서인 『水師操練』附卷(연도 미상, IA0962) 및 『西藝知新』卷5~7(연도 미상, IA0955), 『製火藥法』卷1~3(연도 미상, IA0966), 『防海新論』卷15~18(연도 미상, IA0957) 등이 있다. 그리고 이 외에 한국의 지식인들에게 영향을 끼친 중국 서적으로 『蜷廬隨筆』(1900년대 초, IA6649), 『農政全書』卷1~60(1905~1909, IA0167 등 42책), 『植物圖說』(1895, IA3950), 『曆數』(1880, IA1234), 『易言』(1880, IA1355 등 4책), 『藝文類聚』卷1~100(1879, IA1169 등 26책) 등을 소장하고 있다.

중국에서 발행된 의학 서적으로 서양 안과의학에 관한 『西醫眼科』(1880,

---

64) 숭실대 한국기독교박물관, 『한국기독교박물관 소장 과학·기술 자료 해제』, 2009, 262쪽.

IA3930), 미국인 존 글라스고우(John Glasgow, 嘉約翰)가 편역한 것으로 남성의 비뇨기과 병증과 그 치료법을 다룬 『增訂花柳指迷』(1889, IA3909), 미국 침례교 선교사이자 의사였던 맥고원(D. J. MacGowan, 瑪高溫)이 구술 번역한 지질학 개론서 『地學淺釋』 卷17~20(1873, IA0971), 존 프라이어와 미국인 김해리(金楷理)가 번역한, 해상교통로에 관한 『海道圖說』 卷6, 13·14(연도 미상, IA0970), 중국어 회화책 『華音啓蒙』(1883, IA3867) 등이 있다.

한편 중국에서 간행된 한문서적 가운데 기독교 관련 자료로는 올링거 선교사가 번역한 교리문답서 『依經問答喩解』(1880, IA0259), 개신교 예배의식에 관한 지침서인 『禮拜模範』(1881, IA0086), 일반 신도의 신앙교육용 자료로 활용된 『天道溯原』(1893, IA1604), 기독교 교리를 간단한 문답 형식으로 정리한 『耶蘇敎官話問答』(1887, IA0082), 초심자를 위해 문답 형식으로 교리를 간략히 설명한 『眞道入門問答』(1890, IA1200), 「창세기」에 나오는 요셉의 이야기를 구어체 중국어로 옮겨 놓은 『約瑟傳;官話』(1892, IA2309), 일반 신도의 신앙교육용 예화집인 『安仁車』(1902, IA1245), 신구약 성서의 이해를 돕기 위해 편집한 『二約釋義叢書』(1911, IA6157), 안식일의 유래 등을 설명한 교리서와 신구약 성서 보조자료가 합철된 『安息日論/二約釋義叢書[合綴]』(1909, IA0851), 하나님의 性德과 治法을 변증한 『天定論』(1913, IA6845), 자연과학에 관한 기초지식을 다루고 아울러 기독교 교리를 설명한 『格物探原』 卷3(1880, IA0969)이 있다. 기타 중국 남천주당 신부로 있던 黃斐默이 지은 『正敎奉褒』(1904, IA1988)에는 북경에 볼모로 간 소현세자가 귀국할 때 지구의를 가지고 돌아왔다는 내용이 수록되어 있다. 이처럼 중국에서 간행된 한문서적의 대다수는 자연과학 관련 서적 또는 기독교 관련 서적이었다.

다음으로 본관 소장 일본 간행본의 대부분은 일제강점기 이후 입수된 것인데, 병합 이전 자료로 『訂正隣語大方』(1882, IA1574), 『交隣須知』(1883, IA1907), 『增補改正新撰數學』(1883), 『再刊交隣知』 卷1(1883, IA1575), 『京城之凱施』(日淸海陸戰記)』(1894, IA2317), 『訂正新定漢文』(1900, IA2643), 『怪傑マホメット』(1905, IA2660),

『故紙羊存』第一·二(1907, 1A6652·6657)가 있다. 이 가운데『故紙羊存』은『한성순보』고문으로 근대신문 발간에 참여했고 일본 정우회 중요 인물로 활약한 이노우에 가쿠고로(井上角五郞)가 1907년 기록한 것으로 자료적 가치가 높다. 이 외에 매산 선생이 연구 과정에서 수집한 일본 자료로 기독교 월간잡지인 エクレシヤ 잡지 제70호~118호(총 30책), 일본 기독교 월간신문인『書物新聞』26호~88호(총 29호) 격월잡지 The Japan Magazine(1921.3~4·5, 1922.4~5·12, 1930.11)(총 5책) 등이 있다.

6. 근대 신문·잡지

한국사회에 근대인쇄술은 신문이 발간되면서부터 도입되었다. 1881년 부산항상법회의소에서 근대활자인쇄기를 도입하여 일본어신문『朝鮮新報』를 발간하였고, 곧이어 1883년 8월 조선 정부에서 박문국을 두어『漢城旬報』를 발간하였다.『한성순보』는 세계정세와 근대 과학 및 역사지리에 관한 내용을 소개함으로써 근대지식의 보급과 개화운동의 산파역할을 하였다.[65] 이어 개화사상이 질적 발전을 이루었던 1890년대『독립신문』과『데국신문』이 순한글로 발행되어 정치사회 계몽 역할을 하였고, 대한제국기 대표적 민족언론인『皇城新聞』(1898.9.5. 창간)과『大韓每日申報』(1904.7.18. 창간)가 항일 논조로 발행되었다. 1909월에는 애국계몽단체인 大韓協會에서 회보로 발행하던『大韓協會會報』발행을 중단하고 일간신문으로『大韓民報』를 발행하였다.

다음으로 국내에서 발행된 일본계 신문으로 친일매국단체인 일진회 기관지『國民新報』(1904.9.6. 창간)와 일본인 발행 신문으로『漢城新報』(1895. 창간)와『大東新報』(1904.4. 창간)는 1906년『京城日報』로 통합되어 발간되었다. 1907년 9월에는 인천에서 일본어 신문『朝鮮新聞』이 발행되었고, 조선총독

---

[65] 李光麟,「漢城旬報와 漢城週報에 대한 一考察」,『韓國開化史硏究』, 一潮閣, 1969, 65쪽.

부는 강제병합 직후인 1910년 8월 30일 민족언론지인 『大韓每日申報』를 강제로 인수하여 기관지로 『每日申報』를 발행하였다.

다음은 개화기 한국에서 발행된 신문 가운데 본관에서 소장하고 있는 신문 목록이다(총 176점).

* 國民新報 第1316號(1910.9.28)
* 大東新報 第6號(1904.4.23)
* 大同日報 第1卷 5, 6號(1909.12.28, 1910.1.1)
* 大韓每日申報 한글판 第1卷 第1號(1907.5.23)
* 大韓每日申報 第4卷 第176~253, 220~284, 325~401號, 第5卷 443~478, 679, 681~686號, 第6卷 704~750, 771, 772,777, 778, 781, 788, 789, 794~799, 801, 892, 804, 805, 807~826, 831~900, 938~941, 943~946, 948, 950~1000, 第8卷 1301~1303, 1905~1308, 1319, 1320, 1322, 1326, 1329, 1330, 1333, 1334, 1338, 1340, 1342, 1357, 1360~1362, 1365, 1366, 1368~1370, 1372~1375, 1379, 1408, 1416~1418, 1422, 1423, 1426~1430, 1432, 1434, 1436~1442號(1906.3.24~6.23, 1906.5.16~1906.7.31, 1906.9.19~12.22, 1907.2.2~1907.14.5, 1908.1.9~3.8, 1908.4.3~1908.6.10, 1908.6.16~9.6, 1908.10.27~1909.1.14, 1910.1.29~1910.6.14)
* 大韓民報 第329, 332~336, 338~340, 342, 344, 345號(1910.7.21~8.9)
* 데국신문 第70~166, 169~241號(1900.4.2~7.24/1900.7.27~1900.10.9)
* 每日申報(1910.10.21)
* 法律新聞 3965號(1936.4.3)
* 朝鮮新聞 10448號(1930.6.21)
* 漢城旬報 第12, 16~18, 22, 26, 27, 29, 32號(1884.2.17~8.31)
* 漢城新聞 第3460, 3461, 3463~3470號(1910.9.2)
* 漢城新報(1901.6.16, 1902.8.6, 9.28, 11.30, 12.3, 12.14, 12.28, 1903.1.4)
* 漢城周報 第27號(1886.9.6)
* 皇城新聞 第1卷 17號~98號(1898.9.24~12.29)

한국 근대 잡지는 미국 선교사들에 의해 발간되기 시작했다. 최초의 잡지는 1892년 올링거 선교사에 의해 창간된 *The Korean Repository*이다. 신문과 마찬가지로 초기 잡지 또한 신문적인 속성도 포함하고 있어 신문과 잡지의 요소가 혼재되어 발간되었으며 점차 시간이 지나면서 구분되어갔다. 초창기 잡지는 이처럼 선교목적에 의해 발간된 잡지류와 유학생 잡지, 단체 또는 학회에서 발간한 잡지, 그리고 애국계몽운동 차원의 잡지로 대별된다.66)

개화기 한국인에 의해 발행된 잡지는 1896년 11월 창간되어 월 2회 발행된 『대죠션독립협회회보』를 위시하여 주로 유학생들이 발간한 잡지와 애국계몽운동기 발간된 잡지가 주류를 이루고 있으며, 국민계몽 및 근대지식 보급이 주목적이었다. 먼저 통감부 시기 대표적 애국계몽단체인 대한자강회의 기관지 『大韓自强會月報』 第八號(1907.2, IA6891)와 『大韓協會會報』 第1號(1908.4, IA0858), 第2號(1908.5, IA1223)가 있다. 1906년 평안도·황해도 출신의 지식인이 중심이 되어 조직한 애국계몽단체인 西友學會에서 간행한 『西友』 第4號(1907.3, IA0862), 第6號(1908.5, IA0808)와 畿湖興學會에서 간행한 『畿湖興學會月報』 第4號(1908.11, IA0860), 第6號(1909.1, IA3907), 第11號(1909.6, IA0861)가 있다.

희귀 잡지로 1906년 6월 25일 대한자강회원인 沈宜性·張志淵 등이 『朝陽報』를 창간하여 월 2회 발행하였다. 이 잡지는 통권 12호(1907.12)로 종간되었는데, 본관에는 제11호(IA4209 외)까지를 소장하고 있다. 국민 계몽 및 국내외 정세 보도를 목적으로 발간되었으며, 당시 애국계몽학회지와 달리 교육·실업·여성문제까지를 다룬 종합지 성격을 띠었다. 사장은 張應亮, 총무는 沈宜性, 주필은 張志淵이었다. 이 외에 玄采, 金成喜, 安國善 등 개화 지식인들이 필진으로 참여하여 근대학문 지식 정보를 소개한 근대적 종합잡지인 『夜雷』 第1卷 第1號(1907.2, IA0859)와 우리나라 최초의 법률가 단체의 기관지인 『法學協會雜誌』 第1號(1908.11, IA0857)가 있다.

---

66) 鄭晋錫, 『한국언론사』, 나남, 1990, 255~256쪽 참조.

일본 유학생이 펴낸 잡지 및 회보로 在日本 한국유학생 통합단체인 대한흥학회에서 기관지로 발행한 『大韓興學報』第2號(1909.4, IA1224)와 大朝鮮人日本留學生親睦會에서 펴낸 『親睦會會報』第2號(1896.3, IA6549), 東京外國語學校韓國校友會에서 펴낸 『會報』第6號(1910.4, IA0580)가 있다.

일제강점기 잡지는 매우 다양하게 분포한다. 먼저 종교계 잡지로 유교계 경학원의 기관지인 『經學院雜誌』第4號(1914.9, IA1227)와 불교계의 『佛敎』第37號(1927.7, IA6548), 시천교 본부 기관지인 『龜岳宗報』第6號(1915.9, IA0773)가 있고, 1913년 4월 일본인 다케우치 로쿠노스케(竹內錄之助)가 한글로 발행하기 시작한 계몽잡지인 『新文界』第1卷 第7號(1913.10, IA4016)와 第9號(1913.12, IA0776), 第2卷 第1·3·4號(1914, IA0777 등 3책), 第3卷 第5~8號(1915, IA0781 등 4책), 第4卷 第5~8,11號(1916, IA0785 등 2책) 및 第5卷 第1號(1917.1, IA0791)가 있다.

문예지로 1922년 창간된 순문학 동인지인 『白潮』創刊號(1922, IA0414), 第2號(1922.5, IA0810), 第3號(1922.6, IA0811)와 1936년 창간된 『文藝街』第5輯(1936.12, IA2670), 第17輯(1938.1, IA2671), 第18輯(1938.3, IA2672)이 있고, 월간 종합지로 1934년 창간된 『大平壤』創刊號(1934.11, IA3091), 1929년 월간 교양잡지로 창간된 『三千里』3月號(1934년 이후, IA1228), 1931년 동아일보사에서 월간 종합잡지로 창간한 『新東亞』第六卷 四月號(1936.4, IA0814), 1935년 조선일보사에서 월간 종합잡지로 창간한 『朝光』7月號(1937.1, IA0815), 11月號(1937.11, 0812)가 있다. 그리고 朝鮮講演會에서 간행한 월간잡지 『朝鮮講演』第66號(1937.1, IA1793)·第76號(1937.11, IA1794)·第77號(1937.12, IA0361)가 있다.

여성 잡지로 1913년 12월 출판인 다케우치 로쿠노스케가 창간한 상업적 목적의 가정잡지 『우리의 가뎡』제1호~12호(1914.1~12, IA0775) 및 1929년 1월 창간된 『女性之友』第1卷 第3號(1929.3, IA0793), 第1卷 第5號(1929.6, IA0859)가 있으며 그 외 『서울(THE SEOUL)』第4號(1920.6, IA0808), 臨時號(1920.12, IA0984), 『한글』第2卷 第5號(1934.8, IA2701) 등이 있다.

한편 일본 측에서 발행한 잡지도 일부 소장하고 있다. 조선총독부에서 발행한 『朝鮮』 第77號(1921.6, 1A2461)와 일본 사법성 형사국 기관지로 高等法院檢事局 思想部에서 발행한 『思想月報』 第1卷 第5號(秘)(1931, 1A3665), 第2卷 第11號(秘)(1933.2, 1A3713), 第2卷 第12號(秘)(1933.3, 1A0370), 第3卷 第1號(秘)(1933.4, 1A0369), 第3卷 2號(秘)(1933.5, 1A0368) 및 일본 사법성 형사국의 『思想硏究資料』 特輯三十號(1936.7, 1A3693)가 있다. 일본 기독교 월간 잡지로 『新生』 第71~77號, 140~148號, 第182號(1927~1936, 1A2898 등 총 29권)가 있다.

Ⅴ. 일제 식민통치 자료

한국기독교박물관은 일제가 식민통치 과정에서 남긴 문서자료 약 520여 점을 보유하고 있다. 이 자료 가운데 중요 자료 300건 140점을 선별, 해제하여 지난 2012년 『한국기독교박물관 소장 민족운동 자료 해제』(4×배판, 560면)를 발간한 바 있다.[67] 해제집에서 수록한 자료 대부분은 일제의 식민통치와 관련하여 작성된 판결문과 사업·경찰기관 자료이다. 그리고 이 자료의 상당량은 야마자와 사이치로(山澤佐一郎) 검사의 소장인 '山澤'이 찍혀 있다.

야마자와는 우리의 수많은 독립운동가와 정치사상범에게 엄혹한 판결을 내린 인물로 알려져 있다. 1915년 교토(京都)제국대학 법학부를 졸업하고 도쿄(東京)지방재판소에서 검사로 근무하던 1917년 2월 경성지방법원 검사로 내한하였다. 1919년 3·1운동 당시 민족대표를 비롯해 만세운동 참여자를 기소하고 심문한 것으로 유명하다. 이후 전주·청진·부산·대구 등지의 지방법원과 고등법원 검사를 지냈고 1930년대에는 공주·전주·광주·경성지방법원의 검사정을 지냈으며, 1943년에는 평양복심법원 검사정을 지내는 등 일제의 사법통치에 앞장서 온 검찰 고위관료였다.[68] 해방 후 북한

---
[67] 본 장 'Ⅴ. 일제 식민통치 자료'는 이 해제집 내용을 토대로 정리하였음을 밝혀둔다.
[68] 숭실대학교 한국기독교박물관, 『한국기독교박물관 소장 민족운동 자료 해제』, 2012,

에 진주한 소련군과 북한 정권이 식민통치의 앞잡이들을 응징할 때 야마자와는 사형 선고를 받았다.

본관 소장 자료는 야마자와 검사가 검찰 업무를 수행하는 과정에서 소장했던 것으로 보이지만, 매산 선생이 이 자료들을 입수한 경위는 명확하지 않다. 다만 8·15 해방 직후 야마자와가 사형 집행된 후 남겨진 자료를 매산 선생이 개인적으로 입수한 것으로 추정된다. 이들 자료의 상당부분은 야마지와가 20년 이상 사법 통치를 수행했던 실상을 구체적으로 드러내고 있다고 할 수 있다. 이를 1) 1910~30년대 항일민족운동 관련 재판자료, 2) 일제의 식민통치에 관련된 사법·경찰기관의 훈시, 지시 및 주의사항, 회의자료, 3) 사법·경찰기관의 각종 보고, 정리, 통계 및 법령 자료로 대별하여 살펴보고자 한다.

1. 재판 관련 자료

일제가 남긴 재판 관련 자료는 한국인의 독립운동가에 대한 판결자료가 대부분이며, 자료의 생산 시기는 1910년 합병부터 1930년대 중반 일제의 대륙침략이 본격화되던 1930년대 중반까지이다. 이를 여섯 유형으로 분류하여 정리해보고자 한다.

첫째, 1910년대 재판자료이다. 합병 전후 침략통치의 앞잡이 역할을 하였던 주요 정객에 대한 암살 관련 기록으로, 한국 병탄의 기초를 쌓았던 초대 통감 이토 히로부미(伊藤博文), 초대 총독 데라우치 마사타케(寺內正毅)와 3대 총독 사이토 마코토(齋藤實) 암살사건을 다룬 것이다. 1909년 10월 安重根 의사의 이토 히로부미 저격 사건의 판결문 〈併合前後暗殺事件判〉(IA2598)의 목차에는 李完用 암살기도사건, 데라우치 총독 암살음모사건이 표기되어 있으나 이토 히로부미 저격 사건에 관하여 안중근, 禹德淳, 曹道先, 柳

204~205쪽.

東夏의 판결문만이 수록되어 있다. 〈李完用暗殺事件判決/寺內總督暗殺未遂事件〉(IA2605)은 이완용 암살사건과 데라우치 마사타케 총독 암살미수사건의 재판 과정과 판결 내용을 살펴볼 수 있는 자료이다. 이완용은 1909년 12월 독립운동가 李在明의 습격을 받고 복부에 자상을 입었으나 완치되었고, 이재명은 사형이 집행되었다. 데라우치 총독 암살미수사건은 이른바 '105인사건'이라고도 부르는데, 이 사건은 1911년 일제의 서북지역의 기독교계 독립운동가를 탄압하기 위해 조작한 사건이며, 1심에서 105인이 유죄 판결을 받았다.

데라우치 총독 암살미수사건의 재판과정과 판결 내용에 관련하여 1913년 7월 15일 대구복심법원의 판결문인 〈寺內總督暗殺陰謀事件〉(IA2599)은 이 사건으로 구속된 尹致昊, 梁起鐸, 林蚩正, 李寅煥, 李昇薰, 安泰國, 玉觀彬 등 신민회 주요 인사 6인에 대한 판결문을 요약 정리한 것이다. 姜宇奎 의사가 신임총독 사이토 마코토에게 폭탄을 투척한 사건을 기록한 〈齋藤總督暗殺事件檢證調書〉(IA2603)은 1919년 9월 2일 남대문정거장 앞에서 있었던 강우규 의사의 폭탄 투척 사건 직후 야마자와 검사 등이 현장 상황과 폭탄 투척 및 그 위력 등에 대해 조사한 검증조서이다. 그리고 강우규 의사 재판기록 〈姜宇奎等 豫審終結決定〉(IA2604)은 이 사건에 대한 예심종결을 결정한 기록이다.

둘째, 일제강점기 거족적인 항일독립운동인 3·1운동과 관련하여 민족대표 48인의 판결문을 비롯해 경성, 공주, 광주, 서산, 단천 및 서북지역의 만세운동 주도자들에 대한 예심종결결정 정본이 있다. 孫秉熙 등 3·1운동 민족대표 48인에 대한 경성지방법원의 〈三一運動民族代表 豫審終結決定 正本〉(IA4068)은 3·1운동의 전개과정을 살펴볼 수 있는 필수자료이며, 1920년 10월 30일 경성복심법원에서 선고한 3·1운동 민족대표 48인의 판결문인 〈三一運動民族代表判決文〉(IA2596)에는 3·1운동의 전개과정과 민족대표의 활동과 형량이 상세히 기록되어 있다. 3·1운동에 참여한 학생들의 재판기록으로, 경성지방법원의 〈金炯璣等 豫審終結決定正本〉(IA3698)은 경성의학전문학교 학생을 비롯한 서울 소재 학생들의 3·1운동 참여 경위, 학생들의 역할과 활동 및 규모 등을 파악하는 데에 매우 유용한 자료이다. 또한 보안법 위반 혐의로 기소된 서울 소재 학생들이 청구한 2심의 재판기록인 경성복심법원의 〈3·1運動 관련자 尹益善 등 72명에 대한 판결문〉(IA4036)도 있다.

지방법원의 3·1운동 관련 판결자료도 있다. 함경남도 단천군 만세운동 관련자 20명에 대한 함흥지방법원의 판결문 〈廉元亨等 判決文〉(IA4291)은 천도교구와 연계하여 전개된 특징을 밝혀주는 중요한 자료이다. 서북지역 3·1운동 지도자 尹愿三 등 15명에 대한 경성지방법원의 예심종결결정서 〈廉元亨等 判決文〉(IA4291), 서산군 만세운동으로 체포된 55명에 대한 공주지방법원의 예심종결결정서 〈李寅正等 豫審終結決定〉(IA3589), 강화군에서 만세운동을 주도한 李奉石 등 43인의 예심결정정본 〈江華郡 3·1運動 관련자 豫審終結決定〉(IA4039), 광주 지역 만세운동을 주도한 朴愛順에 대한 광주지방법원의 판결문 〈大正八年光州ニ於ケル萬歲事件〉(IA2536)은 지방에서 전개된 3·1운동의 조직과 전개과정 등을 이해하는 데에 매우 유용한 자료이다. 이 외에 재판 과정에서 3·1운동 민족대표에 대한 公訴不受理 결정을 담고 있는 자료인 〈3·1運動 지도자 재판 관련 자료〉(IA3695)가 있다. 3·1운동 민족대표가 보안법 위반이냐 또는 내란죄에 해당되느냐를 놓고 검찰과 재판소 간의 대립이 있었고 이로 인해 일제 사법당국이 혼란을 겪었던 상황을 살펴볼 수 있는 자료이다.

셋째, 1920년대 민족운동 관련 재판자료이다. 대한민국임시정부의 국내 활동과 일제의 탄압방식을 살펴볼 수 있는 자료로 〈黃鍾和等 檄文配布事件 判決〉(1920, IA3564), 〈公訴取消書〉(1924, IA2534), 〈駐滿參議府員李壽興殺人等 事件 判決〉(1928, IA3205)이 있다. 경성지방법원의 〈黃鍾和等 檄文配布事件 判決〉은 전국 각지에 독립사상 고취를 목적으로 포고문 등을 인쇄하여 배포하여 체포된 황종화 등 4인에 대한 판결문이다. 〈公訴取消書〉는 1920년 8월 고등법원 검사국에서 임시정부의 李東輝, 安昌浩, 孫貞道 등 16명을 내란죄로 기소하였는데, 프랑스 조계인 상해에 거주하고 있기 때문에 기소 목적을 달성할 수 없어 공소를 취소하겠다는 내용이 담겨 있다. 경성지방법원의 〈駐滿參議府員李壽興殺人等事件 判決〉은 이수흥 등 임시정부 주만참의부의 국내 군자금 모집 활동상황을 살펴볼 수 있는 자료이다.

3·1운동 이후 서간도를 중심으로 활동했던 무장독립운동단체인 大韓靑年團聯合會의 활동을 확인할 수 있는 자료로, 임시정부와 협력하여 무기구입 등 무장투쟁을 준비하다 체포되어 내란죄 명목으로 재판에서 선 오학수 등 8인의 〈吳學洙等 內亂事件 判決文〉(1920, IA4032), 오학수 등 8인에 대한 고등법원 특별형사부의 〈大韓靑年團聯合會事件 判決文〉(1921, IA1633)이 있다. 대한청년단연합회의 항일무장투쟁 및 임시정부와의 연계 투쟁을 보여주는 귀한 자료이다.

1919년 만주 길림성에서 조직된 항일무장 독립운동단체인 의열단 활동과 관련된 것으로, 의열단의 조직과정과 초기 활동을 살펴볼 수 있는 자료로 경성지방법원의 郭在驥 등 15인에 대한 판결문 〈郭在驥等 爆發物取締罰則違反事件判決〉(1921, IA2542)과 1921년 2월 부산경찰서에 폭탄을 던진 의열단원 朴載赫에 대한 대구복심법원의 판결문 〈釜山警察署爆破事件〉(1921, IA1637), 그리고 김시현 등 의열단원 11명에 대한 경성지방법원의 〈義烈團員金始顯等 陰謀事件判決〉(1923, IA2601)이 있다. 유림단 사건 관련 대구지방법원의 예심종결결정서와 판결문으로 〈金昌淑·李洪錫·鄭守基 豫審終結決定書〉(1928, IA3701), 〈金昌淑等二對スル治安維持法違反 被告事件 外〉(1929, IA3171)가 있다.

이 외에도 1920년 9월 함남 원산에서 제2의 3·1만세운동을 계획하며 전개한 독립만세운동으로 체포된 44명에 대한 함흥지방법원의 〈大正九年 元山獨立騷擾事件〉(1920, IA3699)과 1928년 광주에서의 학생맹휴사건이 담긴 〈光

州公立高等普通學校 盟休事件 判決文〉(IA4028), 〈光州農業學校 盟休事件 判決文〉(IA4026)이 있다.

넷째, 광주학생운동에 관한 재판자료이다. 광주지방법원 형사부의 〈光州學生事件公判〉(IA4043)은 1929년의 광주학생독서회 사건과 광주학생운동 참여자 70명을 재판에 회부하여 판결한 것으로, 광주학생들의 비밀결사인 독서회의 활동 및 이들의 학생운동 참여 및 그 역할을 파악할 수 있는 자료이다. 광주학생운동으로 기소된 학생들의 수사를 담당한 광주지방법원 사카이 타케오(酒井赳夫) 검사가 작성한 〈光州學生事件ノ論告〉(IA0005)는 기소 학생 49명에 대한 논고 요지를 담았다. 광주지방법원의 〈광주학생운동 관련자 張載性 외 34명에 대한 판결문〉(IA3186)은 광주학생운동의 조직적 토대가 되었던 醒進會와 독서회의 조직 구성과 활동이 상세히 서술되어 있어 학생 비밀결사체 연구에 유용한 자료이다.

광주학생운동의 연장선상에서 1930년 1월 15일과 16일 양일간에 걸쳐 전개된 서울지역 여학생 만세운동을 기록한 자료로 〈光州學生事件被告人ノ氏名年齡等〉(IA0009)은 경성지방법원에서 참여 학생 90명의 이름, 주소, 나이 등의 신상과 구속 여부를 기록한 것이다. 경성지방법원의 〈金占權·李斗玉·李弘淳·安文植·李壽奉 判決文〉(IA2541)은 1930년 3월 1일 광주학생운동의 연장선상에서 3·1운동 11주년 기념 독립시위를 계획하고 일본제국주의 타도 격문을 배포한 혐의로 체포된 金占權 등 5인의 판결문이다. 광주학생운동에 적극 동조하고 이를 독립운동으로 발전시키려 했음을 파악할 수 있는 매우 중요한 자료이다. 경성지방법원의 〈京城市內女學生萬歲事件〉(IA0004)은 당시 여학생만세운동에 대한 세 차례의 재판 내용이 담겨 있는데, 재판 진행 절차와 사건 관계자들의 입장, 재판 분위기 등이 잘 기록되어 있다.

한편 광주학생운동의 전국화를 도모한 비밀결사체 '조선학생전위동맹'의 재판기록이 있다. 1931년 4월 7일 경성지방법원이 작성한 〈조선학생전위동맹 관련자 판결문〉(IA2591)에는 학생운동에 가담한 12인의 선고가 담겨 있다. 이밖에 대구복심법원의 2심 판결문으로 〈광주학생독립운동 관련자 張載性 등 85명에 대한 판결문〉(IA3180)은 광주학생운동의 동력이었던 성진회와 독서회의 조직 및 구성원들의 활동을 살펴볼 수 있는 자료이고, 광주학생운동을 비롯해 1930년 전국에서 일어난 학생운동과 관련하여 실형을 받은 355명의 신원이 담긴 〈光州學生事件 刑確定者 身元調〉(IA4212)에서 전국 도별, 직업별, 범행 유형별 내용을 살펴볼 수 있다.

다섯째, 1920년대 후반 급증하였던 사회주의계열의 항일민족운동가 재판자료이다. 1921년 상해에서 조직된 고려공산당과 1925년 서울에서 비밀결사로 조직된 고려공산청년회 및 조선공산당에서 활동하던 독립운동가들의 판결문은 사회주의계열의 항일운동 연구에 유용한 자료이다. 이와 관련하여 다음과 같은 자료가 있다.

* 〈朴憲永入鮮宣傳事件判決〉(1922, IA3190) : 평양복심법원에서 진행된 고려공산당원 金泰淵, 朴憲永, 林元根, 林淳益, 李丞浩, 安秉珪, 朴根英 판결문
* 〈金俊淵ニ對スル其ノ出生地ノ關心狀態 / 金俊淵豫審終結決定〉(1929, IA3643) : 조선공산당 사건 관련자 김준연의 학력, 경력과 김준연의 고향인 영암군민의 반응과 동향을 정리한 문서 및 경성지방법원의 김준연의 예심종결결정서
* 〈사상사건(思想事件) 9건 判決文〉(1930, IA3182) : 사회주의 계열의 항일독립운동가 金泰熙 등 43명에 관한 판결문
* 〈鄭碩行·金道燁 判決文〉(1930, IA3558) : 1차 공산당 사건 관계자 鄭碩行, 金度燁에 대한 평양지방법원의 판결문
* 〈韓林 判決文〉(1930, IA3191) : 4차 조선공산당 사건 관계자 韓林에 대한 경성지방법원의 판결문
* 〈金龍出 判決文〉(1930, IA1650) : 고려공상청년회원 金龍出에 대한 경성지방법원이 판결문
* 〈韓慶錫·金淳熙·李學鍾 判決文〉(1931, IA1649) : 조선학생혁명당과 조선학생전위동맹 관계자 韓慶錫·金淳熙·李學鍾에 대한 경성복심복원의 판결문

* 〈被疑者 金昌洙 決定書〉(1935, IA3782) : 조선공산당 국내공작위원회 사건 관계자 金昌洙에 대한 경성지방법원·복심법원·고등법원 결정서 3건
* 〈趙東祜·林宗桓 判決文〉(1931, IA4033) : 조선공산당 상해지부에서 활동하던 趙東祜에 대한 경성지방법원 판결문과 조선공산당 전북도당위원 林宗桓에 대한 경성복심법원 판결문
* 〈李明壽·崔圭燮·李允植·鄭碩行·金度燁 判決文〉(1931, IA3557) : 조선공산당원 李明壽 등 5인에 대한 지방법원 판결문

상기 판결문 가운데 김준연과 정석행, 김도엽 등에 대한 판결문은 사회주의운동가 연구의 귀중 자료이다. 이 외에도 조선에서 활동한 일본공산당원 우에노 히라오(上野平雄)의 판결문인 〈上野平雄 判決文〉(1930, IA3192)은 재조일본인의 공산주의 활동의 단면을 살펴볼 수 있는 자료이다. 일본공산당 관련 극비자료인 〈日本共産黨事件公判槪況〉(1931, IA3750)은 일본공산당 중앙부사건 공판을 정리한 것으로, 일본공산당 창립과 당 간부 체포 및 예심재판 과정이 상세히 수록되어 있다.

여섯째, 1930년대 민족운동 관련 재판자료로, 주로 1920~30년대 만주지역 항일독립운동단체인 대한독립단, 통의부, 참의부, 국민부에서 활동했던 독립운동가들의 판결문이다. 대한민국임시정부 요인인 崔昌植과 상해한인청년동맹 정치교육운동부원 金慶先의 심리판결 내용이 담긴 〈崔昌植·金慶先 判決文〉(1930, IA3201)을 통해 이들의 독립운동 활동을 살펴볼 수 있다. 또한 대한민국임시정부 육군 주만참의부 소속 독립운동가 판결문으로 〈參義府員 朴昌鐵·金炳植 判決文〉(1930, IA4031)은 집안현과 환인현을 중심으로 군사활동을 하고 있던 참의부의 활동을 파악하는 데에 유용한 자료이다. 상해에서 조직된 독립운동단체인 대한독립의용단과 만주의 항일무장투쟁 단체인 참의부에서 활동한 박응선에 대한 신의주지방법원의 〈朴應璇 判決文〉(1931, IA3188), 대한독립단과 통의부 및 참의부원으로 활동했던 김승려의 독립활동이 수록된 신의주지방법원의 〈金承麗 判決文〉(1931, IA4327)이 있다.

1925년 만주지역 독립운동 단체들이 통합하여 결성된 정의부의 활동을 담고 있는 것으로 독립군 자금 모집 및 일제 관공리 처단 활동을 하다 체포된 金聖淑에 대한 신의주지방법원의 〈金聖淑 判決文〉(1931, IA2540), 정의부 혁명군 제5중대 소속으로 독립운동을 하다 체포된 김병용에 대한 신의주지방법원의 〈金炳龍 判決文〉(1931, IA2538)이 있다. 중국 남만주에서 결성된 독립운동단체인 국민부의 활동을 살펴볼 수 있는 〈李亨術 判決文〉(1931, IA2539), 〈李俊益 外 3人 判決文〉(1931, IA4324), 〈金鳳化 判決文〉(1931, IA4323)을 통해 국민부의 지역적 기반과 활동, 조직원의 역할과 담당업무 등을 확인할 수 있다. 이밖에 무정부주의 활동단체인 '흑전사(黑戰社)' 관련 〈金豪九·吳秉鉉·李鶴儀·金養福·宋柱軾 判決文〉(1930, IA1636)과 기타 독립운동 관련 판결문으로 〈警察犯處罰規則違反 被告事件〉(1930, IA3173), 〈宋慶潤 判決 / 李濟宇·金世浩 判決文〉(1930, IA3184), 〈金秉業 判決文〉(1931, IA3563), 〈金義浩 判決文〉(1931, IA4325), 〈崔翰桂 判決文〉(1931, IA2537) 등이 있는데, 이들 자료 중에는 타기관에서 소장하고 있지 않은 국내 유일본도 있어 주목된다.

2. 사법·경찰기관의 훈시, 지시 및 주의사항과 회의 자료

일제의 식민통치에 관련된 사법·경찰기관에서 작성한 각종 훈시, 주의, 지시, 회의 자료를 정리하면 다음과 같다.

첫째, 일제가 식민지 통치과정에서 사법경찰관에게 부여한 역할과 임무를 파악할 수 있는 것으로 일제검찰이 사법경찰관에게 하달한 훈시, 지시 및 주의사항 관련 자료가 있다. 이들 자료의 대부분은 야마자와의 소장인이 찍혀 있는 대외비 문건으로, 그가 검사 및 검사정으로 재임했던 1917년부터 1941년까지 전국 각 도 경찰서장회의 또는 경찰부장회의, 지청검사회의, 사법관회의, 검사국 감독관회의에 제출된 사법통치, 치안유지, 사상범보호관찰제도 등에 관한 내용과 1930년대 후반 전시동원체제하의 각종 정책 등이 담긴 훈시와 주의, 지시, 희망사항 요청 등에 관한 것이 대부분이다.

이들 자료에는 일제 검찰과 사법경찰관이 어떠한 방식으로 협력해서 치안업무를 수행하고 있었는지가 잘 드러난다. 또한 일제 검찰이 사상단체, 종교단체, 사회주의단체, 학생운동 등 식민통치에 저항하는 세력들의 정치적 동향을 예의주시하며 파악한 독립운동의 배경과 활동에 대한 인식 및 대응 방안도 잘 드러나 있다.

* 鄕津京城地方法院檢事正訓示要項 고우츠(鄕津) 경성지방법원검사정 훈시 요항(1917, IA1648)
* 大正七年二月 京城地方法院管內支廳檢事會同決意要項(秘) 1918년 2월 경성지방법원 관내 지청검사회동 결의 요항(1918, IA3178)
* 境檢事正訓示要項(秘) 1920년 10월 26일 경기도 사법경찰관 회동에서 사카이(境) 검사정의 훈시 및 지시 요항(1920, IA3576)
* 境檢事正訓示要項 1921년 6월 22일 강원도 사법경찰관 회동 석상에서 사카이(境) 검사정의 훈시 요항(1921, IA3625)
* 大正11年11月27日管內支廳檢事會同席二於テ赤井檢事正指示事項要旨 1922년 11월 27일 관내 지청검사회동 석상에서 아카이(赤井) 검사정 지시사항 요지(1922, IA3775)
* 檢事局監督官會議席上二於ケル草場高等法院檢事注意事項 1921년 5월 9일 검사국 감독관회의 석상에서 쿠사바(草場) 고등법원 검사 주의사항(1921, IA3149)
* 檢事局監督官二對スル中村高等法院檢事長訓示 검사국 감독관에 대한 나카무라 고등법원 검사장 훈시(1921, IA3148)
* 慶尙北道警察署長會議二於ケル塚原大邱地方法院檢事正訓示要旨(秘) 1923년 6월 23일 경상북도 경찰서장 회의에서 츠카하라(塚原) 대구지방법원 검사정 훈시(1923, IA3753)
* 管內警察署長二對スル杉村釜山地方法院檢事正訓示 1923년 7월 경찰서장회의에서 관내 경찰서장에 대한 스기무라(杉村) 부산지방법원 검사정 훈시(1923, IA3751)
* 司法警察官二對スル檢事正訓示 1923년 7월 함경북도 경찰서장회의에서 사법경찰관에 대한 검사정 훈시(1923, IA3142)
* 檢事局監督官二對スル境高等法院檢事希望事項 1924년 5월 8일 사법관회의에

서 검사국 감독관에 대한 사카이(境) 고등법원 검사 희망사항(1924, IA3624)
* 檢事局監督官ニ對スル中村高等法院檢事長訓示 1924년 5월 8일 사법관회의에서 검사국 감독관에 대한 나카무라(中村) 고등법원 검사장 훈시(1924, IA3621)
* 慶北警察署長會同ニ於ケル塚原大邱地方法院檢事正 訓示要旨 1924년 9월 20일 경상북도 경찰서장회동에서 츠카하라(塚原) 대구지방법원 검사정 훈시 요지 (1924, IA3803)
* 慶尙北道警察署長會議ニ於ケル窪田大邱地方法院檢事正訓示要旨(秘) 1925년 6월 24일 경상북도 경찰서장회의에서 구보타(窪田) 대구지방법원 검사정 훈시 요지(1925, IA3612)
* 慶尙北道警察署長會議ニ於ケル窪田大邱地方法院檢事正訓示要旨(秘) 1926년 10월 14일 경상북도 경찰서장회의에서 구보타(窪田) 대구지방법원 검사정 훈시 요지 (1926, IA3752)
* 慶尙北道警察署長會議ニ於ケル窪田大邱地方法院檢事正訓示要旨(秘) 1927년 9월 30일 경상북도 경찰서장회의에서 구보타(窪田) 대구지방법원 검사정 훈시 요지(1927, IA3616)
* 橋本公州地方法院檢事注意事項(秘) 1927년 10월 충청남도 경찰서장회의에서 하시모토(橋本) 공주지방법원 검사 주의사항(1927, IA3623)
* 寺田公州地方法院淸州支廳檢事注意事項 1928년 6월 충청북도 경찰서장회의에서 데라타(寺田) 공주지방법원 청주지청 검사 주의사항(1928, IA3140)
* 警察部長ニ對スル中村高等法院檢事長訓示 경찰부장에 대한 나카무라(中村) 고등법원 검사장 훈시(1929, IA3165)
* 檢事局監督官ニ對スル水野高等法院 檢事希望事項(秘) 1930년 6월 사법관회의에서 검사국 감독관에 대한 미즈노(水野) 고등법원검사 희망사항(1930, IA3158)
* 警察部長ニ對スル松寺高等法院檢事長訓示(秘) 1931년 8월 경찰부장회의에서 경찰부장에 대한 마츠테라(松寺) 고등법원 검사장 훈시(1931, IA3622)
* 警察部長ニ對スル境高等法院檢事長訓示 1932년 7월 경찰부장회의에서 경찰부장에 대한 사카이(境) 고등법원 검사장 훈시(1932, IA3626)
* 里見公州地方法院檢事正訓示(秘) 1931년 11월 충청남도 경찰서장회의에서 사토미(里見) 공주지방법원 검사정 훈시 개요(1931, IA3620)
* 松本全州地方法院檢事注意事項(秘) 1932년 9월 전라북도 경찰서장회의에서 마

츠모토(松本) 전주지방법원 검사 주의사항(1932, IA3629)
* 慶尙北道警察署長會議ニ於ケル草場大邱地方法院檢事訓示(秘) 1922년 9월 16일 경상북도 경찰서장회의에서 쿠사바(草場) 대구지방법원 검사정 훈시(1922, IA3179)
* 警察部長ニ對スル笠井高等法院檢事部長訓示(秘) 1935년 4월 경찰부장에 대한 가사이(笠井) 고등법원 검사장 훈시(1935, IA3609)
* 玉名高等法院檢事希望事項 1935년 4월 사법관회의에서 타마나(玉名) 고등법원 검사의 희망사항(1935, IA3610)
* 山澤光州地方法院檢事正訓示(秘) 1935년 6월 전라남도 경찰서장회의에서 야마자와(山澤) 광주지방법원 검사정 훈시(1935, IA3221)
* 警察部長ニ對スル笠井高等法院檢事長訓示 1936년 6월 경찰부장회의에서 경찰부장에 대한 가사이(笠井) 고등법원 검사장 훈시(1936, IA1652)
* 昭和11年各警察署長會議注意事項(秘) 1936년 8월 경기도 · 9월 강원도 각 경찰서장회의에서 경성지방법원 검사 사카미(酒見緻次)의 주의사항(1936, IA3617)
* 福田京城地方法院檢事正訓示 후쿠다 경성지방법원 검사정 훈시(1937, IA3566)
* 昭和17年5月 京畿道警察部 警察署長會議意見希望事項 1942년 5월 경기도경찰부 경찰서장회의 의견 · 희망사항(1942, IA3170)
* 警察部長ニ對スル笠井高等法院檢事長訓示 경찰부장에 대한 카사이(笠井) 고등법원 검사장 훈시(1937, IA3572)
* 旱田公州地方法院檢事正訓示 하야타 공주지방법원 검사정 훈시(1937, IA3168)
* 司法警察官敎養資料 造言飛語ノ罪ニ付テ 사법경찰관 교양자료, 조언비어죄에 대하여(1937, IA3211)
* 警察部長ニ對スル增永高等法院檢事長訓示(秘) 1938년 5월 경찰부장에 대한 마쓰나가(增永) 고등법원 검사장 훈시(1938, IA3614)
* 昭和十三年度 全國警察部長會同ニ於ケル泉二檢事總長訓示 1938년도 전국 경찰부장 회동에서의 모토지(泉二) 검사총장 훈시(1938, IA3146)
* 松前京城地方法院次席檢事注意事項 1939년 5월 경기도 · 강원도 경찰서장회의 석상에서 마츠마에(松前) 경성지방법원 차석검사 주의사항(1939, IA3136)
* 山澤京城地方法院檢事正訓示 1940년 5월 · 6월 경기도 · 강원도 경찰서장회의 석상에서 야마자와(山澤)경성지방법원 검사정 훈시(1940, IA3139)
* 管內高等外事主任打合會, 酒井京城覆審法院檢事挨拶 1941년 6월 16일 경기도

관내 고등·외사주임 타합회(打合會) 준비 서류와 사카이(酒井) 검사정 훈시 (1941, IA3591)
* 山澤檢事 訓示 1941년 6월 9일 관내 지청검사회동에서 야마자와(山澤佐一郎) 경성지방법원 검사정 훈시(1941, IA3574)

둘째, 일본 사법대신의 훈시자료이다. 이 자료는 일제 사법당국이 밝히고 있는 사법정책의 추이와 사법 실무의 방향을 확인할 수 있는 것으로, 식민지 조선에서 사법관에게 부여된 역할과 임무, 그리고 일본 내 좌우익 사상운동의 현황 및 이에 대한 대응, 보호관찰제도의 내용과 그 운용 방향 등을 살펴볼 수 있다.

* 大正十五年四月二十八日司法官會同席上ニ於ケル江木司法大臣訓示 1926년 4월 28일 사법관회동석상에서 에기(江木) 사법대신 훈시(1926, IA2588)
* 小原司法大臣ノ訓示 1935년 일본 사법관회의에서 오하라(小原) 사법대신 등의 훈시(1935, IA3779)
* 鹽野司法大臣の訓示 시오노(鹽野) 사법대신 훈시(1937, IA3802)
* 保護觀察所長ニ對スル鹽野法相訓示 보호관찰소장에 대한 시오노(鹽野) 법무상 훈시(1938, IA3639)
* 林司法大臣訓示 하야시(林) 사법대신 훈시(연도 미상, IA3595)

셋째, 재판소 및 검사국 감독관 회의자료이다. 이 자료는 광주·전주·대구지방법원 검사정이 재판소 및 검사국 감독관회의에서 요청한 자문사항에 대해 법무국장 또는 조선총독에게 보낸 답신서로, 1936년부터 실시된 사상범보호관찰제도와 관련된 내용이 수록되어 있다. 그리고 조선총독부 법무국장이 이 감독관회의에서 다루는 총독의 자문사항과 이에 대한 답신서 작성 요령을 등을 공지한 공문, 감독관회의에 내린 주의사항, 청진지방법원장이 감독관 회의에 제출한 사상법 보호관찰에 관한 건 등에 대한 의견서가 있다.

* 裁判所及檢事局監督官會議諮問事項ニ關スル件(秘) 재판소 및 검사국 감독관회의 자문사항에 관한 건(1937, IA3653)
* 裁判所及檢事局監督官會議ノ諮問事項ニ對スル答申書 재판소 및 검사국 감독관회의의 자문사항에 대한 답신서(1937, IA3640)
* 裁判所及檢事局監督官會議ニ於ケル諮問事項ニ關スル件 재판소 및 검사국 감독관회의에서의 자문사항에 관한 건(지검비26호)(1937, IA3227)
* 裁判所及檢事局監督官會議ニ於ケル諮問事項ニ關スル件 재판소 및 검사국 감독관회의에서의 자문사항에 관한 건(1937, IA3172)
* 裁判所及檢事局監督官會議ニ於ケル諮問事項ニ關スル件 재판소 및 검사국 감독관회의에서의 자문사항에 관한 건(1938, IA3163)
* 裁判所及檢事局監督官會議 法務局長 注意事項 1938년 10월 재판소 및 검사국 감독관회의에서 법무국장의 주의사항(1938, IA3618)
* 裁判所及檢事局監督官会議提出意見 재판소 및 검사국 감독관회의 제출 의견(1938, IA4403)

이밖에도 조선총독부 법무국에서 보호관찰소장회의의 자문사항에 대해 보호관찰소장들이 제시한 의견을 사안별로 정리한 〈保護觀察所長會議諮問事項答申要項〉(1937, IA3577), 고등법원 검사장이 종교범죄에 관련하여 각 복심법원 검사장, 각 지방법원 검사정 및 각 지청 검사에게 보낸 〈宗敎犯罪ノ搜査取調ニ關スル件〉(1937, IA3568), 1941년 6월 13일 경기도 고등·외사 주임 회동 회의 자료인 〈京畿道高等·外事主任會同 會議〉(1941, IA3592) 등이 있다.

넷째, 일제 경찰의 정책방향과 역할, 실무 등에 대해 살펴볼 수 있는 것으로, 1933년부터 1942년까지 경찰기관이 내린 훈시, 주의, 지시, 회의 및 의견 등이 담긴 자료가 있다. 주로 전남 경찰서장회의 자료가 많으며 의견서와 지시사항, 훈시 등이 기재되어 있다. 이들 자료는 경찰 실무와 관련하여 고등경찰, 보안경찰, 사법경찰, 위생경찰의 업무가 어떤 방식으로 이루어졌는지, 그리고 조선인의 사상운동과 사회주의운동에 대한 대응방안과 전시체제기 경찰의 치안정책과 운영 방향 및 그 역할이 무엇이었는지를 살펴보는 데에 유용하며 일제의 식민지 통치에 관한 연구 분석에도 매우 실증적인 자료이다. 다음은 이에 해당되는 자료이다.

* 昭和8年6月22日 全羅北道警察部長 下村進 訓示 1933년 6월 22일 전라북도 경찰부장 시타무라 스스무(下村進) 훈시(IA3578)
* 昭和九年警察署長會議 意見希望事項－全羅南道(高秘) 1934년 전라남도 경찰서장회의 의견 희망사항(IA3567)
* 昭和九年全羅南道警察署長會議 指示事項 1934년 전라남도 경찰서장회의 지시사항(IA2600)
* 意見書 1934년 1월 전라남도 경찰부 의견서(IA3570)
* 昭和10年 全羅南道 警察署長會議 部外希望事項 1935년 전라남도 경찰서장회의 부외 희망사항(IA3756)
* 昭和十年全羅南道警察署長會議 意見希望事項(高秘) 1935년 전라남도 경찰서장회의 의견 희망사항(IA3560)
* 昭和10年 全羅南道 警察署長會議 警察部長訓戒 1935년 전라남도 경찰서장회의 경찰부장 훈계(IA3641)
* 訓示 1939년 4월 15일 다카야쓰(高安彦) 경기도 경찰부장 훈시(IA3202)
* 指示注意事項 1940년 6월 경찰서장회의 지시 주의사항(IA3561)
* 特別警備對策ニ關スル件 1940년 경기도 경찰부장의 특별경비대책에 관한 건 (IA3181)
* 昭和十六年六月於警察署長會議 指示注意事項 1941년 6월 경찰서장회의 지시 주의사항(IA4326)
* 昭和七年五月 京畿道 指示注意打合事項(秘) 1942년 5월 경기도 경찰서장회의 지시 주의 타합사항(秘)(IA3155)
* 署長會議 指示事項 경찰서장회의 지시사항(IA3689)

다섯째, 총독이 조선총독부 관서, 사법관 및 도지사 회의에서 전달한 훈시가 있다. 먼저 1921년 5월 5일 사법관에 대한 사이토 총독 훈시자료인 〈司

法官ニ対スル總督訓示〉(IA1653)는 총독부의 사법행정사무의 방향이 수록되어 있고, 1936년 8월 27일 미나미(南次郎) 총독의 조선총독부 및 소속관서 직원에 대한 훈시인 〈朝鮮總督府及所屬官署職員ニ對スル訓示〉(IA3708)에는 미나미 총독의 조선통치 방침과 실행 의지가 담겨 있다. 역시 미나미 총독이 1938년 10월 재판소 및 검사국감독관에 대해 한 훈시인 〈昭和十三年十月裁判所及檢事局監督官ニ対スル總督訓示〉(IA3619)는 전시체제하에 그들의 사법 행정의 사명을 제시한 자료이다. 또한 미나미 총독이 1940년 10월 임시 도지사 회의에서 지시하고 훈시한 요지인 〈昭和十五年十月臨時道知事會議 總督指示〉(IA3175), 〈昭和十五年十月臨時道知事會議 總督訓示要旨〉(IA3635)는 일제가 전시체제를 당하여 1938년 5월 국민정신총동원운동을 실시하고 두 달 후 만든 국민총동원조선연맹의 조직과 운영을 정비해 나아가는 과정에서 그 실행의지를 담은 총독 지시내용이 담겨있다.

이 외에도 경제 관련 정책 방향을 확인할 수 있는 자료로 전라남도 도지사의 농업 관련 훈시인 〈道知事指示〉(1934, IA3143), 경제사범 처리에 관해 발송한 〈經濟事犯處理ニ關スル件通牒〉(1940, IA4328), 〈京城師團參謀長ヨリノ要望事項(秘)〉(1942, IA3573)이 있다.

3. 사법·경찰기관의 각종 보고, 정리, 통계 및 법령 자료

첫째, 1930년대 일제 법원 및 검찰 등 사법기관에서 조선인의 민족운동을 관리하고 원활한 식민통치 과정에서 작성한 각종 보고, 정리 자료이다. 자료 작성은 법무국, 조선총독부재판소, 고등법원 검사국, 경성·광주·대구·전주·함흥지방법원 검사국 등이며, 자료 내용은 광주학생운동, 각 지역 사상단체 및 사상운동, 공산당 활동 등 독립운동과 관련한 검찰사무와 사법통제, 그리고 사상범보호관찰제도의 운영 등에 관한 것이다. 이에 해당되는 자료는 다음과 같다.

* 不逞運動ニ關與セン犯人ノ取扱方法ニ關スル件 불령운동에 관여된 범인의 취급방법에 관한 건(1921, IA3600)
* 大邱部內思想團休ノ重ナル幹部ノ氏名及團圓数 대구부내 사상단체의 주요간부의 성명 및 단원수(1926, IA3685)
* 被疑者李種守檢察事務報告 피의자 이종수 검찰사무 보고(1928, IA3715)
* 朝鮮共産黨事件(一)(秘) 조선공산당사건(一)(秘)(1929, IA3704)
* 支那ニ於ケル共産黨運動ノ現況ニ關スル件 중국 공산운동의 현황에 관한 건(1929, IA3758)
* 光州ニ於ケル學生ノ社會運動 1930년 광주에서 학생의 사회운동(1930, IA4029)
* 管內狀況報告(秘) 1930년 6월 京城覆審法院 檢査長의 관내상황 보고(秘)(1930, IA3177)
* 間島方面出張報告書 1930년 고등법원검사 이토 켄로우(伊藤憲郎)의 간도방면 출장 보고서(1930, IA4168)
* 調査書 1928~1930년 전주지방법원 검사국 조사서(1930년경, IA3667)
* 京城市內女學校萬歲事件報告 경성시내 여학교 만세사건 보고(1931, IA2597)
* 高檢思想月報(秘) 고검사상월보(秘)(1931, IA3757)
* 朝鮮共産黨再建設準備會の出現より解體まで・咸南長豊炭抗暴動件 조선공산당재건설준비회의 출현에서 해체까지・함남 장풍탄갱 폭동건(1931, IA3761)
* 全州地方法院 群山支廳 檢事分局 管內狀況 전주지방법원 군산지청 검사분국 관내상황(1932, IA3215)
* 中樞院施設研究會社會部 免囚保護事業ノ擴充方策(秘) 중추원 시설연구회 사회부 면수(免囚)보호사업의 확충방책(秘)(1934, IA3565)
* 司法保護事業打合事項ノ要領 사법보호사업 협의사항의 요령(1935, IA3755)
* 昭和十年二月光州地方法院檢事局 調査事項(1935, IA3212)
* 所謂人民戰線運動ヲ就て 소위 인민전선운동에 대하여(1936, IA3786)
* 蘇聯軍事密偵ノ身柄引渡ニ関スル件 소련군사 밀정의 신병인도에 관한 건(1936, IA3801)
* 檢事事務報告ニ關スル件 검사 사무 보고에 관한 건(1936, IA3692)
* 假出獄思想犯處遇規程ニ依リ交付スベキ旅券及證明書ノ様式ニ關スル件 가출옥사상범처우규정에 의해 교부할 여권 및 증명서 양식에 관한 건(1937, IA3744)

* 英國ライジングサン石油會社ノ日鮮滿情報網ニ關スル件 영국 라이징선석유회사의 일선만정보망에 관한 건(1937, IA3672)
* 保護觀察ノ實績ニ關スル參考資料ノ件 보호관찰의 실적에 관한 참고자료의 건 (1937, IA3733)
* 檢察事務報告ニ關スル件 검찰사무 보고에 관한 건(1937, IA4329)
* 保護觀察事件處理狀況等調 1938년 1~6월 보호관찰사건 처리상황 등 조(調)(1938, IA3615)
* 檢察事務報告 乙號 검찰사무보고 을호(연도 미상, IA3735)
* 佐伯事件豫審終結決定ニ對スル意見 사에키(佐伯)사건 예심종결결정에 대한 의견(1939, IA3666)
* 被疑者申泰益の報告內容 피의자 신태익의 보고내용(1939, IA3767)
* 7月月例會ニ配布シタル宣傳ビラ略譯 7월 월례회의에 배포된 선전삐라 약역 (1939, IA3773)
* 保護觀察ノ實績ニ關スル件 보호관찰 실적에 관한 건(1940, IA3714)
* 白白敎事件論告草稿 백백교사건 논고 초고(1940, IA3655)
* 被疑者李大浩ノ査閱簿 경성지방법원 검사국의 피해자 이대호 사열부(1940, IA3647)
* 日滿司法協議會附議事項ニ對スル意見 일만사법협의회 부의사항에 대한 의견 (1941, IA3670)
* 慶尙北道出身ノ著明思想運動者 경상북도 출신의 저명 사상운동자(연도 미상, IA3662)

둘째, 주로 1930년대 일제 경찰기관이 작성 보고, 정리한 자료이다. 조선총독부 경무국, 각 도 및 군 경찰의 관내상황 보고, 조선인 동향, 언론사 통제, 민족운동 조사 보고와 검찰사무, 사상범보호관찰제도의 운영 등에 관한 내용이 주류를 이룬다. 자료 작성은 조선총독부 경무국, 경기도·평북·함남 경찰부, 그리고 각 지역 경찰서로 개성·곡성·금화·수원·안성·양구·원주·이천·인제·인천·제주도·종로·줄포·춘천·평강·홍천·화천경찰서에서 작성한 관내상황이 많으며, 자료 내용은 독립운동가

金昌淑, 항일무장투쟁단체인 의열단 등에 관한 내용과 각 지역 경찰서에서 파악한 일반 치안 상황, 민심 동향, 사상운동, 소작 및 노동쟁의, 각종 범죄 등 지역의 경찰 치안 업무 내용에 관한 것이다. 이에 해당되는 자료로 다음과 같은 것이 있다.

* 宗敎類似團體槪觀 종교유사단체 개관(1916, IA4303)
* 獨立運動ニ關スル件 독립운동에 관한 건(1919, IA0031, IA0032, IA2544~IA2585)
* 金昌淑의 活動에 관한 件 김창숙의 활동에 관한 건(1919~1920, IA3569)
* 上海國民代表會決裂卜露領新政府樹立ニ關スル件(咸北高秘甲 第四六三八號) 상해국민대표회 결렬과 노령 신정부 수립에 관한 건(1923, IA4025)
* 金昌淑歸鮮ニ關スル件 김창숙의 귀선에 관한 건(1925, IA2592)
* 無政府主義系朝鮮人ノ槪況ニ關スル件 무정부주의계조선인의 개황에 관한 건(1926, IA3766)
* 義烈團ノ行動ニ關スル件(京鐘警高秘 第六四九二號) 의열단의 행동에 관한 건(1926, IA0089)
* 光州學生關聯報告書 광주학생사건관련보고서(1930, IA2532)
* 管內狀況(高等關係) 1933년 10월 제주도경찰서 관내상황(1933, IA3197)
* 玉果靑年團創設に至る迄の槪要 옥과청년단이 창설되기까지의 개요(1935, IA3748)
* 鮮匪自首に關する件 선비자수에 관한 건(1936, IA3675)
* 中國共産黨員ノ鮮內工作及後方擾亂計劃ニ關スル件 중국공산당원의 선내 공작 및 후방 교란 계획에 관한 건(1937, IA3677)
* 朝鮮新聞記事ノ一般民衆ニ對スル反響 조선신문기사의 일반민중에 대한 반향(1937, IA3223)
* 中國共産黨ノ朝鮮內抗日人民戰線結成及日支事變後方擾亂事件檢擧ニ關スル件 중국공산당의 조선 내 항일인민전선 결성 및 일지사변 후방 교란 사건 검거에 관한 건(1938, IA3679)
* 代議士牧山耕藏ノ起訴猶豫處分ニ對スル部民ノ感想ニ關スル件 대의사 마키야마 고조(牧山耕藏)의 기소유예처분에 대한 부민의 감상에 관한 건(1938, IA2593)
* 朝鮮新聞社ノ內情ニ關スル件 조선신문사의 내정에 관한 건(1938, IA3740)

* 水原警察署 管內狀況 1939년 수원경찰서 관내상황(1939, IA3196)
* 申泰益弁護士ノ保安法違反事件 判決ニ對スル部民ノ感想ニ關スル件 申泰益 변호사의 보안법위반사건 판결에 대한 부민의 감상에 관한 건(1939, IA3224)
* 仁川警察署 所管事務視察ニ關スル件 인천경찰서 소관사무 시찰에 관한 건 (1939, IA2590)
* 朝鮮新聞社ノ內訌ニ關スル件 外 조선신문사의 내홍에 관한 건(1939, IA3684)
* 安城警察署 管內狀況 안성경찰서 관내상황(1940, IA3597)
* 刑ノ執行猶豫者ノ感想 형 집행유예자의 감상(1940, IA3702)
* 諺文新聞統制ニ關スルケ件 언문신문 통제에 관한 건(1940, IA4317)
* 昭和15年7月 楊口警察署 管內狀況 1940년 7월 양구경찰서 관내상황(1940, IA3571)
* 昭和15年7月 麟蹄警察署 調査事項 1940년 7월 인제경찰서 조사사항(1940, IA3228)
* 昭和15年7月 伊川警察署 管內狀況報告 1940년 7월 이천경찰서 관내상황 보고 (1940, IA3208)
* 昭和15年8月 平康警察署 管內狀況 1940년 8월 평강경찰서 관내상황(1940, IA3216)
* 昭和15年 金化警察署 管內狀況 1940년 금화경찰서 관내상황(1940, IA3598)
* 昭和15年 華川警察署 管內狀況 1940년 화천경찰서 관내상황(1940, IA3213)
* 參考表/管內治安狀況/ 참고표/관내치안상황(1939/1941, IA4320)
* 開成警察署 二月五日視察 1941년 2월 5일 개성경찰서 시찰(1941, IA3780)
* 仁川警察署 二月七日視察 1941년 2월 7일 인천경찰서 시찰(1941, IA3781)
* 春川警察署 管內情況 關聯表 1940~1941년 춘천경찰서 관내정황 관련 표(1941, IA3659)
* 昭和16年 洪川警察署 관내 사법경찰사무 보고(1941, IA3682)
* 昭和17年3月 楊口警察署 管內狀況 1942년 3월 양구경찰서 관내상황(1942, IA3596)
* 昭和17年3月 原州警察署 管內狀況 1942년 3월 원주경찰서 관내상황(1942, IA3218)
* 昭和17年3月 華川警察署 管內狀況 1942년 3월 화천경찰서 관내상황(1942,

IA3590)
* 昭和17年 춘천경찰서 관내상황/춘천지청 검사분국 조사표(1942, IA3229)
* 昭和18年3月 茁浦警察署 管內狀況 1943년 3월 줄포경찰서 관내상황(1943, IA3556)

셋째, 생산 주체가 명확하지 않지만 식민통치 수행을 위해 권력기관에서 작성한 각종 정리, 보고 자료이다. 학생동맹휴교와 같은 학생비밀결사조직 활동과 독립운동가 활동에 대한 조사, 1930년대 말 이후 국가동원체제와 전시통제체제기에 작성된 시국좌담회, 조선일보와 동아일보 등 조선언론기관 통제방안, 그리고 조선혁명당원 文順龍 등 독립활동으로 수감 중이거나 보호관찰 중인 조선인 조사보고서 등 효율적인 식민통치를 위해 작성한 조사정리 자료이다.

* 慶尙北道出身ノ著名思想運動者 경상북도출신 저명 사상운동자(1920년대, IA3686)
* 昭和二年ヨリ三年迄ノ間二二ケル同盟休校ニ關シ發生シタル犯罪ノ狀況 1927~1928년 동맹휴교 범죄 상황(1929, IA4030)
* 全州刑務所ニ於ケル任富得ノ行狀 전주형무소에서 임부득의 행장(1930, IA1640)
* 軍ニ關スル新聞記事取締通牒 / 日支事變ニ關シ「コミンテルン」ノ策謀 군에 관한 신문기사 단속 통첩 / 중일전쟁에 관한 '코민테른'의 책모(1937, IA1644)
* 사에키(佐伯顯) 전 경성부윤의 뇌물수수사건 수사기록(1938, IA3160)
* 사에키(佐伯顯) 전 경성부윤의 수뢰사건에 관한 각계 동정(1938, IA3694)
* 1938年末 京城府・京畿道 情況 調査 資料 1938년 말 경성부・경기도 정황 조사 자료(1938, IA3687)
* 諺文新聞統制案 언문신문통제안(1930년대 말, IA4037)
* 朝鮮二於ケル言論機關ノ統制指導策 조선 언론기관의 통제지도책(1939, IA1643)
* 時局座談會ノ狀況 시국좌담회 상황(1941, IA3669)
* 文順龍 調査書 문순룡 조사서(1941, IA1638)
* 崔敦根 資料 최돈근 자료(1941, IA3159)
* 金山潤 調査書 금산윤 조사서(1941, IA3739)

이 가운데 주목되는 자료로 경무국장 미츠하시 코이치로(三橋孝一郞)가 10장으로 작성하여 정무총감 오노 로쿠이치로(大野綠一郞)에게 보고한 〈諺文新聞統制案〉인데, 여기에는 전시체제기 조선총독부의 언론 통제 방침과 조선일보와 동아일보의 폐간에 이르는 상황이 상세히 수록되어 있는데, 일제의 지배정책에 적극적으로 순응했던 조선일보사가 자진 폐간이라는 수순을 밟은 과정이 상세히 수록되어 있어 주목된다.[69]

넷째, 조선총독부 법무국, 고등법원 검사국, 전주지방법원, 평양형무소, 경찰 등 사법·치안 관련 기관에서 작성한 각종 통계자료이다. 1919~1929년 조선인 사상사건 통계를 비롯하여 시국관계 법령 위반건 통계, 평양형무소 수감자 통계, 각종 범죄 통계, 그리고 공산주의운동 및 사회주의 학생 비밀결사단체 등에 관해 조사 정리한 통계 자료이다.

* 全鮮思想事件檢事局統計 전선 사상사건 검사국 통계(1919~1929, IA3222)
* 諸思想團體狀況調査表 1920년대 후반 대구지역 제사상단체 상황 조사표(1929년경, IA3722)
* 朝鮮の犯罪に付て 조선의 범죄에 대하여(1930, IA4169)
* 在監人員其ノ他 平壤刑務所 1930년 9월 12일 평양형무소 재감인원 및 기타 (1930, IA3656)
* 昭和午年九月平壤地方法院檢事局調査表 1930년 9월 평양지방법원 검사국 조사표(1930, IA1634)
* 檢事搜査事件數(受理) 검사수사 사건수(1930, IA3696)
* 1930년대 진도지역 공산주의운동 계보도(1932, IA3789)
* 調査事項 1933년 전주지방법원 군산지청 조사사항(1933, IA3607)
* 軍機保護法違反事件調査 군기보호법 위반사건 조사(1933~1936, IA3800)
* 昭和12年 保護觀察事件處理狀況等調査 1937년 보호관찰사건 처리상황 등 조사(1937, IA3141)

[69] 장신, 「조선총독부의 언론통제와 동아일보·조선일보 폐간」, 『역세문제연구』 35, 2016, 389쪽.

* 檢事搜査事件件數表, 檢事搜査事件人員表 1937년도 검사 수사사건 건수표 및 검사 수사사건 인원표(1937, IA1635)
* 刑事ニ關スル參考資料 형사에 관한 참고자료(1938, IA0314)
* 時局關係法令違反件受理件數人員調 1938년 현재 시국관계법령위반건 수리건 수인원조(1938, IA1657)
* 昭和十二年度司法保護事業成績表 1937년도 사법보호사업 성적표(1938, IA1646)
* 檢事搜査中ノ重要思想事件調査表 검사 수사 중인 중요사상사건 조사표(1941, IA3153)
* 昭和16年5月警察署長會議 參考表 1941년 5월 경찰서장회의 참고표(1941, IA3599)
* 思想事件受刑者調査表 사상사건 수형자 조사표(연도 미상, IA3630)

다섯째, 식민통치하 법령 관계 자료로 치안유지법, 사상범보호관찰법, 군기보호법, 국방보안법 등에 관한 자료가 있다. 일제는 1925년 4월 조선인의 사상을 통제하고 사회주의운동 등 독립운동을 억압하고 식민통치체제를 유지하기 위한 법안으로 치안유지법을 공포하였는데, 이후 이 법을 강화하는 방향으로 개정한 내용을 파악할 수 있는 자료가 있다. 1936년 5월 일본 제국회의에서 '사상범보호관찰법'을 입안하고 1936년 12월 '조선사상범보호관찰령과 시행규칙'을 제정하였는데, 조선 내 사상범을 감시, 통제하기 위한 사상통제법이었다. 본관에는 사상범보호관찰법의 제정 취지와 배경, 시행령과 시행규칙의 구체적인 내용이 망라된 자료를 소장하고 있다. 또한 1936년 8월 조선총독부 법무국에서 표현 및 사상의 자유를 통제하기 위해 공포한 훈령 '조선불온문서임시취체령'의 운영과 관련한 설명서가 있다.

사상범보호 관찰 관련 자료 외에 1937년 조선헌병대사령부에서 작성한 개정군기보호법 해설서와 1941년 경성지방법원 검사국에서 작성한 국방보안법 조문 이유서가 있는데, 이 또한 치안유지법과 마찬가지로 치안 방해 및 이적행위를 단속하고 사회주의자들을 감시하고 처벌하기 위한 목적으로 작성된 것이다.

* 治安維持法理由 사법성 형사국 발표 치안유지법 이유(1925, IA3214)
* 治安維持法違反ト公訴時效 치안유지법위반과 공소시효(1930년대, IA3673)
* 不穩文書臨時取締法逐條說明書 불온문서임시취체법 축조 설명서(1936, IA3705)
* 思想犯保護觀察法施行令 사상범보호관찰법시행령(1936, IA4172)
* 思想犯保護觀察法施行令(勅令)案 사상범보호관찰법시행령(칙령)안(1936, IA3575)
* 思想犯保護觀察法通過ニ際シテ 사상범보호관찰법통과에 즈음하여(1936, IA4171)
* 朝鮮思想犯保護觀察令私案 조선사상범보호관찰령 사안(1936, IA4041)
* 淸津檢事正談話要旨 청진 검사정의 군기보호법 위반 관련 담화 요지(1936, IA3776)
* 改正軍機保護法解說 개정군기보호법 해설(1937, IA4170)
* 昭和12年法律第92號ヲ朝鮮, 臺灣及樺太ニ之ヲ施行スルノ件 1937년 법률 제92호를 조선, 대만 및 화태에 시행할 건(1937, IA3763)
* 朝鮮思想犯保護觀察令施行規則左ノ通定ム 조선사상범보호관찰령시행규칙을 다음과 같이 정함(1937, IA3683)
* 思想犯保護觀察ニ關スル法律ノ實施ニ際リ思想轉向者ノ希望 사상범보호관찰에 관한 법률 실시에 즈음한 사상전향자의 희망(1930년대 후반, IA3198)
* 暴利取締令及朝鮮物品販賣價格取締規則の解說 폭리취체령 및 조선물품판매가격취체규칙 해설(1930년대 후반, IA3150)
* 思想犯保護觀察法案 提出理由 사상범보호관찰법안 제출이유(1939, IA4321)
* 造言飛語ノ字源 조언비어의 자원(1930년대 후반, IA3661)
* 朕國民職業能力申告令ヲ裁可シ茲ニ之ヲ公布セシム 짐은 국민직업능력신고령을 재가하고 공포한다(1940년대 초, IA3593)
* 治安維持法新舊對照 치안유지법신구대조(1941, IA3559)
* 國防保安法理由書 국방보안법이유서(1941, IA3645)
* 朝鮮思想犯保護觀察令の發布に就て 조선사상범보호관찰령의 발포에 대하여 (1936, IA1651)
* 流言蜚語ニ關スル罪 유언비어에 관한 죄(연도 미상, IA3605)
* 改正治安維持法理由書 개정치안유지법이유서(1941, IA3634)

4. 기타 자료

식민통치기 민간인 또는 단체의 독립운동, 친일활동의 일면을 살펴볼 수 있는 것으로 다음과 같은 자료가 있다.

* 當面ノ學生問題 당면한 학생문제(1926, IA3174)
* 朴命根ノ感想文 박명근의 감상문(1928, IA3769)
* 手記 재일 조선인 공산주의 운동가 수기(1934, IA1642)
* 朝鮮共産黨行動綱領 조선공산당행동강령(1934, IA3652)
* 次席 上席 檢事會議議事錄 1939년 10월 차석・상석검사회의 의사록(1938\9, IA3210)
* KommYHnnct(コムニスト) 十一月特別輯號 코뮤니스트 11월 특집호(1940, IA3648)
* 伊原相弼(尹相弼)의 발언에 대한 호소문(1942, IA3658)
* 朝鮮人ノ皇國臣民完成運動ニ對スル反對思想ヲ撲滅セヨ 조선인의 황국신민 완성운동에 대한 반대사상을 박멸하라(1942, IA3604)
* 張鍾煥ガ昭和3年六月下旬「一友党」月例會席上ニ於ケ一般党員ニ配付シタル論文ノ原稿 장종환이 1928년 6월 하순, 일우당 월례회석상에서 일반당원에게 배부한 논문의 원고(1928, IA3772)
* 張鐘煥ガ本年九月「一友堂」夏季課題トシテ稿シタルモノ 장종환이 1928년 9월 '일우당' 하계과제로 작성한 민족문제 원고(1928, IA3771)
* 同胞榮辱の大問題 在滿朝鮮人歸化問題に關して朝野官民諸賢に檄す 동포영욕의 대문제 재만조선인 귀화문제에 관해 조야 관민 제현에게 격함(1930, IA3749)
* 日本勞動組合全國協議會 吳寅浩 關聯 文件 일본노동조합전국협의회 오인호 관련 문건(1934, IA3724)
* 昭道會總會 소도회 총회(1941, IA3706)
* 臨戰體制下に於る綠旗聯盟の運動 임전체제하에서의 녹기연맹의 운동(연도 미상, IA3642)
* 正學會義勇奉公團團規 정학회의용봉공단단규(1940년대 초, IA1654)

Ⅵ. 해외 한국학 자료

근대이행기 한국을 방문한 수많은 서양인들은 그들이 경험하고 느낀 바를 솔직담백한 기록으로 남겼다. 이들이 남긴 저작은 당대의 한국 역사와 문화에 이해하는데 필수 연구 자료이며, 시대상의 변천을 파악하는 데에도 매우 유의미하다. 당시 한국의 역사와 문화에 대한 관심을 저술로 남긴 이들의 대다수는 선교사들이었고, 여행가, 외교관, 기자, 사업가들도 한국을 비롯해 동아시아의 역사문화와 정치 변동 양상에 주목하고 있었다.

서양인의 한국학 저작에는 그들의 한국 방문 목적이 다양했던 만큼 한국을 바라보는 시각도 다양하게 나타난다. 비문명화된 한국을 동정하는 온정주의적 시선이 반영되거나 또는 서양문명의 우월적 시각에서 열등한 민족을 계몽해야 한다는 시선도 드러나며, 한반도 야욕을 숨기지 않았던 일본과 같은 외부침략세력의 존재를 우호적 관점에서 이해하려는 편견을 드러내기도 했다.

서양인들의 눈에 비친 한국은 침략과 지배의 대상으로 타자화되어 왜곡으로 나타나기도 하지만, 근대사회의 도래와 전개과정의 모습이 담겨 있기도 하다. 그리고 이들은 저술작업을 통해 한국을 세계에 알리고 소개하는 전파자 역할을 하였다. 이덕주 교수는 서양인들의 한국학 관련 저술은 '한국을 세계에 알리는 창(窓)'이 되었고 '한국을 비춰주는 거울'이었으며, '한국과 세계를 이어주는 다리'가 되었다고 그 의미를 설명하였다.[70]

1. 한국어 문법서와 어학사전

개항 이후 선교사, 여행가, 외교관, 기자, 사업가 등 다양한 직업을 가진 외국인이 한국을 찾았으며, 1882년 조미수호통상조약 체결은 개방의 기폭

---

[70] 이덕주,『푸른 눈에 비친 백의민족』, 한국기독교역사박물관, 2008, 7~8쪽. 이하 해외 한국학 자료 정리하는 데 있어 이 글에 힘입은 바 컸음을 밝혀둔다.

제가 되어 미국 선교사들의 내한이 봇물 터지듯 시작됐다. 미국 선교사들보다 앞서 프랑스 신부들이 내한하여 천주교 문서운동을 전개하였는데, 이들은 전교에 힘쓰며 한국어 공부에 열중하였고 뒤이어 입국하는 신부들을 위해 어학사전과 문법서를 편찬하였다.

근대 한국어 사전의 시초는 프랑스의 리델(F. C. Ridel) 신부가 한국 천주교인 崔智爀의 도움을 받아 편찬한 『한불ᄌᆞ뎐 韓佛字典 Dictionnaire Coreen-Francais』(1880, IA2326)[71]이고 역시 리델 신부가 편찬한 『한불문전 韓佛文典 GRAMMAIRE COREENNE』(1881, IA2327)은 한글 최초의 문법서이다. 한국어로 된 최초의 사전인 『한불ᄌᆞ뎐』은 한국어로 출판된 최초의 사전이라는 점에서 국어학사에서 중요한 의미를 가질 뿐 아니라, 한글 연활자로 인쇄된 최초의 간행물이라는 점에서 한국 근대출판문화사의 의미있는 성과로 기록되고 있다.[72] 이 사전은 향후 선교사들의 어학서 편찬에 큰 도움을 주었다.

1885년부터 개신교 선교가 활발해졌다. 미국 선교사 언더우드와 아펜젤러가 입국한 이래 미국, 캐나다, 호주 등지에서 교파별로 선교사들의 입국이 줄을 이었다. 내한 선교사들이 한국사회에 적응하기 위해 시급해 해결해야 할 과제는 한국어 습득이었다. 선교사역의 필수 전제조건이 언어 소통이었기 때문에 한국어 공부에 열중하였다. 그리고 후속 선교사들의 선교 편익을 위해 한국어 문법서와 어학사전을 편찬하였다. 이들에 의해 우리나라 한국어 문법서가 처음 발행됐고 많은 한영(韓英) 대조 사전이 발행되었다.

영어로 된 한국어 문법서의 시초는 1887년 제임스 스콧(James Scott)이 저술한 『한국문법 A Corean Manual』(IA2409)이다. 이어 언더우드는 1890년 한국어 및 문법에 관한 지침서로 『韓英文法』(IA2308)을 발행하였다. 언더우드는 한국 문법을 추후 보완한 증보판으로 1914년 『鮮英文法』(IA6643)을 발행하여

---

[71] 이 자전은 리델 주교가 한국인 崔智爀이 쓴 글씨를 字本으로 하여 연활자를 주조하였고, 이를 요꼬하마에서 인쇄한 것이다(李萬烈, 앞의 책, 304쪽).
[72] 盧孤樹, 『韓國基督敎書誌研究』, 藝術文化社, 1981, 165쪽.

1890년 편찬한 한국 문법서의 내용을 보완하고 아울러 일상의 회화를 영문과 대조하여 수록하였다. 언더우드의 문법서가 나온 지 3년 후인 1894년 캐나다 출신의 독립선교사 게일(J. S. Gale, 奇一)은 한국문법서『辭課指南』(1894, IA2325)을 발행하였는데, 이 문법서 편찬 목적은 한국 문법 체계 정립보다는 외국 선교사들의 한국어 학습에 도움을 주고자 하는 데에 있었다. 게일은 1916년 수정증보판『사과지남』을 예수교서회에서 재발행하였다.

한국에서 최초로 간행된 영어사전은 1890년에 언더우드가 리델 신부의『한불ᄌᆞ뎐』을 참조하여 편찬한『韓英字典』(IA2300)과『英韓字典』(IA2378)이다. 이 두 사전은 후에 한 권으로 출간되었고 한영사전 및 문법 연구의 교본이 되었다. 이듬해 제임스 스콧은『英韓字典』(1891, IA4163)을 편찬하였고, 게일은 1897년 조선예수교서회에서 3만 5천 단어를 수록한 1,096쪽짜리 대규모『韓英字典』(IA2325)을 편찬하였다. 미 감리교 선교사 존스(G. H. Jones, 趙元時)도 392쪽의『韓英字典』(1912, IA2296)을 편찬하였다. 반면 소매에 넣고 다닐 수 있는 수진본 크기의 영한·한영사전도 출판되었는데, 베어드 선교사는 외국 선교사들의 휴대용 어학사전으로 102쪽의『英韓·韓英字典』(1928, IA4816)을 펴냈다. 여기에는 다른 어학사전과는 달리 교회의 예배의식과 치리에 관한 용어를 집대성해 놓은 특징이 있다.

한편 인도 언어와 비교한 문법서도 등장하였다. 친한 선교사이자 외교관인 헐버트는 한글과 인도 드리비다어계 언어의 유사성을 문법과 어휘 측면에서 비교하여 *A Comparative Grammer of the Korean Language and the Dravidian Languages of India* (1905, IA3265)를 편찬하였다. 한국 근대교과서 발행에 공이 컸던 애니 베어드는 한국어 문법서 *Fifty Helps for the Beginner in the Use of the Korean Language* (1926, IA6642)를 저술하였다. 한국어를 배우고자 하는 외국인들이 쉽고 간단히 참고할 수 있도록 소책자 형태로 발행한 특징이 있다.

이밖에도 1891년 방달지사 신부가 편찬한 라틴어 사전인『나한자전

Parvum Vocabularium Latino-Coreanum』(1891, IA2415)과 알레베크(C. Aleveque, 晏禮百)가 편찬한 프랑스어 사전인『법한ᄌ뎐 *Petit Dictionnatre Francais Coreen*』(1901, IA2416) 등이 있으며, 이와 같은 각종 문법서와 사전은 한글 연구의 단초가 되었고 한국인의 국문 연구를 자극하는 촉진제가 되었다.

2. 개신교 선교사의 한국학 출판물

개화기 및 일제강점기 내한한 서양인들은 한국에 체류하면서 느낀 경험을 저작으로 남겼다. 그들의 눈에 비친 한국의 역사와 사회문화, 대외 관계를 통해 전통 한국과 근대 서양의 만남과 교류, 나아가 한국사회를 조망해 볼 수 있다.

개항기 서양인이 한국을 종합적으로 소개한 입문서는 당시 중국에서 활동했던 존 로스(John Ross) 선교사가 1876년에 쓴 *Corea, Its History, Manners and Customs*(1880, IA2299)이다. 이 책은 선교라는 직업적 관심으로 한국을 바라본 특징이 있고, 특히 한국을 서구사회에 소개한 최초의 책이라는 역사적 의미가 있다. 이보다 2년 후인 1882년에는 일본에 머물고 있던 그리피스(William Eliot Griffis)가 기독교와 서구문명의 시각에서 한국사회를 바라보며 *Corea the Hermit Nation*(1904, IA6244)을 저술하였다. 그리피스는 한국의 역사를 고대부터 편년체 방식으로 한국의 지리적 특징, 정치, 경제, 문화 및 대외관계, 기독교와의 교류 등을 종합적으로 기술하였다. 이 두 저작은 한국에 관한 종합서 성격 때문에 1880년대 한국에 들어온 선교사들의 필독서가 되었다.

1885년부터 선교 목적으로 내한한 선교사들은 한국에서의 정치적 경험 및 생활 풍속 등에 관해 수많은 저서를 남겼다. 한국학 관련 저서를 많이 저술한 게일은 한국 초기 선교활동의 기록서로 1898년 한국인의 생활문화와 풍습을 애정어린 시선으로 기록한 *Korean Sketches*(IA6230)를 발행하였다. 1884년 최초의 개신교 의료선교사로 내한한 알렌(H. N. Allen)은 1904년 한국 관련 소개서로 *Korea: Fact and Fancy* (IA5212)을 저술하였다. 이 책은 알렌이 1889년 이미 발간한 *Korean Tales* (한국민담)과 *A Chronological Index* (한국 근대사 연표) 등을 합본하여 발행한 것으로 '견우와 직녀, 흥부와 놀부, 춘향전, 심청전, 홍길동전' 등 전통사회에 널리 알려진 민담을 소개하였고, 1908년에는 그가 한국에서 경험한 정치와 외교, 사회문화, 경제 등에 대한 견문기로 *Things Korean* (1908, IA2306)을 저술하였다.

급변하는 한국의 정치상황을 매우 섬세하게 기록한 대표적인 것으로 언더우드 부인(L. S. Horton)의 선교체험 보고서인 *Fifteen Years Among the Top-Knots: Life in Korea* (1908, IA6255)와 헐버트 선교사의 *The Passing of Korea* (1906, IA2321), 노블(W. A. Noble) 선교사의 *EWA a Tale of Korea* (1906, IA6248)가 있다. 언더우드 부인은 여성 선교사 시각에서 내한 이후 명성황후 시해사건 등 당대 정치상황을 증언하였고, 헐버트는 그가 목격하고 경험한 청일전쟁, 명성황후 시해사건, 춘생문사건을 거쳐 러일전쟁에 이르기까지 격동기 한국의 정치와 사회문화적 상황을 親韓的으로 정리하였는데, 특히 이 책에는 을사늑약의 부당성을 폭로하는 내용이 담겨 있어 주목된다. 노블 선교사 역시 명성황후가 시해되던 날 밤에 경험한 장면을 저서에 자세하게 기록하였다.

1887년 일찍이 내한한 미감리회 선교사 존스는 20여 년간의 선교경험을 토대로 한국의 땅, 사람, 관습, 종교적 삶, 토착종교, 그리고 선교의 출범과 확장까지를 서술한 *Korea: The Land, People, and Customs* (1907, IA6346)를 남겼고, 언더우드는 1908년 "한국의 소명-정치, 사회, 종교"라는 제목의 *The Call of Korea: Political-Social-Religious* (IA6261)를 저술하였다. 게일 선교사는 1909년 *Korea in Transition* (IA6272)을 발행하여 선교활동에서 체험한 당대의 정치 사회와 종교 문화에 대해 정리하였다. 독일 신부 로베르트 베버(Norbert Weber)는 한국 방문기간(1911.2~1911.6) 동안의 경험을 토대로 한국의 민속과 풍속, 민간신앙 및 베네딕토회의 선교활동을 사진과 함께 정리하여 "조용한 아침의 나라에서"라는 제목의 견문기 *IM LANDE DER MORGENSTILLE* (1915, IA6459)를 출판하였다.

한편 선교사들의 관심은 한국 너머의 공간, 즉 일본, 아시아로까지 확장되었다. 언더우드는 뉴욕대학에서 행한 강연 원고를 묶어 종교학 저서로 *The Religions of Eastern Asia* (1910, IA6274)를 발간했다. 여기에는 언더우드가 경험을 토대로 도교, 신도, 한국의 무속신앙, 유교, 불교 등 한국과 중국, 일본의 종교를 비교 분석하였다. 아시아 전반을 소개한 것으로 1908년 젬머(Samuel M. Zwemer) 목사와 브라운(Arthur Judson Brown) 목사가 공동 저술한 *The Nearer and Farther East : Outline Studies of Moslem Lands and of Siam, Burma, and Korea* (IA6259)에는 아시아, 특히 이슬람과 태국, 미얀마, 한국에 대한 내용이 수록되어 있다.

일제강점기에도 선교 경험을 토대로 한 한국학 저술이 계속 이어졌다. 1908년 미감리회 의료선교사로 내한한 반 버스커크(J. D. Van Buskirk, 潘福基)는 선교하면서 바라본 한국의 역사, 종교를 정리하여 1921년 뉴욕에서 *Korea: Land of the Dawn* (1931, IA6825)을 발행했다. 안식교의 어쿠하트(E. J. Urquhart) 선교사는 전국을 돌아다니며 경험한 한국의 문화와 풍습을 정리하여 1923년 *Glimpses of Korea* (IA6297)를 발행하였다. 여기에는 당대 풍경과 민중들의 삽화가 함께 수록되어 현실감을 더하였다. 종교에 관한 연구성과로 클라크(C. A. Clark) 선교사 저술의 *Religions of Old Korea* (1932, IA4884)에는 한국의 유교와 불교, 천도교, 샤머니즘 등 다양한 전통종교가 정리되어 있다.

식민지 조선사회에 대한 선교사의 정치적 관점이 표출된 저서도 있다. 미 남감리회 선교사이자 연희전문 교수를 역임했던 피셔(James Earnest Fisher, 皮時阿)는 식민지 조선에서의 일제 식민주의와 민주주의의 상호 관련성을 언급한 *Democracy and Mission Education in Korea* (1928, IA6573)를 통해 1920년대 선교교육의 관점에서 식민주의에 대한 호의적 시각을 드러냈다.

선교사들의 선교체험 보고 성격의 저술도 다수 발행되었다. 1888년 북장로교 선교사로 내한한 기포드(D. L. Gifford, 奇普)는 10년 동안의 선교활동을 정리하여 1898년 *Every-day Life in Korea : A Collection of Studies and Stories* (IA2287)를 발행하였고, 평양에서 활동한 의료선교사 로제타 홀 부인(R. S. Hall)은 1891년 미감리회 의료선교사로 내한하여 청일전쟁 당시 부상당한 병사를 치료하다 전염병으로 소천한 그의 남편인 홀(W. J. Hall, 賀樂) 목사의 일생을 다룬 회상기 *The Life of Rev. William James Hall, M.D.* (1897, IA6232)를 남겼다. 매킨지(W. J. Mckenzie, 梅見施)는 그의 선교기록을 傳記 형식으로 정리하여 *A Corn of Wheat or the Life of Rev. W. J. Mckenzie of Korea* (1904, IA6252)를 발행하였다. 언더우드 부인은 그녀 가족의 한국생활 경험기로 "토미 톰킨스와 함께 보낸 조선생활"라는 제목의 *With Tommy Tompkins in Korea* (1905, IA6239)를 남겼다.

선교사들의 한국에서의 선교역사를 정리한 것으로 니스벳 부인(Mrs. Anabel Major Nisbet)이 남장로회의 한국 선교 관련 개괄서 *Day in and Day out in Korea* (1920, IA6287)를 저술하여 전라도 지역을 중심으로 한 남장로회의 선교역사를 시기별로 정리하였다. 미국 남감리교의 선교역사서 *History of Southern Methodist Missions* (1926, IA6309)에는 극동 선교 상황과 한국의 역사 및 宣敎史가 수록되었다. 미북장로회 선교회는 한국 선교 50주년을 기념하여 50년 동안의 선교 역사를 수록한 *History of the Korea Mission : Presbyterian Church, U.S.A. : 1884~1934* (1934, IA4863)를 발행하였다.

이 외에 성공회 자료로 1915년 성공회 사제 트롤로프(M. N. Trollope)는 저서 *The Church in Corea* (IA2383)를 통해 한국의 역사, 문화 등 전반적인 상황을 설명하고 아울러 그들의 선교활동도 소개하였다. 한국 천주교 연구 자료로 파리 외방전교회에서 천주교의 유입과 박해 관련 내용을 수록한 "한국 가톨릭교회"라는 제목의 *The Catholic Church in Korea* (1924, IA2449)가 있다.

이상과 같이 선교사들은 선교 체험을 토대로 한 선교체험기와 한국을 이해하기 위한 노력의 일환으로 한국역사문화 관련 저서를 남겼고, 한편으로

복음 전도 목적으로 그들의 선교 체험 과정을 반영한 문학작품을 저술하였다. 게일 선교사는 자신의 선교 경험을 바탕으로 The Vanguard - A Tale of Korea(1904, IA6823)라는 소설을 창작하였다. 번역하면 "선구자. 한국 이야기"라는 제목의 이 작품은 평양지방을 중심으로 한 선교활동 소설화한 것으로, 제너럴셔먼호 사건에서 공을 세운 평양 감영대장 박장군의 기독교 개종과 토마스 목사의 순교, 로마 가톨릭교회의 행패와 관련한 내용이 수록되어 있다. 애니 베어드(A. L. A. Baird)는 선교하면서 매일매일 관찰하고 느낀 바를 소설형식으로 재구성하여 Daybreak in Korea(1909, IA4746)를 창작하였고, 개성 호수돈여고 교장 와그너(E. C. Wagner) 선교사도 한국선교 이야기로 '김서방'이란 제목의 KIM SU BANG : And Other Stories of Korea(1909, IA6271)를 지어 주인공 김서방이 기독교로 개종하는 내용을 소설형식으로 담았다.

일제강점기에 들어 선교사들의 한국문화에 대한 이해폭이 넓어짐에 따라 한국의 고전문학이 영문으로 번역되기도 하였다. 한국의 역사 문화에 조예가 깊었던 게일은 한국의 고전문학에도 관심이 높아 김만중의 "구운몽"을 영문으로 번역하여 The Cloud Dream of the Nine(1932, IA6329)을 출간하였다. 고종의 외교 자문역으로 한국의 독립운동을 위해 헌신하였던 헐버트(H. B. Hulbert)는 한국의 전래동화를 엮은 것으로 '용궁가는 토끼' 등의 삽화가 수록된 "엄지공주 이야기" Omjee The Wizard; Korean Folk Stories(1925, IA6318)를 미국에서 출판하였다. 또한 미국 청소년에게 읽히기 위해 목적으로 소설 The Face in the Mist(1937, IA6323)를 발행하였다. "안개 속의 얼굴"이라는 이 제목의 소설은 대한제국기 중국과 제주도를 무대 배경으로 삼은 특징이 있다.

3. 여행가, 외교관, 기자 등의 한국학 출판물

앞서 본 바와 같이 개화기 한국사회는 선교사들의 한국 선교활동으로 서구사회와의 소통이 활발해졌는데, 선교사 한국을 찾은 여행가, 외교관, 기자, 사업가 등도 격변기의 한국 상황에 주목하고 저술활동을 통해 한국을 서구사회에 알렸다. 이들은 미지의 땅 한국을 방문하고 저서를 남겨 벽안의 시각으로 본 당시의 한국 모습을 생생하게 전하였다. 이러한 저서의 대부분은 한국의 주택, 풍경, 인물 사진을 함께 수록한 특징이 있다. 이로써 한국이 서구사회에 점차 그 모습을 드러내기 시작하였고, 한국이 청일전쟁과 러일전쟁을 겪으며 이권다툼의 경쟁지가 됨에 따라 점차 정치외교적 관심도 급증하여 한국의 역사 문화뿐 아니라 한국을 포함한 동양3국의 정세와 향후 변동 상황, 식민치하의 독립운동도 예의주시의 대상이 되었다.

1868년 통상을 요구하며 흥선대원군의 아버지인 남연군묘를 도굴한 독일 상인 오페르트(Ernest Oppert)는 1880년 여행기로 *A Forbidden Land: Voyages to the Corea* (1880, IA2297)를 발행하여 한국을 서양에 소개하였는데, 유럽사회에서 한국 입문서로 널리 읽혀졌다. 1897년 영국 여행가 비숍(Isabella Bishop)은 한국 여행을 하고 난 후 여행기로 *Korea and Her Neighbours* (1897, IA6234)를 남겼다. 비숍 부인은 서구 열강의 침탈 대상으로 전락해가는 한국의 정치, 경제, 사회 문화 등의 전반적인 상황을 동정적 시각으로 기술하였다. 스코틀랜드 출신의 여성 화가 테일러(C. J. D. Tayler)는 한국인들의 일상을 글과 그림, 사진으로 구성하여 *Koreans at Home* (1904, IA6256)을 발행하였다. 영국인 콜슨(C. J. D. Coulson)은 한국견문기 *Peeps At Many Lands Korea* (1910, IA6270)에서 한국의 무속, 주택과 복식에 관심을 집중하면서 한국 기독교 역사 및 일제의 한국병합에 대해서도 소견을 남겼다. 또 여행가 버튼 홈즈(Burton Holmes)가 1908년 서울을 답사한 여행기 *Burton Holmes Travelogues* (1920, IA6293)를 남겼는데, 이 책에는 경복궁을 비롯하여 110컷이 넘는 당시의 서울 사진이 수록되어 있다.

한국에 건너온 외교관들은 정치외교적 측면에서 한국을 우호적으로 소개하는 작업을 하였다. 1886년 미국 외교관 로웰(Percival Lowell)은 한국 각지를 여행하면서 느낀 것을 정리하여 *Choson the Land of the Morning Calm* (1886,

IA6228), 곧 "조용한 아침의 나라 조선"을 출판하였고, 영국 외교관 해밀턴(Angus Hamilton)은 대한제국기 정치 상황에 집중하여 당시의 한국 역사와 풍습, 경제 및 국제관계를 사진과 함께 수록한 *Korea* (IA6254)를 1904년 발행하였다. 미국 초대 공사 푸트(Lucius H. Foot)의 부인인 로즈(Rose H. Foot) 여사는 1882년 이후 한미관계 기록인 "외교 내조기"인 *A Diplomat's Helpmate* (1918, IA6282)를 저술하여 갑신정변, 청일전쟁과 명성황후를 알현했던 내용 등도 수록하였다. 대한제국 시기 미국 공사관에 근무하면서 고종의 고문역할을 맡았던 샌즈(W. F. Sands)는 조선 경험담을 담아 고종비망록이라 할 수 있는 *Undiplomatic Memories* (1930, IA6327)를 저술하였다. 샌즈는 개화기에서 경술국치에 이르기까지 격동의 정치상황을 우호적 시각으로 담았다.

영국 여행가이자 작가인 아일랜드(W. A. Ireland)는 한일관계와 조선총독부의 조직, 인사 등 식민통치에 관해 서술한 *The New Korea* (1926, IA6314)를 남겼고, 영국 동양학자이자 1928~1929년 경성제대 영어 강사를 역임한 드레이크(H. B. Drake)는 *Korea of the Japanese* (1930, IA6311)에서 한국생활에서 경험한 일제강점기의 조선의 정치경제 및 사회문화적 상황을 매우 진솔하게 기록하였다.

한편 서양인들은 당시 한국을 둘러싸고 전개된 청일전쟁과 러일전쟁을 집중 조명하는 저술작업을 하였다. 양 전쟁 관련 기록은 일본 제국주의 침략의 실상과 당대의 외교 관계를 살펴보는 데 유익한 자료가 된다. 청일전쟁 당시 기록으로 먼저 중국과 일본, 한국의 역사를 소개하고 청일전쟁을 집중적으로 다룬 *The War in the East : Japan, China, and Corea* (1895, IA6225), 한국을 둘러싼 청일간의 대립과 청일전쟁 관련 내용 수록한 *Historical Tales : The Romance of Reality* (1904, IA6253), 청일전쟁 당시 일본의 침략상을 사진과 함께 날짜별로 기록한 전쟁기록일지 *Pictorial Review of the Sino-Japanese Conflict* (1932, IA6333) 등이 있다. 러일전쟁 당시 기록으로는 러일전쟁 참전기 *Exciting Experiences in the Japanese-Russian War* (1904, IA6257)와 러일전쟁 내막기 *Thrilling Stories of the Russian-Japanese War*(1904, IA6258), 그리고 러일전쟁 진상기록서로 *Port Arthur – The Siege and Capitulation*(1906, IA6265) 및 *Russia and Japan, and a Complete History of the War in the Far East*(1905, IA6266) 등이 있다.

외국인 시각에서 기록한 한국의 독립운동 관련 기록도 눈에 띈다. 1919년 3·1운동 당시를 기록한 것으로 중국의 상해 영문대륙보 기자인 페퍼(Nathaniel Peffer) 기자가 한 달 동안 한국에 머물면서 현장 취재한 것을 담은 *The Truth about Korea*(1919, IA6285)에는 한국 독립운동 상황과 사이토 총독 인터뷰 내용, 한국인 고문과 한국어 말살, 기독교 탄압 등 일제의 압제적인 통치 실상이 수록되어 있다. 영국 '런던 데일리 메일'의 종군기자로 활동했던 멕켄지(F. A. McKenzie)는 3·1운동을 목격하고 쓴 *Korea's Fight for Freedom*(1920, IA2595), 곧 "자유를 위한 투쟁"이라는 제목의 3·1운동사를 발간하여 한국의 독립운동을 세계에 널리 알렸다. 한국선교회(Korean Mission)에서 미국의회 군비제한회의에 제출한 외교청원서인 *Korea's Appeal to the Conference on Limitation of Armament*(1922, IA6288)는 한국체류 외국인들의 한국 독립운동에 관한 관심을 극명하게 보여준다.

4. 서양인들의 동아시아학 출판물

당시 서양인들이 한국과 한국을 둘러싼 동아아시아 국가들, 즉 중국과 일본, 몽고, 나아가 필리핀, 인도네시아 등의 국가들의 정치와 문화, 종교에 대한 관심을 저술로 남겼다. 동아시아에 대한 포괄적 기록은 동아시아, 이른바 극동 지역에 관한 서구적 시각과 외교적 관심이 반영된 것이다. 다음은 극동문제를 다룬 주요 저작물 목록이다.

* *The Long White Mountain of a Journey in Manchuria*(1880, IA6218) 제임스(H. E. M. James)가 저술한 만주와 백두산 등정, 한국 관련 견문록

* *Problms of the Far East* (1894, IA6223), "극동의 제문제". 고종 및 황제 등 사진 수록
* *The Peoples and Politics of the Far East* (1895, IA6226) : "극동의 주민과 정치"를 다루며 한국을 소개한 여행기
* *The New Far East* (1898, IA6238) : 19세기 말 극동의 정세를 소개한 여행기
* *An American Cruiser in the East* (1898, IA6236) : "극동에서의 미국순양함"
* *The Spirit of the Orient* (1906, IA6249) : 인도, 중국, 일본 등 동양의 역사 문화 소개
* *Signs and Portents in the Far East* (1907, IA6264), "극동의 불안한 징조들"
* *A Scamper Through the Far East* (1909, IA6263) "극동여행기". 명성황후 시해 사건 및 조선기행 내용 수록
* *The Face of Manchuria, Korea, & Russian Turkestan* (1910, IA6279) 만주와 조선 그리고 중앙아시아 여행 견문록.
* *An Eastern Miscellany* (1911, IA6278) 인도를 포함한 극동 여행기
* *The Re-Shaping of the Far East* (1911, IA6292) "신국면의 극동"
* *Painting in the Far East* (1913, IA6294) "극동의 미술"
* *The New-Era in Asia* (1913, IA2379) "아시아의 새로운 시대"
* *Popular Aspects of Oriental Religions* (1917, IA6300) 동양종교론. 한국을 정령의 땅(Spirit land)으로 소개
* *The Mastery of the Far East* (1919, IA6896) "극동의 주인"
* *North China, south Manchuria and Korea* (1920, IA6281) 북경, 중국, 만주, 한국 관련 소형 여행안내서. 철도 및 선박운항 지도, 서울 지도 등 수록
* *China Japan and Korea* (1921, IA6290) 중국과 일본, 한국의 정치상황 및 한국의 독립운동에 관한 내용 수록
* *New York to Peking* (1921, IA6301) "뉴욕에서 북경까지". 일본, 한국 중국 여행기
* *Gods, Goblins and Ghosts: The Weird Legends of the Far East* (1922, IA6295) 일본 등 극동의 주술신앙 소개
* *Asia at the Crossroads : Japan, Korea, China, Philippine Islands* (1922, IA6304) 한국의 역사, 문화 등 소개
* *Wandering in Northern China* (1923, IA6305) 중국, 몽고, 한국 여행기

* Trurn to the East (1926, IA6322) "동방을 향하여". 동양의 사회 문화와 칼라화보 수록
* A Brief Account of Diplomatic Events in Manchuria (1929, IA6316) 청일전쟁과 러일전쟁 등 만주 근세 외교사 서술
* The Japanese Empire: a Geographical Reader (1927, IA6308) 미국 여행작가 Harry A. Franck가 일본, 타이완, 한국의 문화 풍속 등을 사진과 함께 수록
* Japan, Korea and Formosa (1930년대, IA6336) 일본, 한국, 대만의 풍경, 건축, 삶의 모습을 담은 사진집
* The New Crisis in the Far East (1932, IA6821) "극동에서의 새로운 위기"
* A History of the Far East in Modern Times (1944, IA6340) 1928년 초판으로 발행된 한중일 3국의 정치외교사 자료

영문 자료 외에 동양을 소개한 외국어 자료는 프랑스어로 발행된 것으로 일본과 대만, 한국의 그래픽 히스토리인 *LE JAPAN ILLUSTRE* (1915, IA6453)가 있는데, 여기에 한국 관련 사진 46매가 수록되 있다. 독일어판 *Die Kunst Chinas, Japans and Koreas Wildpark-potsdam* (1929, IA6460)에는 한국과 중국, 일본의 미술이 소개되어 있다.

5. 한국인 저술의 외국어 출판물

선교사를 위시한 서양인의 한국 역사, 문화와의 만남과 교류는 한국사회의 문명화를 촉진시키는 계기가 되었다. 그리고 일부 한국인들은 근대문명 수용에 적극적 태도를 보이고 나아가 한국을 서구사회에 알리기 위한 노력을 기울였다.

외국인에 의해 한국 문법서 및 어학서가 편찬된 지 20여년 지나 한국인들도 영어회화 및 문법서를 편찬하였다. 목회자이자 재미독립운동가인 閔燦鎬는 재미한인들의 영어 실력 향상을 위해 1909년 『韓英實用會話獨學 *A Hand-Gook of Practical Conversation in English & Korean with Lists of Useful*

Word』(IA0798)을 편찬하였다. 일찍이 영어를 공부하여 영문으로 일기를 썼던 尹致昊는 한국인으로서는 드문 업적으로 『實用英語文法 Practical English Grammer』(1928, IA0800)이라는 영어문법서를 발간하였다. 영어 학습서로는 張斗徹의 Self-Taught English Language for Korean Students(1917, IA2417), 崔相浩의 『實用英朝會話 Practical Anglo-Korean Corean Conversation』(1921, IA0799)가 있다.

영문으로 저술한 기독교 연구서도 있다. 백낙준이 1929년 선교사관에 입각한 한국개신교 역사서인 The History of Protestant Missions in Korea 1832-1910 (IA6574)를 저술하였다. 문학작품으로는 이승만 정부 시절 외교 특사 및 외무부장관(1951~1955)을 역임했던 변영태가 한국의 설화 32편을 영문으로 번역 소개한 Tales from Korea(1934, IA6525)와 한국의 고시조 102수 및 자작시 27편을 영역하여 발행한 Songs from Korea(1936, IA6526)가 있다.

그리고 식민치하 조선인의 독립의지가 담긴 영문자료가 독립외교운동의 일환으로 출판되었다. 미주 한인단체인 대한인국민회(Korean National Association)는 한국의 독립운동을 세계에 알리기 위해 일제의 통치와 3·1운동 등을 정리한 소형 팜플렛 Japanese Diplomacy and Force in Korea(1919, IA6289)를 발행하였다. 독립운동가 정한경은 3·1독립만세운동, 제암리 사건 등 한국 독립운동 관련 내용 수록하여 일본의 조선 침략과 지배 및 독립운동을 다루고 일제의 강압통치를 고발하는 내용을 담은 The Case of Korea(1921, IA6302)를 저술하였다. 미국 워싱턴 D.C.에 있는 대한민국임시정부 구미외교위원회에서 한국 독립의 필요성을 역설한 영문 팜플렛 Korea Must be Free(1930, IA6317)와 이승만이 일본 천황주의의 기원과 실상, 가면 뒤의 실체를 해부하기 위해 "일본 가면을 벗기다"라는 제목의 Japan Inside Out(1941, IA6324)을 발행하였다.

이와 반대로 조선총독부가 그들의 식민통치를 합리화하기 위해 영문으로 발간한 책자도 있다. 1911년 강제 병탄 이후 조선의 발전상을 홍보하기 위한 *Annual Report on Reforms and Progress in Chosen(1910~1911)* (IA6524)과 1920년 조선총독부의 영문기관지인 *The Seoul Press*에서 조선총독부의 통치 행적과 관련된 기사를 뽑아 만든 팜플렛 *Administrative Reforms in Korea* (1920, IA6546), 1921년 조선의 주택, 교육, 근대시설, 생활풍속 등을 담은 *Pictorial Chosen* (1921, IA6523)은 일본이 정치적 목적으로 출판한 것이다.

6. 기타 선교단체의 영문출판물

우리나라를 대표하는 기독교출판문화기관이자 문서선교기관인 예수교서회에서 영문으로 출판한 자료로 게일이 단군 이래 한국 역사 전반을 인물 중심으로 서술한 *The Hisotry of the Korean People(1924~1927)* (IA2322)이 있다. 한국의 역사를 외국인의 관점에서 서술하였다는 점에서 주목되는 이 저술은 게일이 *The Korea Mission Field : a monthly journal of Christian progress* (1924.7~1927.9)에 연재한 것을 발췌하여 제본한 것이다. 그 외 예수교서회의 출판물을 영문으로 제작한 *The Christian Literature Society of Korea, Catalogue of Korean Publications* (1921, IA0869), *List of New Books* (1904, IA3822)가 있다.

선교단체의 연례보고서는 한국에서의 선교현장의 모습과 그 실상을 살펴보는 데에 매우 유의미하다. 1890년 창설된 조선예수교서회의 활동상이 기록되어 있는 *Annual Report* 19점(1915 · 1917 · 1919~1927 · 1929 · 1931~1938), 영국성서공회 한국지부의 연간활동을 확인할 수 있는 7년간의 연례보고서 *British & Foreign Bible Society Report of the Korea Agency for 1928-1931 · 1934-1936*를 소장하고 있다. 그리고 서울성서공회의 1903년과 1904년의 연례보고서인 *The Bible Committee of Korea* (IA2450, IA2270), 한국선교공의회의 1917 · 1919~1924 · 1927~1930 · 1934 · 1935년도 Annual Meeting 자료, 미감리교회 해외여선교회 한국여성연회의 1899년 첫 해 연례보고서 및 1901 · 1902 · 1904 · 1906~1911 · 1913~1916년도 연례보고서를 소장하고 있다.

Ⅶ. 맺음말

　이상과 같이 한국기독교박물관이 소장하고 있는 근대사 관련 중요 자료를 기독교와 한국학, 일제식민통치 및 해외 한국학 자료로 구분하여 살펴보았다. 앞서 소개한 자료의 활용과 관련한 짧은 소견으로 맺음말을 대신하고자 한다.

　본관은 지난 2004년 현 박물관으로 신축 이전하여 개관한 이래 소장유물의 대외공개 및 활용을 촉진하기 위한 사업을 꾸준히 전개해왔다. 서지유물 자료의 체계적 보존 및 열람 편의 제공을 위해 마이크로필름을 제작하고 이를 다시 디지타이징하여 전자파일 데이터를 이용하여 복본을 제작함으로써 원본의 안정적인 보존 및 열람 활용도를 높여나가고 있다. 현재 매산 선생이 기증한 자료의 대부분은 마이크로필름 및 전자파일로 변환하여 약 80% 정도 데이터베이스화 작업을 완료한 상태이다. 최근 입수된 자료의 경우 매년 년차사업으로 '지류유물 보존매체 수록 및 정리' 사업을 진행하고 있다. 그리고 중요 자료를 학계에 제공하기 위한 노력으로 앞서 2장에서 살펴본 바와 같이 고문헌목록집 발간을 시작으로 주제별 해제집을 발간하였고 중요 희귀자료의 경우 지속사업으로 영인해제집을 발간하고 있다.

　본관이 소장하고 자료 가운데 상당수는 이미 공개되었지만, 아직 공개되지 않은 자료 가운데 희귀한 자료의 경우 지속적인 영인해제로 학계에 공개, 보급할 필요가 있다. 먼저 널리 알려져 있지만 그 역사성이 높은 자료, 예컨대 1882년 발행된 『예수성교누가복음젼서』 등 로스역성서는 한국 기독교의 수용과정에서 중요한 역사적 의미를 지니고 있기 때문에 대중화 작업이 필요하다고 판단된다. 초기 찬송가 가운데 아직 영인되지 않은 초기 단편성서와 찬송가, 국내 최초의 전도문서인 『성교촬리』 등 신앙교리서도 시리즈화할 수 있을 것이다.[73] 아직 널리 보급되지 않은 주일학교 공과 및

---

[73] 한국교회사문헌연구원에서 1991년 초기 성경, 찬송가, 신앙교리서 등 100여 권을 영인

교회회의록도 비록 파편적으로 존재하긴 하나 영인 대상이 될 수 있을 것이다.

다음으로 본관에서만 소장하고 있는 유일본이거나 희귀본을 모아 주제별 시리즈로 영인하여 공개할 수 있다. 초기 천주교리서 가운데 한글 휘갈림 궁서체 필사본으로 보급된 『천신회과』, 『천당직로』, 『ᄉ후묵상』 등은 그 자료 내용뿐만 아니라 한글서체의 발전사를 연구하는 데에도 유용한 자료라 생각된다. 또한 개화기 편찬된 교과서 가운데 1906년 제중원에서 등사본으로 발행한 『히부학』 2책과 『生理學』 8책은 관련 분야 최초의 교과서로 매우 희귀한 자료이다. 영인자료집으로 발간할 경우 관련 분야 연구에 매우 유익한 자료로 활용될 수 있다. 그리고 일제식민통치 자료 가운데 야마자와 사이치로(山澤佐一郎) 검사의 소장인 "山澤"이 찍인 사법·경찰기관의 각종 훈시, 지시, 보고, 통계 자료는 식민 통치의 실상을 살펴보는 데에 매우 유의미한 자료이며 이 가운데에는 국내 유일 자료도 많다. 이 외에도 아직 번역되지 않은 해외 한국학 관련 자료의 번역 출간도 검토해볼만한 작업이다.

한 바 있다.

한국기독교박물관 소장 일제강점기 '재판 관련 자료'의 현황과 활용방안

성주현

한국기독교박물관 소장 일제강점기 '재판 관련 자료'의 현황과 활용방안

I. 머리말

숭실대학교 한국기독교박물관은 매산 김양선의 유지를 받들어 기독교와 근현대 한국학 관련 고문헌 자료를 소장[1]하고 있으며, 이를 활용할 수 있도록 연구자에게 제공하고 있다. 그동안 숭실대학교 한국기독교박물관(이하 기독교박물관)은 소장하고 있는 자료에 대해 주제별로 해제집을 발간한 바 있다. 2005년 2월 『한국기독교박물관 소장 고문헌 목록』을 시작으로 『한국기독교박물관 소장 기독교 자료 해제』(2007년 1월),[2] 『한국기독교박물관 소장

---

[1] 숭실대학교 한국기독교박물관은 1967년 매산 김양선 교수가 기증한 3,600여 점의 유물을 기초로 설립되었으며, 현재 5,000여 점의 고문헌을 소장하고 있다.
[2] 『한국기독교박물관 소장 기독교 자료 해제』는 2007년 2월에 간행되었으며, 해제 자료는 '성경(성경, 구약, 신약), 신앙교리서(신앙 교리서, 신앙생활 지참서, 교리 문답서, 공과 교재), 찬송가, 개신 교회사 일반, 천주교, 기타(구세군, 성공회, 안식교, 기타)'의 주제로 분류하였다.

과학·기술 자료 해제』(2009년 2월),[3] 『한국기독교박물관 소장 한국학 자료 해제』(2010년 12월),[4] 『한국기독교박물관 소장 민족운동 자료 해제』(2012년 12월, 이하 『민족운동 해제』) 등 자료 해제집을 발간하였다. 이들 자료들은 한국 기독교사와 일제강점기 민족운동, 그리고 근대화 과정을 보여주는 귀중한 자료로 평가되고 있다.

본고의 주제인 '재판기록 관련 자료'를 수록하고 있는 『민족운동 해제』는 기독교박물관이 소장하고 있는 일제강점기 민족운동 관련 자료 약 800여 점[5] 가운데 자료적 가치와 보존 상태를 고려하여 314건, 355점을 선별하여 해제를 한 것이다. 355점의 해제 자료는 '재판관련 자료', '사법·경찰기관 작성 자료', '사법·치안·식민통치 관련 각종 자료', 그리고 '기타 자료' 등으로 분류하여 관련 주제별로 구성하였다. 이외에도 '사법·경찰 관련 자료'는 사법기관 훈시/주의/희망사항/요청, 경찰기관 훈시/주의/지시/희망사항/요청, '사법·치안·식민통치 관련 각종 자료'는 사법기관 작성 보고·정리자료, 경찰기관 작성 보고·정리 자료, 기타 식민권력기관 정리·보고 자료, 사법·치안 관련 각종 통계자료, '기타 자료'에는 한말 자료, 식민통치하 법령 관계 자료, 기타 자료 등을 포함하고 있다.

이 중 '재판 관련 자료'는 민족운동과 관련된 사건 또는 인물에 대한 판결문 등 행형기록의 일부이다. 일제강점기 독립운동가들의 행형기록[6]은 다양한 유형의 자료들이 있는데, 이들 자료는 일제강점기 민족운동을 연구하는데 매우 중요한 자료이다.

---

[3] 『한국기독교박물관 소장 과학·기술 자료 해제』는 2009년 2월에 간행되었으며, 해제 자료는 '자연과학, 천문학, 지리학, 기술학, 농학, 군사학, 과학일반'으로 주제를 분류하였다.
[4] 『한국기독교박물관 소장 한국학 자료 해제』는 2010년 12월에 간행되었으며, 해제 자료는 '문집류, 문학, 역사 일반, 경세·종교 사상·언어·교육·서간, 기타'로 각각 분류하였다.
[5] 이에 대해서는 추후 검토 분석하여 발표하고자 한다.
[6] 독립운동가의 행형기록은 판결문을 비롯하여 형사공소사건부, 집행원부, 재소자 신분카드(수요자 신분장), 기출옥 관계 서류, 형사사건부, 수형인명부, 신분장지문원지 등이 있다(김정아, 「독립운동가 「형사공소사건부」」, 『기록인』 22, 국가기록원, 2013, 94쪽).

본고에서는 위에서 언급한 자료 중에서 '재판 관련 자료'에 대해 현황과 성격, 그리고 활용방안에 대하여 살펴보고자 한다. 그 이유는 '재판 관련 자료'는 일제강점기 민족운동에 참여한 인물과 사건에 대한 판결문으로, 일제강점기 민족운동의 실체를 구체적으로 확인할 수 있기 때문이다.[7] 이를 통해 기존의 민족운동의 성과를 보완하고, 보다 심층적으로 연구하는데 기여할 수 있기를 기대한다.

Ⅱ. '재판 관련 자료'의 현황과 성격

『민족운동 해제』는 앞서 언급한 바와 같이 일제강점기 전개된 다양한 민족운동에 관한 자료 314건 355점에 대한 해제집이다. 이 중 '재판 관련 자료'는 73건 87점으로 강점 직후인 1910년대부터 1930년대까지 민족주의 계열뿐만 아니라 사회주의 계열에서 활동한 인물과 사건에 연루된 인물의 판결문, 취의서, 예심종결결정 등이 포함되어 있다. 이 중 가장 많은 부분을 차지하고 있는 것은 판결문이다.

일반적으로 판결문은 피의자가 재판에 회부되어 판결을 받은 내용을 기록한 것으로, 구성 내용은 피의자의 인적 사항과 주문 내용, 판결 이유, 판결 법원, 판결 날짜, 판결 인물 등이 기록되어 있다. 취의서는 재판과 관련된 내용의 근본이 되는 중요한 의의를 기록한 것이며, 예심종결결정은 공

---

[7] 이른바 '재판기록'을 토대로 연구한 성과물은 다음과 같다. 李炫熙, 「三·一運動裁判記錄을 통해서 본 天道敎代表들의 態度分析」, 『韓國思想』 12(崔水雲誕生 150周年紀念論集), 한국사상연구회, 1974; 南富熙, 「3·1運動 裁判記錄과 儒敎界」, 『慶大史論』 4·5, 경남대사학회, 1990; 최종길, 「식민지 조선과 치안유지법의 적용-1926·27년을 중심으로-」, 『韓日關係史硏究』 30, 한일관계사학회, 2008; 심철기, 「1907년 의병전쟁 참여세력의 존재양상과 일제의 대응-경기·강원·충청지역 재판기록을 중심으로-」, 『한국민족운동사연구』 90, 한국민족운동사학회, 2017; 김승태, 「일제의 기록을 통해서 본 경기도 고양 지역의 3·1독립운동」, 『한국기독교와 역사』 40, 한국기독교역사연구소, 2014. 그러나 대부분의 민족운동과 관련된 사건이나 인물연구는 재판기록을 활용하고 있다.

소가 제기된 후에 피고의 사건을 공판에 회부할 것인가의 여부를 결정하는 것 또는 본심에 올릴 대상을 가려내기 위하여 미리 하는 심사로 재판에 결정적인 영향을 주고 있다. 예심종결결정 역시 판결문과 거의 동일한 내용을 담고 있다.

이와 같은 판결문 등을 포함한 『민족운동 해제』에 수록된 '재판 관련 자료' 현황은 〈표 1〉과 같다.

〈표 1〉 '재판 관련 자료' 현황

번호	구분	건수	점수	비고
1	1910년대 암살사건 관련 재판자료	5	6	판결문, 검증조서, 예심종결결정 등
2	3·1운동 관련 재판자료	10	10	판결문, 예심종결결정 등
3	1920년대 민족운동 관련 재판자료	13	13	판결문, 공소취소서 등
4	광주학생운동 관련 재판자료	8	8	판결문, 신원조, 논고 등
5	사회주의·공산주의 활동 관련 재판자료	13	25	판결문, 예심종결결정, 공판개황 등
6	1930년대 민족운동 관련 재판자료	24	25	판결문, 상고취의서, 예심종결결정 등
계		73	87	

〈표 1〉에 의하면 재판 관련 자료는 판결문이 대부분이지만, 이외에 검증조서,[8] 예심종결결정, 공소취소서,[9] 상고취의서, 논고,[10] 지시 주의 사항, 공판 개황 등의 문건으로 되어 있다. 이들 재판 관련 자료의 현황에 대해 구체적으로 살펴보면 다음과 같다.

---

[8] 검증조서는 형사절차의 문서로 법원 또는 수사기관이 검증의 결과를 기재한 조서를 말하며, 검증의 장소, 목적, 참여인, 경과와 결과 등을 기재되어 있다.
[9] 공소취소는 바로 공소 제기 후에 일어나는 예상치 못한 사태에 유연하게 대응할 목적으로 검사가 제기한 공소를 철회(취소)하는 것을 말한다.
[10] 공판절차에 있어서 증거조사가 끝난 후에 검사가 행하는 사실 및 법률적용에 관한 의견의 진술을 말한다.

1. 1910년대 암살사건 관련 재판자료

이 자료는 일제강점 전후와 3·1운동 전후에 있었던 총독 및 친일인물 이완용 암살과 관련된 것으로, 그 내용은 〈표 2〉와 같다.

〈표 2〉 1910년대 암살사건 관련 재판자료 현황

번호	자료명	생산처	생산시기	비고
1-1	병합 전후 암살사건	고등법원 검사국 사상부	1910.2.14	철필본, 미확인
1-2	이완용 암살사건 판결/ 데라우치 총독 암살미수 사건	고등법원	1925.2.24/ 1911.7.22	일한문, 이재명 판결문(경성공소원, 고등법원, 경성지방재판형사부_공훈전자사료관)
1-3	데라우치 총독 암살음모 사건	대구복심법원 형사부	1913.7.15	일한문, 『사상월보』 1-5_공훈전자사료관
1-4	사이토 총독 암살사건 검증조서	경성지방법원 검사국	1919.9.2	일한문, 『사상월보』 1-5, _공훈전자사료관
1-5	강우규 등 예심종결결정	경성지방법원 검사국	1920	일한문, 판결문(경성지방법원, 경성복심법원, 고등법원_공훈전자사료관)

〈표 2〉의 재판자료는 '암살사건'과 관련된 것으로 5건 6점이다. 이들 재판자료는 일제 침략기와 강점기 식민통치의 책임자인 통감과 총독의 암살과 친일파로 널리 알려진 이완용의 암살을 기도하였던 사건의 판결문이다. 그런데 '번호 1-1'과 '번호 1-2'의 경우 별개의 문건으로 나누었지만 실제적으로 한 문건이다. 이 문건의 원제목은 「倂合前後と暗殺事件」[11]으로, 고등법원 검사국 사상부에서 극비문서로 '伊藤博文暗殺事件', '李完用遭難事件', '寺內總督暗殺陰謀事件' 등 세 개의 암살사건의 판결을 모아 놓은 것으로 실제 판결문은 아니고 자료집으로서의 성격이 더 크다고 볼 수 있다. 이 자료집은 머리말에서 밝히고 있듯이 "日韓倂合 전후에 있어서 詭激思想에

---
[11] 이 문건은 국사편찬위원회, 국립중앙도서관, 아시아역사자료관 등 주요 자료 소장기관에서 검색이 되지 않고 있다.

기본이 되는 범죄 판결의 요점을 集錄"한 것이다. '이토 히로부미 암살사건'은 제1심 판결의 요지를 정리한 것이고, '이완용조난사건'은 사건 발생 10년 후 피체된 피고인 李東秀[12]에 대한 판결 요지이며, '데라우치 총독 암살미수사건'은 제1심 판결에 대한 요지이다. 그런데 '이완용조난사건'은 본문에서는 '이완용암살사건 판결'로 되어 있다.[13]

번호 1-3의 '데라우치(寺內) 총독 암살사건'은 1913년 7월 15일 대구복심법원에서 판결한 문건으로 『사상월보』 제1권 제5호에 수록된 것과 동일한 것이다. 번호 1-4의 '사이토(齋藤) 총독 암살사건 검증조서'는 1919년 9월 2일 경성지방법원에서 사건에 대한 현장검증을 실시하고 작성한 조서로, 역시 『사상월보』 제1권 제5호에 수록된 것과 동일한 것이다. 번호 1-5의 '강우규 등 예심종결결정'은 강우규 의사 사건에 대한 예심종결을 결정한 문건으로, 경성지방법원에서 1920년 2월 24일 선고한 판결문[14]에 대한 결정이다. 판결문은 강우규를 비롯하여 최자남, 허형, 오태영 등에 대한 판결로 38쪽이지만, 본 자료는 철필 인쇄로 일부가 떨어져 나가 25쪽만 남아 있으며, 상태 또한 양호한 편이 아니어서 활용하기에 불편함이 없지 않다.

한편 위의 암살사건 관련 재판자료 중 「併合前後と暗殺事件」을 제외한 나머지 자료는 『사상월보』에 공개된 바 있으며, 국가보훈처 공훈전자사료관[15] 인터넷을 통해 공개되고 있다. 다만 강우규 등 예심종결결정은 판결문과 동일한 내용이라는 점에서 공개된 자료와 크게 다를 바 없다고 할

---

[12] 이동수는 궐석재판에서 '징역 15년'을 언도받았다(『동아일보』 1924년 10월 20일). 그렇지만 피체 후 재판에서는 '징역 2년 집행유예 3년'이 확정되었다(『동아일보』 1925년 2월 25일).

[13] '이완용암살사건'에 대해 『동아일보』는 1924년 11월 12일부터 11월 21일까지 「연명한 이완용과 미결수 이동수」라는 제목으로 10회에 걸쳐 연재하였다. 이외에도 관련 기사를 자세하게 보도하였다.

[14] 경성지방법원의 '강우규 등 4인 판결문'을 포함한 강우규 관련 판결문은 국가보훈처 공훈전자사료관과 국가기록원 독립운동 관련 판결문(http://theme.archives.go.kr/next/indy/viewMain.do)에 소장되어 있다.

[15] 국가기록원 공훈전자사료관 홈페이지(http://e-gonghun.mpva.go.kr/user/index.do)

수 있다.

2. 3·1운동 관련 재판자료

이들 자료는 3·1운동 민족대표를 포함한 만세시위를 주도한 인물에 대한 판결문으로, 그 현황은 〈표 3〉과 같다.

〈표 3〉 3·1운동 관련 재판자료 현황

번호	자료명	생산서	생산시기	비고
1	3·1운동 민족대표 판결문	경성복심법원	1920.10.30	고등법원, 경성지방법원/공훈전자사료관
2	3·1운동 민족대표 예심종결결정	경성지방법원	1919.8.1	공훈전자사료관
3	3·1운동 관련자 윤익선 등 72명 판결문	경성복심법원	1920.3.3	활자본/공훈전자사료관
4	김형기 등 예심종결결정 정본	경성지방법원	1919.8.30	활자본/국가기록원, 공훈전자사료관(원본)_판결문
5	염원형 등 판결문	함흥지방법원	1919.5.23	판결문(고등법원)/공훈전자사료관, 국가기록원
6	윤원삼 등 예심종결결정	경성지방법원	1919.8.30	필사본/공훈전자사료관, 국가기록원
7	이인정 등 예심종결결정	공주지방법원	1919.9.8	필사본/판결문_고등법원, 경성복심법원
8	강화군 3·1운동 관련자 최창인 등 43인 예심종결결정		1919	필사본/판결문_경성지방법원_공훈전자사료관, 국가기록원
9	3·1운동 지도자 재판 관련 자료		1920년경	필사본_공소불수리 결정
10	1919년 광주에서의 만세사건	광주지방법원	1919	필사본_박애순 판결문/박애순 등 판결문_국가기록원

번호 1의 '3·1운동 민족대표 판결문'은 1919년 10월 30일 경성복심법원에서 판결한 3·1운동 민족대표 손병희 등 33인과 박인호 등을 포함한 민족대표 48인의 판결문이다. 이 판결문은 공훈전자사료관을 통해 공개하고

있다. 다만 본 자료는 철필 인쇄본으로 92쪽이지만, 공훈전자사료관 판결문은 수필본으로 79쪽이므로 상당한 차이를 보이고 있다. 번호 2의 '3·1운동 민족대표 예심종결결정'은 1919년 8월 1일 경성지방법원에서 생산된 문건으로 역시 공훈전자사료관에서 공개하고 있다. 번호 3의 '3·1운동 관련자 윤익선 등 72명에 대한 판결문'은 3·1운동과 관련하여 윤익선, 이종린 등 72명에 대해 1920년 3월 3일 경성복심법원에서 판결한 것으로 공훈전자사료관과 '독립운동 관련 판결문'에서 공개하고 있다. 다만 생산일자에서 1920년 3월 3일과 2월 27일로 차이를 보이고 있지만 동일한 문건이다.

번호 4의 '김형기 등 예심종결결정 정본'은 활자인쇄본으로 1919년 8월 30일 경성복심법원에서 3·1운동으로 기소된 김형기, 윤자영 등 200명에 대한 예심을 종결하는 문건이다. 이 문건은 공훈전자사료관과 독립운동관련 판결문에서 공개되고 있다. 다만 이들 문건은 활자본과 필사본으로 차이를 보이고 있다. 번호 5의 '염원형 등 판결문'은 1919년 5월 23일 함흥지방법원에 함남 단천군에서 3·1운동을 주도한 염원형, 안성교 등 20명에 대한 판결 내용이다. 본 문건은 여타 판결 문건과 달리 '판결(品)' 또는 '예심종결결정'이라는 제목이 없으며, '大正 八年 刑公 42 26號'이라는 문구로 시작되고 있다. 공훈전자사료관과 독립운동 관련 판결문에는 1919년 10월 16일 고등법원에서 판결한 문건[16]만 공개하고 있다. 고등법원의 판결문은 方承郁을 제외한 19명이 판결을 받았다. '염원형 등 판결문'은 현재 유일본이라는 점에서 사료적 가치가 크다고 할 수 있다. 다만 고등법원 판결문과 비교할 때 주소와 나이, 직업 등 기초적인 조사항목이 없다는 점에서 원본을 필사하는 과정에서 이를 생략한 것으로 추정된다.

번호 6의 '윤원삼 등 예심종결결정'은 1919년 8월 30일 경성지방법원에서 3·1운동을 주도한 윤원삼과 김병농 등 15명에 대한 판결 내용이다. 이 문건은 공훈전자사료관에서 공개하고 있다. 이 두 예심종결결정은 활자인쇄

---

[16] 이 판결문은 '大正八年 刑公 第九一八 九一九號' 문건으로 '判決'로 명시되어 있다.

본과 필사본이라는 다른 점을 보이고 있다.17) 번호 7의 '이인정 등 예심종결결정'은 1919년 9월 8일 공주지방법원에서 충남 서산군에서 3·1운동을 주도한 이인정, 김동운 등 55명에 대한 예심종결을 결정한 판결내용이다. 이 문건은 박물관 유일본은 서산군 대호지면 3·1운동의 전개과정을 소상히 밝혀준다는 점에서 매우 유용한 자료라고 할 수 있다. 이인정과 관련된 판결문은 경성복심법원18)과 고등법원19)에서 선고한 판결물을 공개하고 있다.

번호 8의 '강화군 3·1운동 관련자 최창인 등 43인 예심종결결정'은 3·1운동 당시 강화군에서 만세시위를 주도한 최창인 등 43명에 대한 예심종결의 내용이다. 이 문서는 일부가 떨어져나가 언제 어느 법원에서 생산되었는지 확인할 수 없다. 다만 이 문건과 관련된 것으로 1919년 12월 18일 경성지방법원에서 선고한 판결문이 있다. 이 판결문과 비교할 때 관련 인물이 차이가 난다는 점에서 한계를 가지고 있지만 강화군의 3·1운동을 연구하는데 의미 있는 자료라고 할 수 있다. 번호 9의 '3·1운동 지도자 관련자료'는 손병희 등 민족대표에 대한 재판사건에서 발생한 공소불수리 결정에 관한 내용을 정리한 것으로 별도의 문서 제목이 없다. 번호 10의 '1919년 광주에서의 만세사건'은 전남 광주에서 3·1운동을 주도한 박애순에 대한 광주지방법원의 판결 내용이다. 국가기록원 소장 박애순과 관련된 판결문은 1919년 4월 30일 광주지방법원의 박애순 등 67명에 대한 판결문이 있는데, 번호 10의 문건은 박애순에 대한 판결 기록만 있어 광주지역의 3·1운동을 연구하는데 한계를 보이고 있다.

---

17) '윤원삼 등 판결문'은 1919년 11월 6일 경성지방법원에서 판결한 것을 공훈전자사료관에서 공개하고 있다.
18) 경성복심법원 판결문은 1919년 12월 24일 이인정 등 34명에 대한 판결한 것으로, 독립운동관련 판결문에서 공개하고 있다.
19) 고등법원의 판결문은 1920년 2월 7일 이인정 등 4명에 대해 판결한 것으로, 독립운동관련 판결문과 공훈전자사료관에서 공개하고 있다.

3. 1920년대 민족운동 관련 재판자료

이 재판자료는 1920년에 전개되었던 의열투쟁, 격문 배포 등의 민족운동의 재판기록이다. 이를 정리하면 〈표 4〉와 같다.

〈표 4〉 1920년대 민족운동 관련 재판자료

번호	자료명	생산처	생산시기	비고
1	대정9년 원산독립소요사건	함흥지방법원	1920	필사본_『사상월보』(1-5)/판결문_경성복심법원_공훈전자사료관, 국가기록원
2	오학수 등 내란사건 판결문	(고등법원)	1920	필사본/판결문_고등법원_국가기록원, 『사상월보』(1-5)
3	황종화 등 격문 배포 사건 판결	경성지방법원	1920.10.29	필사본_『사상월보』(1-5)/판결문_국가기록원
4	곽재기 등 폭발물 취체 벌칙 위반 사건	경성지방법원	1921.6.21	판결문_공훈전자사료관, 『사상월보』(1-6)
5	대한청년단연합회 사건 판결문	고등법원	1921.5.9	판결문_공훈전자사료관
6	부산경찰서 폭파사건	대구복심법원	1921.2.14	『사상월보』(1-5)
7	의열단원 김시현 등 음모사건 판결	경성지방법원	1923.8.23	경성지방법원(1923.8.21)/공훈전자사료관, 『사상월보』(1-6)
8	공소취소서	고등법원	1924.3.7	판결문(고등법원 형사부)/공훈전자사료관
9	주만참의부 이수흥 살인 등 사건 판결	경성지방법원	1928.7.10	필사본/『사상월보』(1-6), 동일판결문/공훈전자사료관(표지와 맨끝 장 有), 국가기록원
10	김창숙 이홍석 정수기 예심 종결결정서	대구지방법원	1928.8.6	판결문_공훈전자사료관/판결문(대구지방법원)
11	김창숙 등에 대한 치안유지법 위반 피고사건 외	대구지방법원	1929	필사본/조선문제사료총서11_공훈전자사료관//
12	광주공립고등보통학교 맹휴 사건 판결문	대구복심법원	1928.11	필사본/원문 판결문(허진환)_공훈전자사료관//필사본/활자본(임주홍) 판결문_공훈전자사료관
13	광주농업학교 맹휴사건 판결문	대구복심법원	1928.11.8	필사본/활자본 판결문_공훈전자사료관

〈표 4〉에 의하면 1920년대 민족운동 재판자료는 경성지방법원(4건), 대구지방법원(2건), 대구복심법원(3건), 고등법원(3건), 함흥지방법원(1건)에서 생산되었다. 이들 재판자료에 대해 구체적으로 살펴보면 다음과 같다.

번호 1의 '1920년대 원산독립소요사건'은 1920년 9월 미국의원단 방문을 기회로 원산에서 전개한 만세시위에 대한 재판기록으로 김장석 등 59명에 대한 판결내용이 담겨져 있다. 이 재판자료는 『사상월보』(1-5)에 게재되어 있다. 번호 2의 '오학수 등 내란사건 판결문'은 대한민국임시정부와 제휴하여 무장독립투쟁을 도모하던 오학수 등에 대한 판결문으로, 이 재판자료는 공훈전자사료관에 공개되고 있다.

번호 3의 '황종하 등 격문 배포 사건 판결'은 1920년 10월 29일 독립사상 고취를 위한 격문을 제작하여 배포한 황종화 등에 대한 판결문으로, 『사상월보』(1-5)에 게재되어 있으며, 관련 판결문은 공훈전자사료관과 독립운동 관련 판결문에서 공개하고 있다. 번호 4의 '곽재기 등 폭발물 취체 벌칙 위한 사건 판결'은 곽재기 등 의열단 관련된 인물들의 판결문으로, 원문은 공훈전자사료관에서 공개하고 있다. 번호 5의 '대한청년단연합회 사건 판결문'은 3·1운동 직후 만주지역에서 무장투쟁을 강화하기 위해 대한청년단연합회를 조직한 오학수 등의 판결 내용이다. 이 재판자료의 판결문은 공훈전자사료관에서 공개되고 있다.

번호 6의 '부산경찰서 폭파사건'은 1920년 2월 14일 부산경찰서에 폭탄을 투척한 박재혁의 판결문으로, 이 자료는 『사상월보』(1-5)에 게재되었다. 번호 7의 '의열단원 김시현 등 음모사건 판결'은 이른바 '황옥사건'에 대한 판결 내용으로, 『사상월보』(1-6)에 게재된 바 있으며 판결문 원문은 공훈전자사료관에서 공개하고 있다. 번호 8의 '공소취소서'는 상해 임정의 이동휘 등 16명에 대한 공소를 취하해 달라고는 공소취소 내용으로, 이 자료와 관련된 판결문은 1924년 3월 12일 고등법원에서 선고하였으며, 공훈전자사료관에서 공개하고 있다. 다만 공소취소서와 판결문의 내용에 대해서는 검토

할 필요가 있다고 본다.

번호 9의 '주만참의부원 이수흥 살인 등 사건 판결'은 1926년 5월 국내에 파견된 참의부의 이수흥의 의열투쟁에 대한 판결문으로, 『사상월보』(1-6)에 게재된 바 있으며 판결문 원문은 공훈전자사료관에서 공개하고 있다. 번호 10의 '김창숙 이홍석 정수기 예심종결결정서'는 1928년 8월 26일 이른바 '경북유림단사건'의 김창숙 등 주요 인물에 대한 예심종결의 결정 내용으로, 판결문은 공훈전자사료관에서 공개하고 있다. 번호 11의 '김창숙 등에 대한 치안유지법 위반 피고사건 외'는 6건의 사건을 편철한 것으로 다음 〈표 5〉와 같은 재판자료를 담고 있다.

〈표 5〉 김창숙 등에 대한 치안유지법 위반 피고사건 외의 재판자료 현황

번호	문건	생산처	생산시기	비고
11-1	김창숙 등에 대한 치안유지법 위반 피고사건	대구지방법원	1928.11.28	공훈전자사료관, 조선문제사료총서(11)
11-2	방한상 외 12인에 대한 치안유지법 위반사건	대구지방법원	1927.7.5	공훈전자사료관, 조선문제사료총서(11)
11-3	오가키 다케오(大垣丈夫)에 대한 사기피의자사건	대구지방법원	1927.8.16	미확인
11-4	이우라 요시히사(井浦義久)에 관한 건	대구지방법원	미상	미확인
11-5	대구고등보통학교맹휴사건	대구복심법원	1930.3.11	판결문/공훈전자사료관
11-6	토목사건 보석출감자 명단	미상	미상	미확인

〈표 5〉에 의하면 '김창숙 등에 대한 치안유지법 위반 피고사건 외'는 6개의 문건으로 구성되어있지만, 민족운동과 관련된 것은 번호 1인 '김창숙 등에 대한 치안유지법 위반 피고사건', 번호 2의 '방한상 외 12인에 대한 치안유지법 위반사건', 그리고 번호 5의 '대구고등보통학교맹휴사건'이다. 김창숙 문건은 앞서 언급한 '경북유림단사건'과 관련된 판결문이고, 방한상 문건은 이른바 진우연맹사건, 그리고 대구고등보통학교맹휴사건은 1928년

대구지역 중등학교 동맹휴학과 관련된 판결문이다. 이들 재판기록은 『조선문제사료총서』(11)를 통해 공개되었으며, 대구고등보통학교맹휴사건의 판결문은 공훈전자사료관에서 공개하고 있다. 그 외 판결문은 민족운동과 직접 관련이 없기 때문에 특별히 언급할 필요가 없을 듯하다.

번호 12의 '광주공립고등보통학교 맹휴사건 판결문'은 1928년 11월 이 맹휴사건과 관련된 임주홍과 변진계, 허진환 등의 두 판결문으로, 공훈전자사료관에서 공개하고 있다. 번호 13의 '광주농업학교 맹휴사건 판결문'은 역시 1928년 11월 8일 전개한 광주 공립농업학교 맹휴사건의 주동자인 송성수와 나석현의 판결문으로, 공훈전자사료관에서 공개하고 있다.

4. 광주학생운동 관련 재판자료

이 재판자료는 1928년 11월 전개한 광주학생운동과 관련된 것으로 구체적인 내용은 다음 〈표 6〉과 같다.

〈표 6〉 광주학생운동 관련 재판자료 현황

번호	자료명	생산처	생산시기	비고
1	광주학생사건 공판	광주지방법원	1930.10.18	공훈전자사료관_광주지방법원 예심종결결정(1930.7.17) 판결문(1930.10.18),
2	광주학생사건 피의인의 씨명 연령 등	경성지방법원	1930	공훈전자사료관_경성시내여학생만세소요사건
3	광주학생사건 논고	광주지방법원	1930.3.3	
4	경성시내 여학생만세사건	경성지방법원	1930.3	공훈전자사료관_경성시내여학생만세소요사건
5	광주학생운동 관련자 장재성 이 34명에 대한 판결문	광주지방법원	1930.10.27	공훈전자사료관_강재성 등 판결문(10.27), 예심종결결정(10.26)
6	광주학생사건 형 확정자 신원조		1930년경	『사상월보』 제1권 제6호_광주학생사건범죄자신원조
7	광주학생운동 관련자 장재성 이 85명에 대한 판결문	대구복심법원	1931.6.13	장재성 등 판결문_공훈전자사료관

| 8 | 조선학생전위동맹 관련자 판결문 | 경성지방법원 | 1931.4.7 | 판결(경성복심법원)_『사상월보』 제1권 제3호(130~134) |

〈표 6〉에 의하면 박물관 소장 광주학생운동 관련 재판기록은 광주지방법원(3건), 경성지방법원(3건), 대구복심법원(1건)에서 광주학생운동 직후인 1930년과 1931년에 생산한 자료들이다. 이들 재판자료는 번호 3의 '광주학생사건 논고'를 제외한 관련 자료들은 『사상월보』에 게재되었거나 공훈전자사료관을 통해 제공되고 있다.

지역적으로 볼 때 광주학생운동을 주도한 인물들과 관련된 판결문 내지 논고 등이지만, 번호 2의 '광주학생사건 피고인 씨명 연령 등'과 번호 4의 '경성시내 여학생만세사건'은 광주학생운동의 영향으로 1930년 1월 15일과 16일 양일간에 걸쳐 경성지역에서 전개된 여학생들의 만세운동과 1930년 3월 13일부터 22일까지 경성지역의 여학생 만세시위의 재판과정을 담고 있다. 그리고 번호 8의 '조선학생전위동맹 관련자 판결문'은 1929년 말 비밀결사인 조선학생전위동맹 관련 인물들의 재판기록이다.

5. 사회주의·공산주의 활동 관련 재판자료

이들 재판자료는 1920년대와 30년에 걸쳐서 활동한 사회주의와 공산주의 관련 인물 및 문건으로 이를 정리하면 〈표 7〉과 같다.

〈표 7〉 사회주의·공산주의 활동 관련 재판자료 현황

번호	자료명	생산처	생산시기	비고
1	박헌영 입선 선전사건 판결	평양복심법원	1922.10.28	판결_『사상월보』 제1권 제6호_공훈전자사료관
2	김준연에 대한 출생지에서의 관심 태도/김준연 예심종결	경성지방법원	1929	/김준연 등 32인 예심종결_공훈전자사료관(1929.10.28)
3	사상사건 9건 판결문	신의주 지방법원 외	1930	박성녀 판결문_공훈전자사료관

4	정석행 김도엽 판결문	평양지방법원	1930.6.10	김도엽 판결문(3·1운동)_고등법원_공훈전자사료관
5	한림 판결문	경성지방법원	1930.10.29	미확인
6	김용출 판결문	경성지방법원	1930.11.5	미확인
7	한경석 김순희 이학종 판결문	경성복심법원	1931.5.11	판결문(활자본)_공훈전자사료관/판결(필사본)_『사상월보』 1-3_공훈전자사료관
8	피의자 김창수 결정서	경성지방법원	1935	경성복심법원, 고등법원 판결문_공훈전자사료관
9	조동호/임종환 판결문	경성지방법원/경성복심법원	1928.6.18/1931.6.18	조동호 판결문(활자본)/(필사본_『사상월보』 1-4), 임종환 판결문(필사본_『사상월보』 1-4)/활자본_경성복심법원
10	이명수, 최규섭, 이윤식, 정석행·김도엽 판결문/외사경찰과 지시주의사항	경성, 평양지방법원	일제강점기	이명수_최규섭_이윤식_『사상월보』 1-3
11	우에노 히라오(上野平雄) 판결문	경성지방법원	1930.9.6	미확인
12	일본공산당사건 공판개황	일본 동경재판소	1931	일본공산당사건공판방청기_『사상월보』 1-9/일본공산당사건공판소감(후세)_『사상월보』 1-6
13	변호사 징계에 관한 건	고등법원	1939.1.19	미확인

    번호 1의 '박헌영 입선 선전사건 판결'은 고려공산당 관련 인물 김태연 등 7명에 대한 판결문으로 『사상월보』(1-6)에 수록되어 있다. 번호 2의 '김준연에 대한 출생지에서의 관심 상태/김준연 예심종결결정'은 두 건으로, 전자는 조선공산당사건으로 피검된 김준연에 대한 고향(전남 영암)에서의 현지의 민심 동향이고, 후자는 김준연의 예심을 종결하는 내용이다. 그런데 이 예심종결결정은 김준연이 조선공산당으로 형을 확정 선고받은 것이 1929년 10월 30일[20]이라는 점에서 2일 전인 1929년 10월 28일 경성지방법원에서 관련 인물 32명의 예심종결 중 김준연의 부분만 발췌한 것으로 추정된다.

---
[20] 『동아일보』 1930년 9월 4일자.

이 두 건의 자료 중 전자는 '미확인'되고 있으며, 후자는 공훈전자사료관에서 공개하고 있다. 번호 3의 '사상사건 9건 판결문'은 9건의 판결문을 편철한 것으로 이를 정리하면 〈표 8〉과 같다.

〈표 8〉 사상사건 9건 판결물 현황

번호	자료명	생산처	생산시기	비고
3-1	김태희 등 4명 판결문	신의주지방법원	1930.8.13	미확인
3-2	박홍제 등 4명 판결문	경성지방법원	1930.11.4	미확인
3-3	박성녀 판결문	경성복심법원	1930.12.1	공훈전자사료관
3-4	김준배 등 2명 판결문	경성지방법원	1930.1.22	미확인
3-5	이인섭 등 2명 판결문	신의주지방법원	1930.11.26	미확인
3-6	김복진 등 20명 판결문	경성지방법원	1930.11.28	미확인
3-7	홍종국 등 2명 판결문	경성지방법원	1930.12.6	미확인
3-8	이희일 판결문	신의주지방법원	1930.12.24	미확인
3-9	박유덕 등 7명 판결문	경성지방법원	1930.12.24	미확인

〈표 8〉에 의하면, 사상사건 9건은 1930년 신의주지방법원(3건)과 경성지방법원(5건), 경성복심법원(1건)에서 판결한 것으로 1920년대 말 또는 1930년에 활동한 격문배포와 사회주의 내지 공산주의 활동을 한 인물에 대한 판결문이다. 이들 재판자료는 박성녀를 제외한 대부분이 미확인 상태로 국가편찬위원회, 국가기록원, 국가보훈처 등 관련 기관에서 확인이 되지 않고 있다. 박홍제 등 4명은 '격문사건'으로 공판을 받은 것이 확인되고 있으며,[21] 김태희는 치안유지법 위반으로 공판을 받은 바 있다.[22] 김준배는 '무산대중에 격함'이라는 격문을 배포한 혐의로,[23] 김복진 등 20명은 제4차 조

---

[21] 『매일신보』 1930년 7월 9일 및 10월 31일자;『동아일보』 1930년 10월 29일자.
[22] 『동아일보』 1930년 10월 20일 및 11월 9일자.
[23] 『동아일보』 1930년 10월 29일자.

선공산당사건으로,[24] 홍종국과 황목연은 격문사건으로[25] 각각 공판을 받은 바 있다. 사상사건 9건과 관련된 재판자료는 별도로 확인이 되고 있진 않다는 점에서 박물관의 것이 유일본이라 할 수 있다.

번호 4의 '정석행·김도엽 판결문'은 제1차 조선공산당사건으로 검거되었다가 평양지방법원에서 징역 2년을 선고[26]받은 판결문으로, 여타 기관에서 확인이 되지 않고 있다. 번호 5의 '한림 판결문'은 제3차 조선공산당사건으로 검거되었다가 경성지방법원에서 징역 4년 6개월을 선고[27]받은 판결문으로, 역시 확인이 되지 않고 있다. 번호 6의 '김용출 판결문'은 비밀결사 고려공산청년회에 활동한 김용출의 판결문으로 만주지역의 활동을 파악하는데 중요한 자료이다. '김용출'에 대해서는 공훈전자사료관, 독립운동 관련 판결문, 국사편찬위원회, 빅카인즈 등에서 검색이 되지 않고 있다.

번호 7의 '한경석 김순희 이학종 판결문'은 조선학생혁명당과 조선학생전위동맹에서 활동한 한경석 등의 판결문으로, 『사상월보』(1-3)에 게재된 바 있다. 번호 8의 '피의자 김창수 결정서'는 김철수의 동생[28]으로 조선공산당 국내공작위원회사건에 연루된 김창수의 경성지방법원, 경성복심법원, 고등법원의 결정서 3건을 편철한 것으로, 이와 관련된 경성복심법원과 고등법원 판결문은 공훈전자사료관에서 공개하고 있다. 번호 9의 '조동호 임종환 판결문'은 두 건의 판결문으로 조선공산당 활동을 한 조동호와 임종환의 각각 판결문으로『사상월보』(1-4)에 수록되었다.

번호 10의 '이명수 최규섭 이윤식 정석행 김도엽 판결문/외사경찰과 지시주의사항'은 모두 5건의 문서가 편철되어 있다. 이들 문건의 내용은 〈표 9〉

---

[24] 『동아일보』 1930년 11월 16일자.
[25] 『동아일보』 1930년 12월 5일자.
[26] 『동아일보』 1928년 11월 28일; 12월 3일; 12월 12일; 1930년 10월 26일자;『매일신보』 1930년 5월 27일자.
[27] 『동아일보』 1930년 10월 23일; 10월 30일자.
[28] 『동아일보』 1931년 12월 26일자.

와 같다.

〈표 9〉 이명수 최규섭 이윤식 정석행 김도엽 판결문/외사경찰과 지시주의사항 현황

번호	자료명	생산처	생산시기	비고
10-1	이명수 판결문	경성지방법원	1931.5.10	『사상월보』(1-3)
10-2	최규섭 판결문	경성지방법원	1931.5.14	『사상월보』(1-3)
10-3	이윤직 판결문	경성지방법원	1931.5.6	『사상월보』(1-3)
10-4	정석행 김도엽 판결문	평양지방법원	1930.6.10	번호 4와 중복
10-5	지시주의 사항	외사경찰과	1940.6	미확인

〈표 9〉에 의하면, 4건의 판결문과 1건의 지시주의 사항으로 구성되었으며, 판결문은 경성지방법원(3건)과 평양지방법원(1건)에서 생산되었다. 이들 판결문은 고려공산청년회에서 활동한 이명수, 최규섭, 이윤직 등에 대한 것으로, 『사상월보』(1-3)에 수록된 바 있다. 10-4의 정석행과 김도엽 판결문은 '번호 4'와 중복된 판결문으로 확인된다.

번호 11의 '우에노 히라오(上野平雄) 판결문'은 일본인 공산주의자 우에노의 격문 배포사건29)의 판결문으로, 아직 미확인 자료이다. 번호 11의 '일본공산당사건 공판개황'은 도쿄지방재판소에서 일본공산당 창립과 관련자 체포 과정, 그리고 예심재판 과정을 기록한 것으로, 관련 내용으로 '일본공산당사건 공판 소감'이라는 제목으로 『사상월보』(1-9)에 수록되었다. 그렇지만 동일한 자료는 아닌 것으로 확인된다. 번호 12의 '변호사 징계에 관한 건'은 일본인 변호사 기리야먀 도쿠타로(切山篤太郎)에 대한 징계의 절차와 내용을 담고 있다.30)

29) 『매일신보』1930년 7월 7일자.
30) 기리야마 변호사는 1938년 경성복심법원에서 살인 및 치안유지법 위반 등의 혐의로 재판을 받던 김명균, 양덕해, 심길훈의 관선변호사로 활동하였다. 김명균 등의 경성복심법원과 고등법원 판결문은 공훈전자사료관에서 공개하고 있다. 김명균과 양덕해는 사형, 심길훈은 징역 2년을 선고 받았다.

6. 1930년대 재판 관련 자료

이 재판자료는 1930년대에 전개되었던 의열투쟁, 임정, 만주지역 독립운동을 전개한 인물들의 판결문으로 정리하면 〈표 10〉과 같다.

〈표 10〉 1930년대 재판 관련 자료 현황

번호	자료명	생산처	생산시기	비고
1	최창식, 김경선 판결문	(경성지방법원)	1930	미확인/최창식, 김경선 1931년_공훈전자사료관
2	경찰범처벌규칙 위반 피고사건 판결문		1930	권용상/미확인
3	참의부원 박창철 김병식 판결문	신의주지방법원	1930.12.24	미확인
4	김점권 이두옥 이홍순 안문식 이수봉 판결문	경성지방법원	1930.9.6	미확인
5	박응선 판결문	신의주지방법원	1930.9.17	미확인
6	김호구 오병현 이학의 김양복 송주식 판결문	평양지방법원	1930.11.13	미확인
7	송경윤 판결/이제우 김세호 판결문	경성복심법원	1930.11.13/ 1931.3.12	송경윤/경성복심법원 이제우, 김세호/경성복심법원_고등법원/『사상월보』제1권 제3호
8	이형술 판결문	신의주지방법원	1931.4.13	『사상월보』제1권 제4호
9	이준익 외 3인 판결문	신의주지방법원	1931.4.22	『사상월보』제1권 제3호
10	김봉화 판결문	신의주지방법원	1931.4.27	『사상월보』제1권 제3호
11	김병업 판결문	신의주지방법원	1931.5.20	『사상월보』제1권 제3호
12	김승려 판결문	신의주지방법원	1931.5.20	『사상월보』제1권 제4호
13	김의호 판결문	경성지방법원	1931.5.30	『사상월보』제1권 제3호
14	김성숙 판결문	신의주지방법원	1931.7.6	『사상월보』제1권 제7호
15	최한계 판결문	신의주지방법원	1931.7.17	『사상월보』제1권 제9호
16	김병룡 판결문	신의주지방법원	1931.7.20	『사상월보』제1권 제9호
17	무네마사 이소키치(宗正磯吉)의 상고취의서	宗正磯吉	1931.6.2	미확인

18	피고인 국진순 상고취의	鞠眞淳	1932	미확인/판결문_고등법원(1930)_대구복심법원(1930)_전주지방법원(1930)
19	연속죄의 공소시효	고등법원	1933.5.26	미확인/今庭雄太郎
20	조선총독부 간수장 이마이즈미 사부로(今泉三郞) 등의 상해 및 상해치사 사건	조선총독부 재판소	1938	미확인
21	이마이즈미 사부로(今泉三郞) 판결문	고등법원	1938.12.12	미확인
22	상고취의서(신태익)	경성복심법원	1939	미확인
23	신태익 판결문	조선총독부 재판소	1939	『사상휘보』20호/판결문_고등법원_경성복심법원
24	김영기, 현제명, 윤경구, 윤치창, 사에키 켄, 정재흡 예심종결결정	경성지방법원	1939	미확인

〈표 10〉에 의하면, 이들 재판자료는 1930년대 재판 관련 자료는 대부분 1930년대 초반과 후반에 생산된 것으로 신의주지방법원(10건), 경성지방법원(3건), 경성복심법원(2건), 고등법원(2건), 조선총독부재판소(2건), 평양지방법원(1건)에서 선고한 재판기록들이다. 이들 자료는 대부분 『사상월보』와 『사상휘보』 등에 게재되었거나 공훈전자사료관을 통해 제공되고 있다. 그럼에도 불구하고 상당한 재판자료들이 아직 확인되지 않는다는 점에서 유일본으로 추정된다. 미확인된 '재판자료'는 다음과 같다.

최창식 김경선 판결문
경찰범처벌규칙 위반 피고사건 판결문
참의부원 박창철 김병식 판결문
김점권 이두옥 이홍순 안문식 이수봉 판결문
박응선 판결문
김호구 오병현 이학의 김양복 송주식 판결문
무네마사 이소키치(宗正磯吉)의 상고취의서

피고인 국진순 상고취의

연속죄의 공소시효

조선총독부 간수장 이마이즈미 사부로(今泉三郞) 등의 상해 및 상해치사 사건

이마이즈미 사부로(今泉三郞) 판결문

상고취의서(신태익)

김영기, 현제명, 윤경구, 윤치창, 사에키 켄, 정재흡 예심종결결정

번호 1의 '최창식과 김경선의 판결문'은 고려공산당의 활동으로 상해에서 검거되어 치안유지법으로 경성지방법원에서 1930년 10월 22일 공판을 받은 바31) 있는데, 이 사건의 판결문이다. 최창식과 김경선과 관련된 각각의 판결문은 확인되고 있지만,32) 두 사람이 함께 판결을 받는 것은 유일하다고 할 수 있다. 번호 2의 '경찰범처벌규칙 위반 피고사건 판결문'은 조선일보 기자 권용상의 경찰범처벌규칙 위반에 대한 판결문으로, 사건에 대한 관련 내용이 확인되지 않고 있다. 번호 3의 '참의부원 박창철 김병식 판결문'은 참의부에서 활동하다가 검거된 박창철과 김병식의 판결문으로, 이 역시 확인이 되지 않고 있다.33) 번호 4의 '김점권 이두옥 이홍순 안문식 이수봉 판결문'은 1929년 3·1운동 10주년 기념시위를 계획하고 일제의 타도를 내용으로 하는 격문배포 사건34)에 대한 김점권 등 5명의 판결문으로 아직 미확인된 자료이다.

번호 5의 '박응선 판결문'은 대한의용단과 참의부에서 활동한 박응선35)에 대한 판결문으로, 역시 미확인 자료이다. 번호 6의 '김호구 오병현 이학

---

31) 『동아일보』 1930년 10월 23일자.
32) 최창식과 김경선의 판결문은 3·1운동과 관련된 판결문으로 공훈전자사료관에서 공개하고 있다.
33) 박창철은 1939년 2월 22일 신의주지방법원에서 군자금 모금에 대해 치안유지법 위반 등으로 징역 12년을 선고받은 바가 있다(『매일신보』 1938년 2월 25일자). 이에 베해『동아일보』(1938년 3월 18일)에 의하면 징역 15년을 받았다고 하고 있다.
34) 『매일신보』 1930년 3월 11일 및 9월 6일자; 『동아일보』 1930년 9월 3일 및 7일자.
35) 『매일신보』 1930년 9월 12일자.

의 김양복 송주식 판결문'은 아나키스트의 비밀결사인 黑戰社[36] 관련자 김호구 등의 판결문으로, 이 역시 미확인 자료이다. 번호 7의 '송경윤 판결문/이제우 김세호 판결문'은 두 건의 문건으로 동대문격문사건[37]의 송경윤에 대한 것과 일본 밀정 처단과 군자금 모금사건에 연루된 이제우과 김세호의 판결문이다. 전자는 판결문이 공훈전자사료관에서 공개되고 있으며, 후자는 『사상월보』(1-3)에 수록되어 있다. 번호 8의 '이형술 판결문'은 국민부원으로 활동한 이형술에 대한 판결문으로 『사상월보』(1-4)에 수록되어 있다. 번호 9의 '이준익 외 3인의 판결문'은 국민부에서 활동한 이준익을 비롯하여 김택선, 서성국, 문경희에 대한 판결문으로 『사상월보』(1-3)에 수록되어 있다. 번호 10의 '김봉화 판결문' 역시 국민부에서 활동한 김봉화의 판결문으로 『사상월보』(1-3)에 수록되어 있다.

번호 11의 '김병업 판결문'은 만주에서 활동한 밀정 김병업에 대한 판결문으로 『사상월보』(1-3)에 수록되어 있다. 번호 12의 '김승려 판결문'은 대한독립단원으로 활동한 김승려에 대한 판결문으로 『사상월보』(1-4)에 수록되고 있다. 번호 13의 '김의호 판결문'은 중국 제남한교회원 김의호[38]에 대한 판결문으로 『사상월보』(1-3)에 수록되어 있으며, 번호 14의 '김성숙 판결문'은 정의부에서 활동한 김성숙[39]의 판결문으로 『사상월보』(1-7)에 수록되어 있다.

번호 15의 '최한계 판결문'은 만주지역의 무장단체인 광무대에서 활동한 최한계의 판결문으로 『사상월보』(1-9)에 수록되어 있으며, 번호 16의 '김병룡 판결문'은 정의부 혁명군으로 활동한 김병룡의 판결문으로 『사상월보』

---

[36] 흑전사에 대한 신문기사는 『동아일보』 1929년 7월 26일; 7월 28일; 8월 1일; 1930년 9월 3일; 10월 30일; 11월 9일; 11월 15일자와 『매일신보』 1929년 7월 28일자에 게재되었다. 『매일신보』에서는 '진남포흑전동맹사건'으로 표기하였다.
[37] 『동아일보』 1930년 9월 10일; 9월 18일; 11월 25일자. 송경윤은 서대문형무소에 복역 중 染病으로 옥사하였다.
[38] 『동아일보』 1931년 5월 26일자.
[39] 『동아일보』 1931년 6월 1일; 6월 11일; 9월 17일자.

(1-9)에 수록되었다. 번호 17의 '무네마사 이소키치(宗正磯吉)의 상고취의서'는 군기보호법 위반으로 서대문형무소에 수감된 일본인 무네마사에 대한 판결문으로 미확인 자료이다. 번호 18의 '피고인 국진순 상고취의'는 치안유지법 및 사기사건으로 재판 중인 국진순[40]이 대구복심법원에서 판결에 불복하고 상고한 이유서이다. 이 자료는 미확인되고 있지만, 관련 판결문은 공훈전자사료관에서 공개하고 있다.

번호 19의 '연속죄의 공소시효'는 수뢰사건으로 검거된 이마니와 료타로(今庭雄太郎)에 대한 판결문으로 미확인 자료이며, 번호 20과 21의 '조선총독부 간수장 이마이즈미 사부로(今泉三郞) 등의 상해 및 상해치사 사건'[41]과 '이마이즈미 사부로 판결문'은 본 사건의 경성복심법원의 판결문과 상고취의서, 고등법원 판결문을 편철한 것으로 미확인 자료이다. 번호 22의 '상고취의서'와 번호 23의 '신태익 판결문'은 신태익 변호사의 보안법위반사건[42]에 대한 것으로, 전자는 경성복심법원 판결에 대한 상고이유서이고, 후자는 경성복심법원의 판결문이다. 신태익의 판결문은 『사상휘보』[20]에 수록되었다. 번호 24의 '김영기, 현제명, 윤경구, 윤치창, 사에키 켄(佐伯顯), 정재흡 예심종결결정'은 민족운동과 관련이 없는 것으로, 1934년 일본인 관료와 친분이 있는 정재흡에게 여러 가지 청탁 및 수뢰를 한 사건에 대한 예심종결결정으로 미확인 자료이다.

이상으로 박물관에 소장된 민족운동 자료 해제 중 '재판자료'에 대한 현황을 살펴보았다. 이를 정리하면 자료의 성격은 다음과 같이 정리할 수 있

---

[40] 『동아일보』 1930년 2월 23일 및 28일자.
[41] 이 사건은 1936년 8월 7일 경성형무소에서 食料에 대한 불만과 처우개선을 요구하며 소요를 일으키자 간수 이마이즈미 등이 주동자를 연행하고 폭행한 사건이다. 이 사건으로 3명이 사망하였다.
[42] 신태익은 1939년 5월 28일 전국경제조사시찰단의 함흥 환영회에서 한 실언이 문제가 되어 함흥지방법원에서 징역 1년을 선고받았다(『동아일보』 1939년 6월 25일; 7월 1일; 7월 4일; 7월 8일; 7월 19일; 7월 26일; 9월 19일; 9월 26일자).

다. 첫째는 대부분의 재판자료들이『사상월보』나『사상휘보』등에 수록되었거나 공훈전자사료관을 통해 공개되고 있다는 점이다. 그리고 이들 공개된 재판자료는 민족운동과 관련되어 적지 않은 부분에서 활용되고 있다. 둘째는 그럼에도 불구하고 일부 판결문은 미확인된 상황이지만 박물관의 유일한 소장으로 판단된다. 이들 자료는 앞서 언급한『사상월보』나『사상휘보』등 간행물과 공훈전자사료관에서 검색이 되지 않는다는 점에서 '미확인'이라고 했지만 박물관의 유일본이라고 할 수 있다.

셋째로 대부분의 재판자료들이 민족운동과 관련이 있지만, 소수의 일부는 민족운동과 관련이 없는 자료라는 점이다. 즉 이러한 자료는 주로 일본 및 일본인과 관련된 것으로 파악된다. 흥미로운 자료는 민족운동과는 직접 관련이 없는 밀정(김병엽 판결문) 자료도 포함되었다는 점이다.

Ⅲ. '재판 관련 자료'의 활용방안

앞 절에서 살펴 본 '재판자료'는 일제침략기와 일제강점기 민족운동을 연구하는데 중요한 자료이다. 민족운동을 연구하는데 가장 중요한 자료 중의 하나가 재판 관련 자료이다. 이 재판자료의 활용방안에 대해 살펴보고자 한다.

첫째는 재판 관련 자료의 비교 검증을 통해 정확하게 활용할 수 있다. 재판자료는 대부분이 판결문이지만 상고취의서나 사건을 정리한 것이다. 그리고 이들 자료는 지방법원, 복심법원, 고등법원 등 관련 기관을 통해 작성되었으며, 원본을 비롯하여 자료의 정리 보존 및 간행을 위한 활자본, 프린트본(철필), 그리고 이를 재정리하기 위한 필사본 등 여러 유형의 판본이 있다. 본 재판자료의 경우도 간행물을 위한 프린트본이 대부분이고, 소수이지만 활자본과 필사본이 있다. 때문에 이들 재판자료는 기존의 공개된 자료들과 동일한 것이 아니라는 점이다. 그런 점에서 이들 재판자료에 대한 비교 검증이 필요하다고 본다.

예를 들어 '박성녀 판결문'의 경우를 비교해 보면, 박물관 소장은 프린트본이고, 공훈전자사료관에서 공개하고 있는 '박성녀 판결문'은 활자본이다. 활자본은 '오자'에 대해 도장을 찍어 수정을 하고 있지만, 프린트본은 수정된 것으로 기록이 되어 있다. 때문에 프린트본이 보다 정확하게 판독할 수 있다는 점에서 활용하기에 유용하다고 할 수 있다. 그러나 프린트본은 상당부분을 생략하고 있어 판결문으로 사건의 전체를 파악하는데 한계가 있다. 뿐만 아니라 민족운동의 연구에서 오류를 범할 수 있다는 점에서 비교 검증이 필요하다고 판단

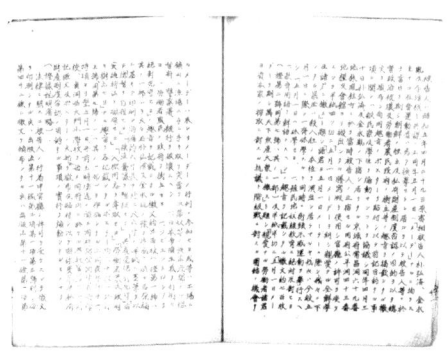

〈그림 1〉 박물관의 '박성녀 판결문'

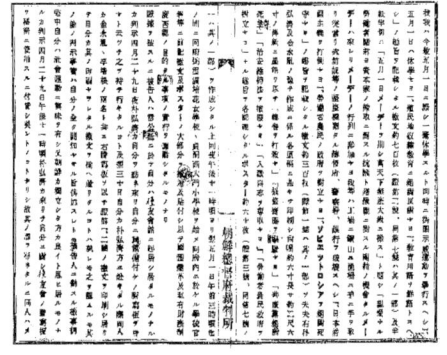

〈그림 2〉 공훈전자사료관의 '박성녀 판결문'

된다. 뿐만 아니라 이 두 '박성녀 판결문'은 인쇄 상태에 따라서 판독이 어려운 부분이 없지 않은데, 비교하여 분석하면 보다 정확하게 자료를 활용할 수 있다는 점에서도 비교 검증할 필요가 있다.

'대정 9년 원산독립소요사건'의 판결문 또한 비교 검증이 필요하다. 박물관의 판결문과 공훈전자사료관의 판결문은 〈그림 3〉과 〈그림 4〉와 같다. 이 두 판결문은 같은 사건을 다루고 있지만, 다음 〈표 11〉과 같이 다른 점을 확인할 수 있다.

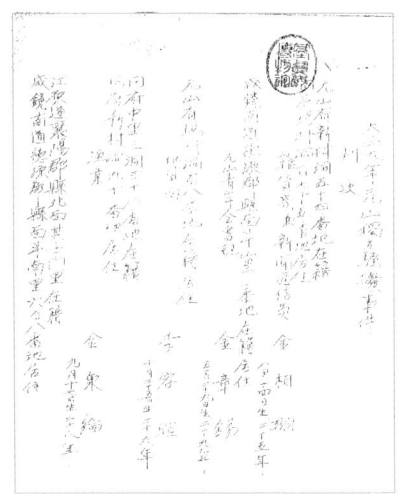

〈그림 3〉 박물관의 판결문   〈그림 4〉 공훈전자사료관의 판결문

〈표 11〉 원산독립소요사건의 두 판결문 비교

구분	박물관 판결문	공훈전자사료관 판격문
문서 번호	없음	大正九年豫第十四號
문서 제목	大正九年元山獨立騷擾事件	없음
판결 제목	判決	豫審終結決定
김상익 주소	元山府 新村洞 五十四番地 在籍 同府 場村洞 百七十五番地 居住	元山府 新村洞 五十四番地 在籍 同府場村洞 百七十五番地 住
이용원 연령	十月 二十五日 生, 二十九年	七月 二十五日 生 二十九年

〈표 11〉에서 보듯이, 문서번호의 경우 박물관 판결문에는 없지만 공훈전자사료관의 판결문에는 '대정 9년 예 제14호'라는 번호가 있다. 또한 이용원의 연령의 경우 '10월'과 '7월'로 차이를 보이고 있다. 뿐만 아니라 이 사건의 박물관 판결문은 '證據 說明 及 適用法律 省略'이라고 하여 상당부분을 생략하고 있다. 또한 두 판결문의 인쇄 상태를 비교할 때 박물관 판결문

이 보다 양호하여 판독하는데 보다 용이하다고 할 수 있다. 이러한 점에서 볼 때 박물관 재판자료와 이미 공개된 자료를 비교 검증함으로써 보다 정확한 민족운동 관련 연구에 도움이 된다고 할 수 있다. 뿐만 아니라 자료의 한계를 극복할 수 있으며 연구의 완성도를 높일 수 있다.

둘째는 재판자료를 통한 민족운동 연구의 심화와 확산으로 활용할 수 있다. 앞서 살펴보았듯이 박물관 재판자료 중에는 공훈전자사료관 등 민족운동 자료를 소장 및 공개하는 기관이나 일제강점기 간행된 『사상월보』 등에 수록되지 않은 자료들이 적지 않다. 대표적인 재판자료는 한림과 김용출, 박창철, 김점권, 박응선, 권용상 등의 판결문이다. 한림은 조선공산당에 연루된 김준연 등 32인의 예심결정 종결이나 김준연 등 28인 판결문에는 포함되어 있지만, 한림 1인의 활동에 대한 판결문을 활용한 연구는 사실상 없었다고 할 수 있다.

한림 판결문에 의하면, 한림은 1927년 5월 하순경 일본 도쿄에서 박낙종의 권유로 조선공산당에 입당하였으며, 박낙종 최익한 등과 함께 공산당 지부로 일본부의 재흥을 발의하고 지도자로 활동하였다. 이와 더불어 한림은 선전부원과 야체이카 책임자로 활동하였으며, 일본부 간부회에 참여하였다. 이에 앞서 1927년 3월 하순경에는 안광천의 권유로 고려공산청년회에 가입하였으며 고려공산청년회 도쿄지부를 설치하여 부흥을 도모하였다. 일본부 부흥 책임자로 추대되어 활동하던 중 체포되어 징역 5년이 구형되었지만[43] 1930년 10월 29일 경성

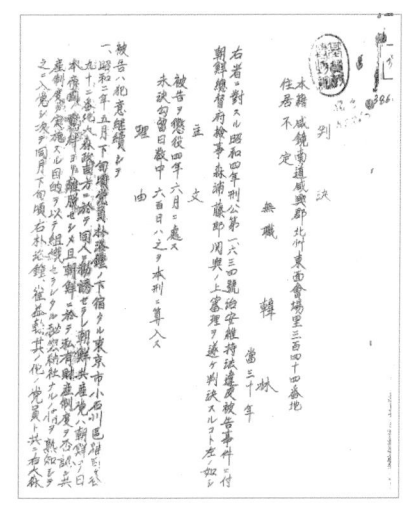

〈그림 5〉 '한림 판결문'

---

[43] 『동아일보』 1930년 10월 23일자.

지방법원에서 징역 4년 6개월을 선고받았다.[44]

특히 미확인 재판자료에는 공산주의계열에서 활동한 인물의 판결문이 적지 않다. 그중에서도 고려공산청년회[45]에서 활동한 인물[46]로는 앞서 언급한 한림을 비롯하여 김용출, 정석행, 김도엽 등이 해당된다. 미확인된 자료를 활용하여 고려공산청년회뿐만 아니라 관련 인물에 대한 연구의 심화와 확산에 활용하기에 충분하다고 판단된다. 이와 더불어 공산주의계열의 민족운동에 대한 연구에도 좋은 자료로 활용할 수 있기를 기대해본다.

이외에도 1920년대 말과 1930년대 초 전개되었던 일본제국주의 타도와 공산주의 선전 등을 내용으로 하는 격문사건[47]에 대한 연구, 아나키스트 비밀결사인 흑전사[48]에 대한 연구, 조선학생전위동맹[49]와 경성여학생만세사건[50] 등의 학생운동 연구, 만주지역에서 활동한 독립운동 관련 인물[51]에 대한 연구 등에도 좋은 자료로 활용할 수 있다고 본다. 이를 통해 일제강점기 민족운동 연구의 지평을 확대시킬 수 있을 것으로 판단된다.

셋째, 새로운 독립운동가를 발굴하는데 기초 자료로 활용할 수 있다. 박물관에 소장하고 있는 재판 관련 자료에 언급된 인물 중에는 상당수가 독

---

[44] 『동아일보』 1930년 10월 30일자.
[45] 고려공산청년회에 대한 연구는 박철하, 「1920년대 전반기 사회주의 청년운동과 고려공산청년회」, 『역사와현실』 9, 역사비평사, 1993; 박철하, 「고려공산청년회의 조직과 활동(1920-28)」, 『한국근현대청년운동사』, 1995가 대표적이다.
[46] 고려공산청년회와 관련 인물에 대한 연구는 고광수(임경석, 「고광수-고문에 스러진 젊은 영혼」, 『역사비평』 62, 역사문제연구소, 2003), 박제환(홍종욱, 「교토 유학생 박제환의 삶과 실천」, 『한국학연구』 40, 인하대학교 한국학연구소, 2016), 김복진(윤범모, 『김복진 연구-일제 강점하 조소예술과 문예운동-』, 동국대학교출판부, 2010) 등이 있다.
[47] 이 시기 격문사건에 대한 연구는 박성식, 「1930년대 대구지방 學生運動의 展開」, 『교남사학』 창간호, 영남대학교 국사학회, 1985이 유일하다.
[48] 아나키스트 비밀결사인 흑전사에 대한 연구는 아직 없다. 흑전사는 1928년 3월 아나키스트 정찬진, 김호구 등이 일본 도쿄에서 조직된 一聲團에 뿌리를 두고 있으며, 기관지 『黑戰』을 발행하였다.
[49] 조선학생전위동맹에 대한 연구는 장석흥, 「조선학생전위동맹의 조직과 활동」, 『한국학논총』 22, 국민대학교 한국학연구소, 2000가 유일하다.
[50] 경성여학생만세사건과 관련된 연구는 아직 없는 실정이다.
[51] 이와 관련된 인물로는 박응선, 박창철, 이형술, 김승려, 김의호, 김성숙 등이 있다.

립운동가 평가를 받거나 독립유공자로 포상되었다. 그렇지만 아직도 제대로 연구가 되지 않아 독립운동가 또는 유공자로 평가받지 못한 인물들이 적지 않다. 예를 들어 '염원형 등 판결문'에서 실형을 받은 인물에 대한 포상 관계를 살펴보면 〈표 12〉와 같다.

〈표 12〉 염원형 등 판결문에서 실형자의 포상 현황

이름	형량	포상 유무	훈격	비고
염원형	징역 5년	유	애족장	2006
안성교	징역 4년	유	애족장	2012
최복덕	징역 2년 6월	무		
정현필	징역 3년	유	애족장	2012
조동민	징역 2년 6월	유	애족장	2012
이종식	징역 1년	유	애족장	2012
김정식	징역 1년	무		
이원수	징역 1년	유	애족장	2012
염달호	징역 8월	무		
최항민	징역 8월	무		
이덕수	징역 8월	무		
김병무	징역 8월	유	애족장	2012
이성복	징역 8월	무		
박병식	징역 8월	무		
김상근	징역 8월	유	애족장	2012
박원식	징역 8월	유	애족장	2013
한봉호	징역 8월	무		
한성칠	징역 8월	무		
이기준	징역 8월	무		
방승욱	징역 8월	무		

〈표 12〉에 의하면 함남 단천군에서 3·1운동에 참여한 인물 20명 중 9명이 독립유공자로 포상을 받았다. 아직 유공자로 포상을 받지 못한 인물이 더 많다는 점에서 보다 적극적으로 재판자료를 활용할 필요가 있다.

한편 '염원형의 판결문'은 박물관의 소장본은 함흥지방법원에서 1919년

5월 20일 생산된 것이고, 공훈전자사료관의 공개본 판결문은 고등법원에서 1919년 10월 16일 생산한 것이다. 때문에 이 두 판결문은 생산기관과 시간적으로 차이가 있을 뿐만 아니라 판결문의 내용에서 부분적으로 다른 점이 보이고 있다. 염원형을 중심으로 전개한 단천지역의 3·1운동을 연구하는 데는 1차적으로 박물관 소장본인 우선적으로 활용되어야 한다. 다만 박물관 소장본 판결문은 일반적인 판결문 양식과 달리 피고인의 본적 및 주소와 직업, 나이 등이 생략되었다는 점에서 어떠한 경로를 통해 필사되었는지를 규명할 필요가 있다〈그림 6〉과 〈그림 7〉 참조).

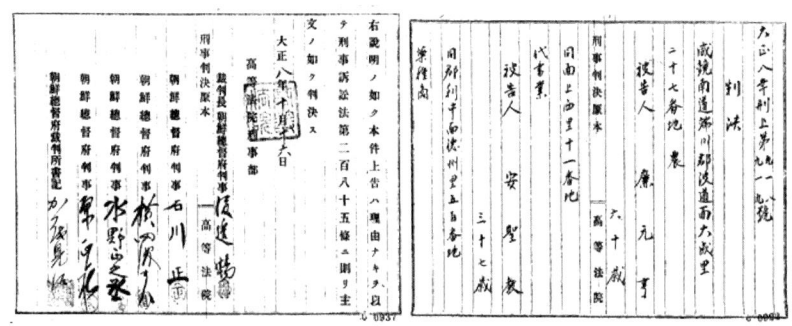

〈그림 6〉 공훈전자사료관의 '염원형 등 판결문(고등법원)'

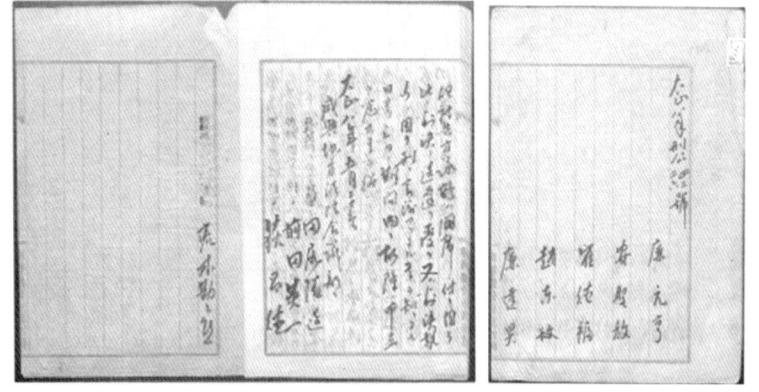

〈그림 7〉 박물관 소장본 '염원형 등 판결문(함흥지방법원)'

뿐만 아니라 박물관에만 소장하고 있는 재판자료 중에서도 아직 독립유공자로 포상을 받지 못한 인물이 많을 것으로 추정된다. 한림, 김용출, 김태희, 황영호, 영윤진, 김경원, 박홍제, 박성녀, 이배근, 김영윤, 김준배, 이인섭, 조진우, 홍종국, 이희일 등이 있다. 물론 이들에 대한 포상은 여러 가지 확인할 자료가 많지만[52] 기본적인 데이터로 재판자료를 활용하는 것이 중요하다고 판단된다.

넷째, 미확인 재판자료의 자료집 발간 및 인터넷 제공이다. 자료는 보존도 중요하지만 활용도 중요하다. 그중에서도 다른 곳에서 확인되지 않고 유일한 자료를 소장하고 있는 경우일수록 자료를 보다 잘 활용할 수 있도록 해야 한다. 모 대학의 경우 자료의 보존에 치중하다보니 일반인뿐만 아니라 연구자에게도 자료를 제공하기를 꺼려하고 있다. 민족운동과 관련된 연구뿐만 아니라 역사분야의 연구는 기초 자료, 즉 사료가 절대적이라고 할 수 있다. 아무리 좋은 구술이라도 꿰어야 보배라는 말이 있듯이, 아무리 좋고 훌륭한 자료를 가지고 있더라도 연구 등 활용할 수 없다면 이미 자료로서 가치를 상실했다고 보는 것이 더 타당할 것이다.[53]

박물관에 소장된 자료는 일반 기관보다 접근하기 더 어려운 것은 주지의 사실이다. 그런 점에서 기독교박물관에 소장하고 있는 미확인 자료는 유일한 자료일 가능성이 매우 크다고 판단된다. 앞서 언급한 바 있는 '민족운동 자료 해제'에만 머물지 말고 자료집을 간행하여 보다 많은 연구자들이 활용할 수 있도록 해야 자료로서의 가치를 높일 수 있을 뿐만 아니라 민족운동 연구의 지평을 확장하는데 기여할 것으로 본다. 나아가 이를 홈페이지를 이용하여 인터넷이라는 공간에 제공함으로써 누구나 활용하고 연구할

---

[52] 독립유공자에 대한 기준이 있는데, 여기에 충족하는가 하는 점에 대해서도 조사가 반드시 필요하다.
[53] 필자의 경우, 천도교 관련 자료집을 간행할 때 모 대학에 있는 자료들을 확보할 수 없어서 제대로 된 자료집을 간행할 수 없었던 사례를 많이 전해 들었다. 대표적인 것이 『천도교회월보』와 『만세보』이다. 때문에 이들 자료집에는 결호가 종종 있다.

수 있는 기회가 제공되어야 할 것이다.

Ⅳ. 맺음말

이상으로 숭실대학교 한국기독교박물관이 소장하고 있는 민족운동 자료 해제집 중 '재판 관련 자료'에 대하여 살펴보았다. '재판 관련 자료'는 73건 87점으로 강점 직후인 1910년대부터 1930년대까지 민족주의 계열뿐만 아니라 사회주의 계열에서 활동한 인물과 사건에 연루된 인물의 판결문, 취의서, 예심종결결정 등이 포함되어 있다. 이 중 가장 많은 부분을 차지하고 있는 것은 판결문이다. 일반적으로 판결문은 피의자가 재판에 회부되어 판결을 받은 내용을 기록한 것으로, 구성 내용은 피의자의 인적 사항과 주문 내용, 판결 이유, 판결 법원, 판결 날짜, 판결 인물 등이 기록되어 있다. 취의서는 재판과 관련된 내용의 근본이 되는 중요한 의의를 기록한 것이며, 예심종결결정은 공소가 제기된 후에 피고의 사건을 공판에 회부할 것인가의 여부를 결정하는 것 또는 본심에 올릴 대상을 가려내기 위하여 미리 하는 심사로 재판에 결정적인 영향을 주고 있다. 예심종결결정 역시 판결문과 거의 동일한 내용을 담고 있다.

재판 관련 자료의 현황을 크게 여섯 가지로 분류하고 있다. 첫째는 '1910년대 암살사건 관련 재판자료'이다. 이 자료는 일제강점 전후와 3·1운동 전후에 있었던 총독 및 친일인물 이완용 암살과 관련된 것이고, 둘째는 3·1운동 관련 재판자료로 3·1운동 민족대표를 포함한 만세시위를 주도한 인물에 대한 판결문 등으로 구성되어 있다. 셋째는 1920년대 민족운동 관련 재판자료로, 이 재판자료는 1920년대 전개되었던 의열투쟁, 격문 배포 등의 민족운동의 재판기록이다. 넷째는 광주학생운동 관련 재판자료로 1928년 11월 전개한 광주학생운동과 관련된 것으로 구성되어 있다. 다섯째는 사회주의·공산주의 활동 관련 재판자료로, 이들 재판자료는 1920년대와 30년에 걸쳐서 활동한 사회주의와 공산주의 관련 인물 및 문건 등으로 구성되어 있다. 여섯째는 1930년대 재판 관련 자료로, 이 재판자료는 1930년대에 전개되었던 의열투쟁, 임시정부, 만주지역 독립운동을 전개한 인물들의 판결문으로 구성되어 있다.

그러나 무엇보다도 중요한 것은 재판 관련 자료의 활용이라고 할 수 있다. 이에 대해서는 첫째, 재판 관련 자료의 비교 검증을 통해 정확하게 활용할 수 있다 점이다. 재판자료는 대부분이 판결문이지만 상고취의서나 사건을 정리한 것이다. 그리고 이들 자료는 지방법원, 복심법원, 고등법원 등 관련 기관을 통해 작성되었으며, 원본을 비롯하여 자료의 정리 보존 및 간행을 위한 활자본, 프린트본(철필), 그리고 이를 재정리하기 위한 필사본 등 여러 유형의 판본이 있다. 본 재판자료의 경우도 간행물을 위한 프린트본이 대부분이고, 소수이지만 활자본과 필사본이 있다. 때문에 이들 재판자료는 기존의 공개된 자료들과 동일한 것이 아니라는 점이다. 그런 점에서 이들 재판자료에 대한 비교 검증이 필요하다고 본다.

둘째는 재판자료를 통한 민족운동 연구의 심화와 확산으로 활용할 수 있다는 점이다. 아직 미확인 내지 미공개된 자료의 경우가 적지 않은데, 이를 토대로 민족운동 연구의 심화를 가져올 수 있다. 셋째는 새로운 독립운동가를 발굴하는데 기초 자료로 활용할 수 있다는 점이다. 박물관에 소장하고 있는 재판 관련 자료에 언급된 인물 중에는 상당수가 독립운동가 평가를 받거나 독립유공자로 포상되었다. 그렇지만 아직도 제대로 연구가 되지 않아 독립운동가 또는 유공자로 평가받지 못한 인물들이 없지 않다. 따라서 독립운동가 발굴에 박물관 소장 자료를 활용하는 것도 의미가 있다고 판단된다.

넷째, 미확인 재판자료의 자료집 발간 및 인터넷 제공이 가능하도록 해야 한다는 점이다. 자료는 보존도 중요하지만 활용도 중요하다. 그중에서도 다른 곳에서 확인되지 않고 유일한 자료를 소장하고 있는 경우일수록 자료를 보다 잘 활용할 수 있도록 해야 한다. 박물관에 소장된 자료는 일반 기관보다 접근하기 더 어려운 것은 주지의 사실이다. 그런 점에서 기독교 박물관에 소장하고 있는 미확인 자료는 유일한 자료일 가능성이 매우 크다고 판단된다. 앞서 언급한 바 있는 '민족운동 자료 해제'에만 머물지 말고 자료집을 간행하여 보다 많은 연구자들이 활용할 수 있도록 해야 자료로서의 가치를 높일 수 있을 뿐만 아니라 민족운동 연구의 지평을 확장하는데 기여할 것으로 본다.

근대전환공간의 인문학
– 외래사상과의 만남, 그 흔적을 찾아서

오지석

근대전환공간의 인문학
- 외래사상과의 만남, 그 흔적을 찾아서*
숭실대학교 한국기독교박물관 소장 자료를 중심으로

Ⅰ. 머리말

 최근 20여 년 가까운 기간 동안 근대 전환기(19세기 말~20세기 전반기)에 관한 다양한 연구가 진행되었다. 이 시기의 한국과 서양 여러 나라들은 물론이고 중국과 일본 사이의 문명교류와 상호인식에 대한 학문적 접근이 다각적으로 이뤄졌다. 특히 이 시기에 전개된 한국학 담론을 생성해나간 문서자료들에 대한 관심 또한 높은 것은 사실이다. 물론 근대전환기의 자료들을 다양한 기관에서 아카이브로 축적하고 있지만 아직 충분하지 않다. 이 시기의 문서들이 제대로 공개되지 않고 있거나 공유되지 않는 게 아쉽다. 이질적인 문물·사상이 자주 접촉하고 대화하게 되면 문화나 사상의 고의적

---

* 이 글은 제1회 숭실대 HK+사업단 학술대회 "〈메타모포시스 인문학〉에서 본 한국기독교박물관 소장 자료의 현황과 활용방안"에서 '제5주제 사유와 사상 관련 박물관 소장 자료의 현황과 활용'으로 발표한 원고를 박삼열, 차봉준 등의 제안을 대폭 수용해 개작한 것이다.

전염이 빈번이 지속적으로 일어나서 전염병처럼 유행이 되고, 그것이 메타모포시스1)를 일으키기도 한다.

근대전환공간에서 이루어진 사유와 사상의 발전사는 외부(서양과 일본/ 중국)로부터의 유입과 갈등, 배제, 무시로 표현되는 흐름과 과학기술을 기반으로 한 차별적 수용론과 사상의 메타모포시스를 요구받았던 사상의 발전사가 녹아있다. 한국의 근대는 서양과 긴밀한 길항관계를 유지한 채 이어졌고, 한국근대철학사상의 정립은 당대의 사상가들의 서양사상에 대한 이해도와 그 대처하는 방식에 따른다. 19세기 후반기의 조선사회는 예상치 못한 서구문명의 반강제적인 유입과 침략적 특성으로 인하여 역사상 유례를 찾아보기 힘들 정도의 내외적 격변기를 겪으면서 여러 철학사상적 대응 논리가 형성되었다. 이 과정에서 많은 지식인들은 새로운 질서를 형성해

---

1) 메타모포시스를 이해하기 위해서 배지연의 글(생물학적 차원)과 문우일의 글(기독교 차원)을 본 아래와 같이 소개하고자 한다.
㉠ 생물학적 차원에서 본 메타모포시스: 생물종의 배아발생(embryogenesis)과정은 형태발생(morphogenesis)과 동시적으로 일어나는데, 이 과정에서 형태(morphose)의 변형(transfomation)을 거치거나 동종 개체에 다른 특성이 나타나는 변이(variation)가 일어나기도 한다. 말하자면, 메타모르포시스는 어떠한 개체가 발생하는 과정에 생성되는 변화의 계기(사건)이며 복합인 운동으로서, 발생과정의 각 지점(혹은 상태) 사이의 차이를 내포한다. 그리고 이러한 차이의 생성과 변화의 과정을 거슬러 올라가면 그것의 발생과정을 추정할 수 있다(배지연, 「최인훈 소설의 발생학적 접근을 위한 시론 - '메타모르포시스(metamorphosis)' 개념을 중심으로」, 『우리말글』 제69집, 우리말글학회, 2016.6.30, 284쪽).
㉡ 기독교 차원 : 바울은 그리스-로마 및 유대 전통이 서로 만나고 영향을 주고받는 상황에서 몸의 변화 가능성을 최초로 예수 전통에서 논한 기독교 저술가이다. 유대 전통에서는 변신 주제가 강하게 나타나지 않을 뿐만 아니라, 변신 주제에 관하여는 고대 유대 및 헬라화한 유대 문헌 연구가 거의 없다. 신약성서 내에서 세례 및 부활에 수반하는 변화와 예수의 변화산에서의 변모와 교회 공동체의 몸 개념 등도 변신 주제와 간접적 연관이 있을 수 있다고 한다. 바울 당시에 지중해 연안에는 신화와 철학과 종교 의식들에서 유래한 다양한 변신들(metamorphoses)과 신격화(apotheosis; divinization; deification)가 유행했다. 바울은 그런 상황에 함몰되지 않고 예수의 삶과 부활에 기초한 독특한 변신 사상을 전개했다. 바울은 자연스러운 삶과 죽음의 절차를 인정하고 세례와 성령을 통한 변화를 추구하되, 외모보다 행동의 변화를 강조했다. 또한 바울은 개인의 점진적 변화뿐 아니라 공동체와 우주적 차원의 갱신을 추구하였으나, 이교도와 영지주의 문헌들은 대개 개인적 변신을 강조했다(문우일, 「변신變身에 대한 바울의 이해 - 낮은 몸에서 영광의 몸으로 -」, 『신학과 사회』 29(2), 2015, 11~34쪽).

가는 이론적 기초를 세우기 위하여 여러 가지 시각에서 다양한 철학사상 논쟁을 유발하였다. 따라서 이러한 격변시기에 이루어졌던 여러 사상적 논쟁의 상관적인 의미를 중층적이고 종합적으로 고찰함으로써 당대를 해명하기 위해서는 보다 정밀한 거울이 필요할 것이다. 이 거울을 숭실대학교 한국기독교박물관 소장 근현대 관련 자료에서 찾아보려한다. 한국기독교박물관은 서울대학교 奎章閣, 국립중앙도서관, 한국학중앙연구원 장서각, 연세대학교 학술정보원, 고려대학교 도서관 등과 더불어 한국을 대표하는 한국학자료 소장 기관의 하나이다. 한국기독교박물관에서 소장하고 등록한 조선중기 이후 해방까지 고문서, 고서, 서화류, 근대 인쇄물류로 분류되는 문헌자료로 등록된 자료는 총 6,997점이고, 고서류 2,667점, 고문서류 1,267점, 근대 자료류 2,729점, 서화류 39점, 지도자료류 116점, 시청각류 178점이다. 그 가운데 근대 자료 기독교 자료뿐만 아니라 인문학자료, 자연과학 및 사회과학 자료 등 3,952점[2])으로 구성되어 있다.

한국기독교박물관 소장 고문헌 목록 (2005)   한국기독교박물관 소장 기독교 자료 해제(2007)   한국기독교박물관 소장 과학·기술 자료 해제(2009)   한국기독교박물관 소장 한국학 자료 해제(2010)

---

2) 숭실대학교 한국기독교박물관 편, 『숭실 품안에서의 반세기 한국기독교박물관』, 2017, 113쪽 <표08> 등록유물 현황(2017년 2월 29일 현재)에 따르면 한국기독교박물관의 등록 유물(2017년 2월 28일 현재)은 총 10,630점인데 그 가운데 서지유물은 고서 2,667점, 고문서 1,267점, 근대 자료 2,724점, 서화 39점, 시청각 177점이고 고고 미술유물은 금속 1,125점, 옥석 1,120점, 골각 41점, 토도 1,231점, 목죽초칠 73점, 피모지직 35점, 의상 13점, 기타 2점이다. 여기서 인용한 「박물관근현대자료목록」은 2018년 6월 4일(현재) 자료이다.

이 연구의 주제와 관련하여 우선 살펴보아야 할 자료로 『한국기독교박물관 소장 고문헌목록』(2005년 2월)과 「박물관근현대자료목록」(2018년 6월 4일 현재)을 중심으로 '근현대철학사상 및 기독교사상 문헌 자료 목록'을 작성하고, 한국기독교박물관 소장 한국학 관련 자료 가운데 137건 200점을 문집류, 문학, 역사일반, 경세・종교사상・언어・교육・서간, 기타로 배열해 해제한 『한국기독교박물관 소장 한국학 자료 해제』(2010년 12월),3) 박물관 소장 과학・기술 자료를 자연과학, 천문학, 지리학, 기술학, 농학, 군사학, 과학 일반으로 분류 해제한 『한국기독교박물관 소장 과학・기술 자료 해제』(2009년 2월)4)와 기독교사상 자료 관련해서는 박물관 소장 자료 가운데 대표적인 362점을 선별해서 성경, 신앙교리서, 개신교회사 일반, 천주교, 기타 순으로 해제한 『한국기독교박물관 소장 기독교 자료 해제』(2007년 1월)와 한국기독교 선교 130주년 기념 기획특별전 도록 『근대의 기억, 신앙의 기록－예수교서회의 문서운동』(2015년 10월), 전시 도록 『서양인이 본 근대전환기의 한국・한국인－영천 김정훈 기증문고를 중심으로』(2012년 5월)5)를 중심으로

---

3) 향후 연구를 위해서 더 참고해야 하는 한국학 자료는 다음과 같다.
 소장 유물을 도록으로 영인한 자료 가운데 한중교류사의 주요한 그림 자료인 『한국기독교박물관 소장 燕行圖』(2009년 2월)와 이양선의 잦은 출몰을 대처하는 흥선대원군과 당시 상황에 대한 서찰을 중심으로 엮은 『숭실대학교 한국기독교박물관 소장 興宣大院君筆帖』(2014년 1월), 청나라 문사와 조선 지식인의 교류의 흔적인 『숭실대학교 한국기독교박물관 소장 中士寄洪大容手札帖』(2016년 2월) 그리고 19세기 초반 청나라 선비들이 홍대용의 손자인 홍양후에게 보낸 편지 37통을 모아 영인본과 탈초・번역문을 엮은 『숭실대학교 한국기독교박물관 소장 古稊燕士』(2016년 10월).
4) 과학사상과 관련해 참고해야 할 자료는 박물관 소장 고지도, 천문지리서 가운데 자료적 가치와 보존 상태를 고려해 고지도 100여 점과 천문지리서 50여 점을 영인 해제한 도록 『옛지도 속의 하늘과 땅』(2013년 1월)이다.
5) 기독교사상과 관련해서 다음과 같은 자료를 추가로 살펴볼 필요가 있다.
 가. 기독교 관련 영인도록 5권
  『니벽선생몽회록・류한당언행실록・사후묵상』(2007년 1월), 『箕山 김준근金俊根 조선풍속도』(2008년 2월), 『기산箕山 김준근金俊根의 기독교미술－<텬로력뎡> 삽도』(2009년 12월), 『월남 이상재 선생 옥사기록 공소산음共嘯散吟』(2012년 1월), 『기독교 민족사회주의자 김창준 유고』(2011년 1월)
 나. 베어드 총서 11권
  『명심도』(2013년 1월), 『신도쾌락비결』(2013년 1월), 『사복음대지』(2013년 1월), 『예

근대전환공간의 인문학의 메타모포시스의 양상을 추적해보고자 한다. 또한 해제자료에서 언급되지 않은 문헌들 가운데 일부를 소개하여 기존의 기독교사상 분야에서의 연구 성과를 보완하고, 보다 깊은 연구를 하는데 기여할 수 있을 것이다. 달리 말하면 이 연구는 한국기독교박물관 소장 근현대문헌 자료와 미공개 유물 가운데 철학과학사상과 기독교사상(윤리학) 관련자료 중심으로 연구의 기초자료로 삼아 근대전환공간에서 '문화의 메타모포시스'를 찾아보려는 시도이다. 본문은 두 부분으로 구성된다. 본문 앞부분에서는 "西學에서 新學으로"라는 주제로 외래사상과의 만남, 배척 그리고 수용과 변용의 과정을 한역서학서와 韓譯西洋書의 문헌자료 등에서 찾아볼 것이고, 뒷부분에서는 "格物致知에서 格致로, 다시 科學으로"라는 인식을 바탕으로 박물관 문헌자료를 통해 서양기술과학을 대하는 조선지식인들의 생각의 흐름에 다가서고자 한다.

II. "西學"에서 "新學"으로

1. 결이 다른 두 흐름('西學에서 新學으로')

19세기는 窮變의 시대라 할 수 있다. 왜냐하면 19세기가 되자마자 辛酉敎難(死獄, 迫害)로 불리는 儒學과 西學(기독교)의 충돌이 일어나고, 체제·반체제의 갈등으로 표현할 수 있는 1811년 西難(홍경래의 亂), 잦은 異樣船의 출몰, 양반체제의 정당성 상실을 드러낸 동학농민항쟁(1894년) 등이 일어나 궁지에 몰려 내부에서의 변화를 꾀할 수밖에 없었고, 외부의 힘이 우리를 변화시키고 있었기 때문이다.

『수사적그림』(2014년 1월), 『평민의 복음』(2014년 1월), 『샛별젼』(2014년 10월), 『고영규젼』(2014년 10월), 『하나님께로 가는 길』(2014년 10월), 『쟝자로인론』(2015년 10월), 『쥬재림론』(2015년 10월).

개항과 개화의 물꼬가 터지자 더 이상 東道에만 머무르지 않고 비판하며 西道를 따르는 무리들이 등장하며 자신들의 생각을 펼친다. 이들은 조선사회의 근간인 주자학을 주저함 없이 비판하였고, 주자학뿐만 아니라 우리의 모든 전통 학술과 문화를 함께 '舊學'이라 부른다. 이제 이전의 서학[6]이 아닌 '서양의 新學' 수용을 거리낌 없이 이야기할 수 있는 분위기가 되었다. 西道와 西器의 관계가 마치 한 나무에 있는 뿌리와 가지·잎의 관계처럼 서로 떼어놓고 생각할 수 없고 또 서기를 성공적으로 수용하기 위해서는 서도를 적극적으로 수용하고 연구해야 한다고 주장하는 西道論者들이 등장[7]한다. 이들의 등장은 구학과 신학의 논쟁을 불러일으킨다.[8] 1880년대에 이르면 서양식 연활자가 도입된다. 이 일은 전통사회에서 근대사회로 이행을 촉발한 계기가 되었다. 달리 말해 근대인쇄기술을 통해 신서적이 대량으로 보급되었고, 신서적은 "서구사조를 직·간접적으로 소개한 서적 또는 그 영향을 받아 국내에서 제작·보급된 서적 일반"[9]을 뜻한다. 이것은 조선에도 지식의 대량생산과 대량 소비가 가능한 시대가 열렸음을 알리는 신호가 되었다.[10] 이러한 분위기에서 『독립신문』을 중심으로 '부강한 서양을 만든 것은 기독교'라는 생각이 퍼진다. 이 시기부터 조선에는 서양 기독교 선교사들이 국내에 들어와 왕성한 활동을 한다. 이광래의 표현에

---

[6] 김선희는 서학에 대해 다음과 같이 정의한다. "예수회의 중국 진출이후 수세기에 걸쳐 중국에서 이루어진 예수회의 지적, 종교적 도전의 결과를 '서학'이라 부른다."(김선희, 『서학, 조선 유학이 만난 낯선 거울 - 서학의 유입과 조선 후기의 지적 변동』, 모시는사람들, 2018, 15쪽) 또한 서학은 官學과 異學 사이이다. 서학은 예수회가 번역을 통해 전달한, 당시 중국보다 발전된 르네상스 시기의 분과 학술로 여겨진다(김선희, 「지식의 중첩과 혼종 - 서학의 도전과 조선 지식장의 대응」, 『제3회 숭실대학교 인문한국플러스(HK+)사업단 학술대회 발표자료집』, 숭실대학교 인문한국플러스사업단, 2019.1.17, 53~54쪽).
[7] 본격적인 西道論의 등장은 독립협회의 『독립신문』 1899년 8월 19일자 논설에서 찾아볼 수 있다. 홍원식, 「한국근대철학사, 그 관점과 방법을 생각하다」, 『시대와 철학』 제24권 3호.(통권 64호), 한국철학사상연구회, 2013, 39쪽.
[8] 홍원식, 위의 글, 41쪽.
[9] 李鍾國, 「韓國의 近代印刷出版文化 硏究」, 『印刷出版文化의 起源과 發達에 관한 硏究論文集』, (사)한국출판학회, 1996, 81쪽.
[10] 박천홍, 『활자와 근대 - 1883년, 지식의 질서가 바뀌던 날』, 너머북스, 2018, 10쪽.

따르면 이들의 활동은 상호텍스트의 조우와 교류를 통한 언설의 전염이나 감염이라 할 수 있겠다.[11] 이제 조선의 지식사회나 독자들 가운데 조선이 부강해지려면 기독교를 믿고 따라야 하고[12] 유학과 단절해야 한다는 생각이 지배한다. 하지만 이에 동조하지 않고 서양 철학에서 그 길을 찾으려 시도하는 이들도 등장한다. 또 다른 부류의 사람들은 서양의 부유함은 기독교가 있다고 인정한 뒤, 우리의 역사적 현실을 볼 때 기독교보다는 유학이 더 적합하다고 주장한다. 그런데 이때의 유학은 서도를 바탕으로 기존의 유교를 비판적으로 변용·계승한 것이다. 이들은 유교를 어떻게 변용할 것인가에 따라 다른 편에 서게 된다. 애국계몽사상가들의 등장은 중국의 변법사상, 서양의 근대 계몽사상, 사회진화론 수용과 밀접하게 연결된다. 풍전등화 같았던 조선의 상황은 조선의 지식인들 사회를 유교를 비판적으로 계승하려는 이들과 유교를 완전히 청산하는 쪽으로 나눠졌다. 동도를 더 이상 보존하기가 불가능하다고 보고 유교에 대한 깊은 생각으로 비판하면서 유교의 變通과 求新을 추구한 부류의 사람들이 있다. 그 가운데 '儒敎求新'을 강조한 사람이 朴殷植(1859~1925년)이다. 마지막으로 '동도'의 변화를 유학이나 전통사상에서 찾을 필요 없고 동서철학사상의 만남에서 새로운 '동도'를 제시하려는 이들이 나타난다. 그들 가운데 대표적 인물이 全秉薰(1857~1927년)이다. 그는 동서철학사상의 회통론적 입장에서 동도론을 변용하면서 현실 극복의 논리로 사용하고자 한다.

근대전환공간의 인문학이라는 주제로 박물관의 자료를 살펴보다 보면 서양외래사상과 문물이 여러 형태로 전해져 오는 양상을 발견할 수 있다. 15·16세기 중국과 일본은 예수회 선교사를 비롯한 가톨릭 선교사들을 통해 직접적으로 서구의 학문, 종교, 기술을 전달받았다. 하지만 16세기 말

---

[11] 이광래·후지타 마사카쓰편, 『서양철학의 수용과 변용-동아시아의 서양철학 수용의 문제』, 경인문화사, 2012, 12쪽.
[12] 월남 이상재와 같은 인물은 여기에 속한다고 할 수 있다. 한국기독교박물관에서 2012년 간행한 월남 이상재의 옥사기록 『공소산음共嘯散吟』을 읽어보면 그 흔적을 찾을 수 있다.

이후 한국과 서양의 만남은 주로 북경으로 使行을 가서 구하거나 천주당의 선교사들이 선물로 전한 西學書13)를 통해서였다. 특히 한국기독교박물관에 전시되어 있는 지도 가운데 서학의 시대가 열렸음을 알린 것은 다름 아닌 예수회 선교사 利瑪竇(Matteo Ricci)가 제작한『兩儀玄覽圖』(1603년)이다. 이 지도는 중국인의 세계관에 天崩之裂을 불러 왔다고 평가받는다. 달리 말해 견고했던 중화의 세계, 화이의 세상이 조금씩 금이 가게 되었다는 것이다. 왜냐하면 지도를 통해서 동아시아인들은 天下가 萬國으로 다시 一國으로 변화하는 것을 깨닫게 되었기 때문이다. 예수회 선교사들은 오랜 기간 동안 서학서를 발간하였다. 明末 李之藻는 이 서학서들을 묶어 1629년『天學初函』으로 간행한다. 이 책은 理篇 10종과 氣篇 10종 총 20종 52권으로 구성되어 있다.14) 서학 관련 박물관 소장 자료로는『천학초함』에 포함되어 있는『천주실의』,『칠극』뿐만 아니라 한글로 번역된 가톨릭 교리서와 다양한 과학·기술서 및 지도, 그림, 문서, 물품들이 있다. 그래서 서양외래사상의 전파의 과정을 서학이라는 눈으로 볼 수 있다. 한국(조선)의 이질적인 사상문화와의 만남은 직접적 접촉이 없는 가운데 일어났다. 특히 서학서로 만난 서구사상은 당대 많은 지식인들에게는 새롭게 배워야 하는 학문이라기보다는 斥邪15)의 대상일 뿐이었다. 그러다보니 외래 사상과의 만남양상

---

13) 조선후기(17·18세기) 지식인 사회의 외국서적 수용에 관한 연구는 크게 세 부분으로 나눌 수 있다. 첫째, 국가가 필요한 서적을 수입하는 경우, 둘째, 연행사로 가서 북경의 유리창 등에 가서 사적으로 구입하는 경우, 셋째, 천주당을 방문할 때 선교사들이 선물로 전하는 경우 등이다.

14)『천학초함』의 이편과 기편의 구성을 살펴보면 다음과 같다.
　　이편 : 艾儒略 Aleni,『西學凡』1권,『職方外紀』5권, 利瑪竇 Matteo Ricci『天主實義』상하 2권,『辨學遺牘』1권,『畸人十篇』상·하 2권,『交友論』1권,『二十五言』1권, 畢方濟 Francois Sambiasi『靈言蠡勺』2권, 龐迪我 Pantoja『七克』7권, 李之藻『唐景敎碑書後』1권.
　　기편 : 熊三拔 Sabbathin de Ursis『泰西水法』6권,『簡平儀說』1권,『表度說』1권, 利瑪竇 Matteo Ricci『渾蓋 通憲圖說』상·하 2권,『同文算指』전편 2권, 후편 8권,『幾何原本』6권,『圜容較義』1권,『測量法義』1권,『勾股義』1권, 陽瑪諾 Diaz『天問略』1권.

15) 김선희는 조선에서 斥邪論이 지속된 것은 이단이 강력했기 때문만이 아니라, 즉 강력한

은 적극적 수용의 모습보다는 갈등, 대립, 충돌의 양상16)을 띠게 되었다. 미국 페리제독의 黑船 함대 등장은 굳게 닫고 있던 동아시아의 바다를 열었고 그 여파는 우리에게도 영향을 끼치게 되어 海禁정책을 이어오던 조선에 倭와 洋夷들이 흑선을 타고와 개항을 요구하는 데 이르게 된다. 이제까지의 聖學과 邪學의 대결의 모습이 아니라 또 다른 '서양읽기'가 필요하게 되었다. 다시 말해 개항은 한국의 근대전환공간의 장이 되었기 때문에 이제 더 이상 이념으로만 막거나 외면할 수 없는 서구의 사상과 문물을 어떻게 이해하고 처리해야 하는가라는 문제와 씨름하게 되었다는 것이다.17) 이병수의 말처럼 한반도(한국)에서 구현된 근대전환공간이란 전통사회가 제국(倭洋)과 조우하면서 양자의 상호작용을 통해 형성된 것이며 서구적 근대성의 일방적 이식으로만 볼 수 없다.18) 여기서 말하는 근대전환공간이란 서구에서 기원하면서 비서구적 지역으로 확산, 단순히 이식되는 현상이 아니라, 서로 다른 문명권에 속하는 나라들이 만나면서 전개되는 현상 또는 장이다. 그렇기 때문에 단지 극복해야 하고 전근대적인 잔재로 여겨지는 전통 문화적 요인들은 근대전환공간에 어긋난다기보다 한국 근대전환공간을 구성하는 중요한 요소가 된다 할 수 있다.19) 우리의 근대전환공간에서 '전

邪가 전면에 등장했기 때문이 아니라 正의 진정한 계승자가 누구인가를 가리기 위한 내부 경쟁에서 발화되었을 가능성이 높고, 이것은 정통의 주도권을 가리거나 정통을 계승했다는 명분을 확보하고자 하는 정치적 선언과 연결되어 있는 경우가 많다고 보았다. 그리고 조선에는 주자학에 실질적으로 위협이 될 이단이 존재하지 않았고, 불교, 노장, 양묵 등의 폐해에 대한 언급은 관습적 발언이었으며, 새로운 척사의 대상이 등장한 것은 18세기 이후인데, 중국에 진출한 예수회원들에 의해 중국과 조선에 소개된 서양의 학문과 종교적 사유 즉 '서학'이 확산되었기 때문이라고 한다. 다시 말해 18세기 이후 조선에서 척사의 대상이 된 것은 바로 서학이다(김선희, 「4장 서학(천주학) 비판 - 영남학파의 서학 대응과 지식 권력」, 이용주, 박종천, 박원재, 김미영, 김선희, 『조선유학의 이단 비판-이학집변을 중심으로』, 새물결 출판사, 2016, 290~291쪽).
16) 이것은 낯섦과 거부로 표현할 수 있을 것이다.
17) 홍원식, 앞의 글, 37쪽.
18) 이병수, 「한반도 근대성과 민족전통의 변형」, 『시대와철학』 제23권1호, 한국철학사상연구회, 2012, 315쪽.
19) 이병수, 위의 글, 316쪽.

통과 근대'는 이렇게 표현할 수 있을 것이다. 근대는 동경과 저항의 대상이며, 전통은 부정과 집착의 대상이다.[20] 한편으로 근대는 따라야 할 규범이고 전통이란 근대의 장애물이라고 여기고, 다른 한편으로 서구적 근대, 제국주의적 근대와 구분되는 우리만의 고유한 정체성을 전통에서 찾으려 하였다.[21] 이러한 현상은 대립하는 두 층위가 되기도 하였지만, 어떤 때는 한 공동체 안에서 발생하기도 하였다. 그렇기 때문에 우리의 근대전환공간은 전통과 식민지적 근대와 만나 접합, 접변한 과정과 결과이다. 따라서 서구의 근대를 그대로 수용한 것이 아니라 일제강점기와 한국전쟁, 그리고 냉전과 탈냉전의 역사적 경험을 통해 전통과 근대의 복잡한 접합, 접변이 이루어졌고 그 결과 다른 나라에서 쉽게 찾아볼 수 없는 근대의 길을 걷고 있다.

이렇게 근대전환공간을 잠정적으로 정의할 수 있다면, 개항 이전에 만났던 西學(西敎)과는 사뭇 다른 서도 또는 종교(프로테스탄트)[22]의 출현과 수용을 우리의 근대전환공간에서 본격적으로 서양학문(新學)이 등장하는 것과 궤를 같이 한다고 할 수 있다. 신학이 적극적으로 수용되는 때는 개항기부터

---

[20] 이병수, 위의 글, 같은 쪽.
[21] 이병수, 위의 글, 같은 쪽.
[22] '종교'는 서양어인 religion의 번역어이다. 일본에서 만들어진 후 중국과 한국 등 한자문화권에 퍼졌다. 우리나라에서는 1883년 11월 10자 『한성순보』 기사 가운데 종교라는 용어가 처음으로 등장한다. 물론 敎, 道, 學 등이 종교 개념으로 작동하기도 하였지만 여기서 사용된 종교라는 개념에는 당시 재편되고 있는 동아시아의 질서와 밀접한 관계가 있다. 달리 말해 '종교'개념은 일본과 서양 제국의 만남의 산물, 즉 일본이 서양의 제국주의적 자본주의 세계로 뒤입되는 과정에서 발생한 국제식 심지 박학의 산물이나. 특히 조약의 체결과 법조문의 번역 과정에서 religion이라고 표현되는 서구적 문화 현상을 표현해야 하는 요구가 발생했다. 그때의 종교religion는 '기독교christianity'를 가리킨다. 당시 일본 지식인들 사이에서는 religion의 유무가 한 국가의 문명 정도를 평가하는 기준이 될 수 있다는 암묵적 합의가 형성되고 있었다. 일본 근대화의 목표가 된 서양의 문명국가들은 종교(기독교)를 가지고 있고, 그렇지 못한 조선이나 중국 혹은 일본 등 비 문명국가는 종교(기독교)를 가지고 있지 못하다는 종교 유무를 기준으로 문명 정도를 평가하는 문명의 단계론적 도식이 그것이다. 이렇게 '종교' 특히 기독교는 '문명의 표지'로서 동아시아 사회에 처음 소개되기 시작했다(이용주, 『동아시아 근대사상론 - '전통'의 해석과 창조』, 이학사, 2009, 269~271쪽).

1910년 정도까지이다. 이 시기는 아직 서양식 근대교육제도가 뚜렷이 확립되기 전이다. 신학의 수용도 체계적으로 이루어진 것이 아니어서 당대 수용한 서양 근대학문의 분야가 분명히 나누어지지 않았고 또 학문분류도 분명하지 않다. 그렇다 하더라도 당대 서구학문의 수용의 흔적과 갈등 현장은 문헌자료를 통해서 찾아볼 수 있기 때문에 서학에서 신학으로 이행하는 과정을 추적해볼 수 있다. 특히 박물관의 자료를 살펴보다 보면 서양외래사상과 문물이 들어오기 시작한 16세기 초반부터 일제강점기까지의 일관된 흐름을 발견할 수 있고 그것을 '서학에서 신학으로'라 표현할 수 있다.

2. 漢譯西學書 그리고 韓譯西洋書의 문헌가치

한국이 서양학문을 수용하는 과정은 중국을 매개로, 일본을 매개로 하는 과정과 직접 서양을 접하는 과정으로 크게 나눌 수 있다. 한반도는 朝日·朝淸전쟁 양란 이후 1876년의 강화도 조약이 있기 전까지 海禁정책으로 인해 국제적으로 고립을 자초하여 한반도에서 접할 수 있는 해외 문물은 교역국이었던 중국과 일본만을 통해서였다. 이웃국가 중국과 일본은 서양이 상상 속 존재가 아니라 뚜렷한 물리적 실체임을 명확히 인지하고 있었다. 하지만 조선은 국제적 감각을 잃은 채 물리적 실체를 인지하지 못하고 있었다. 동아시아에서 문화적 교류의 시작은 1583년 이마두가 광동 肇京에 도착하고 1601년 북경에서 明 神宗을 만나 북경에 상주하게 되었을 때부터라 할 수 있다. 중국 내에서 상주가 가능해진 가톨릭 선교사들은 서양의 책을 한문으로 번역했고, 서양의 물건을 가져와 소개했다. 이것들은 조선에도 전해졌다. 북경의 서양인은 조선이 간접적으로 서양과 만나고 체험하는 窓이었다. 조선 지식인이 경험할 수 있는 서양은 두 가지 형태라 할 수 있다. 하나는 서양지식은 책 또는 텍스트 형태(서학서)이고, 또 하나는 물건이다. 서양에서 건너온 물건 가운데 대표적인 것들이 안경, 망원경, 유리거울, 자명종, 양금 등이다.[23] 서양지식은 주로 책 또는 텍스트들로 들어왔다. 이 경우 『천학초함』의 분류에 따라 각각 리·기편으로 분리할 수 있다. 조선 지식인들 가운데 리편 중심 수용은 서교(天主學)로 나타나고 기편 중심의 수용은 경화세족 중 일부분만 이해한 과학, 천문학, 수학의 영역에서 그 흔적을 남겼다. 이와 같은 형태의 서양 지식 수용상황은 대개 1870년대까지 이어졌다. 이 수용과정의 기록 가운데 하나가 『燕行錄』[24]이고, 교섭의 증거가 서양에서 전래된 물건이다. 이것은 서양 지식의 조선 전래 과정에서 나타나는 특징 가운데 하나이다.

서양인 선교사가 한반도에 직접 들어오지 않았어도 조선 지식인들의 새로운 문화 수용에 대한 갈증은 西學熱을 불러왔다. 이에 대해 안정복은 「天學考」에서 "서학서가 선조 말년부터 우리나라로 흘러들어 이름난 정승과 학식이 뛰어난 유학자들도 이를 보지 않은 사람이 없었으며, 마치 제자백가의 저서나 도교·불교의 서적과 같이 서재에 갖추어 두고 가까이 하였다"라고 표현했다. 오직 서적과 북경 천주당을 방문해 천주교 전교사들과 만남을 통해 전해진 서학은 조선 지식인들에게 기독교 선교의 도구가 아니라 중국을 경유해서 들어온 새로운 지식의 일종이다.[25] 이런 맥락에서 도

---

[23] 숭실대학교 한국기독교박물관 소장 및 전시 유물 가운데 서양과 중국을 통해 서양과 교류한 흔적이 텍스트, 그림, 물건으로 남아 있다. 북경 천주당을 통해 조선으로 전해진 서학서 가운데 과학기술서로는 利瑪竇의 『幾何原本』(유물번호 IA3744), 高一志의 『공제격치』(유물번호 IA 1937), 湯若望의 『西洋新法曆書』(유물번호 IA 2224, 2225, 2226) 그리고 물건으로 중국에 와있던 선교사에게 건네받은 〈千里鏡〉과 북경 천주당의 신부들에 의해 만들어져 사신으로 북경에 갔던 조선관리가 가져온 것으로 추정되는 〈自鳴鐘〉이 있다. 강명관, 『조선에 온 서양 물건들』, 휴머니스트, 2015, 12~13쪽.

[24] 서양인을 만난 이야기를 담은 이노춘의 『북연기행』天(유물번호 IA1837)·人(유물번호 IA1810), 홍대용의 『담헌연행기』(유물번호 IA2045)가 대표적이고, 연행의 노정을 그린 『燕行圖』 등이 있다.

[25] 조선과 청의 관계가 안정을 찾자 18세기 조선인과 서양인(선교사)의 만남은 북경 천주당을 중심으로 이뤄졌다. 17세기와는 달리 천주당(남당, 북당)은 방문하기 어려운 곳이 아니라 使行으로 북경에 머무르게 되면 으레 방문하는 장소가 됐다. 조선인들의 천주당 방문 목적은 주로 천문, 역학 분야의 새로운 성과를 얻기 위한 것이었고, 조선 사신을 만나는 서양 선교사들의 관심은 기독교 전파였다. 이런 양상은 서학에 대한 조선 지식

입 초기부터 서학이 곧바로 벽이단론을 촉발했던 것은 아니다.26) 그 결과 서학서들이 한글로 번역되기 시작하고, 전파되었고 조선인들은 자신들의 서학이해를 바탕으로 글과 서적을 남겼다.

우리는 이 흔적을 박물관 소장 자료들을 통해 살펴볼 수 있는데 한국천주교의 창설자의 한 사람이며, 한국인 최초의 영세자인 이승훈(세례명 베드로)의 유고집인 『蔓川遺稿』, 한국 천주교의 대표적 창설자인 이벽의 『聖敎要旨』(한글필사본)과 『聖敎要旨』(한문본), 이벽의 생애와 사상을 몽회록의 형식으로 소개한 『니벽선생몽회록』, 이벽의 첫 부인인 류한당 권씨의 내훈서인 『류한당언행실록』,27) 『예수성탄ᄌ시지셩경』, 1800년 李學逵가 기록한 「庚申會規範」, 「庚申會序」, 丁若鍾의 한글 천주교리서 『쥬교요지』, 『ᄉ후묵샹』 등으로 남아있다.

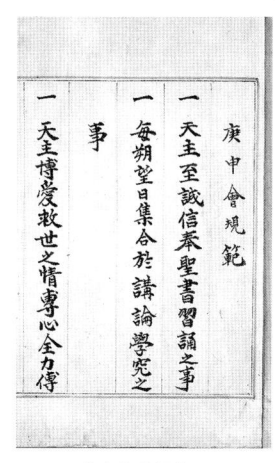
『庚申會規範』

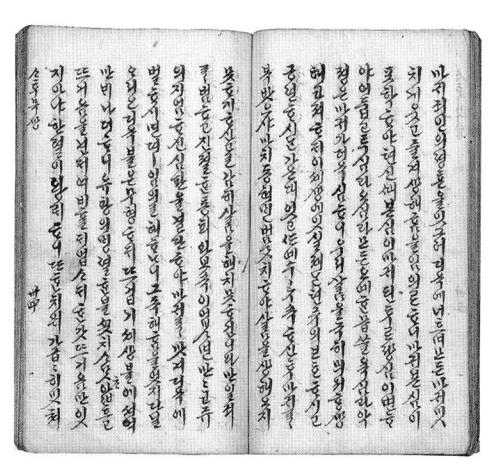
『ᄉ후묵샹』

인들의 생각에도 그대로 전해진다.
26) 김선희, 앞의 글, 291쪽.
27) 최근 위작 시비가 끊임없이 나오기는 하나 서양문화의 접변 속에서 등장하는 현상 가운데 하나로 이해할 수 있다.

근대전환공간의 인문학이라는 주제로 박물관의 자료를 살펴보다 보면 서양문물이 들어오면서 펼쳐진 갈등, 배제, 충돌의 흔적과 적극적 수용과 변용의 모습을 발견할 수 있다.

서학, 천주교 문제가 불거진 초기 단계에서는 18세기 후반 정조(1752~1800년)가 취한 온건한 포용적 회유정책이 주류를 이루었으나 19세기 초반 정조 사후 정권을 잡은 노론 벽파는 순조의 辛酉敎獄(1801년)을 기점으로 강경한 禁壓정책으로 천주교 박해를 본격화한 후 약간 완화된 강경책을 유지한 안동 김씨 중심의 세도정치시기를 거쳐 19세기 후반 흥선대원군 이하응 집권기에는 丙寅洋擾(1866년)와 辛未洋擾(1871년) 등 서양 군대와 물리적으로 충돌하는 과정을 거치면서 폐쇄적인 斥洋정책이 심화되어 철저한 탄압정책은 최고조에 이르렀다. 19세기 말에 고종은 개화정책을 펼치면서 1886년에 조불수호통상조약을 통해 종교의 자유를 허용하는 한편, 1899년에는 『尊聖綸音』으로 유교 정치의 수장으로서 종교 문화의 새로운 위계질서를 구축하려고 시도했다.

조선 정부의 천주교정책은 18세기 후반의 포용에서 19세기의 탄압으로, 19세기 후반의 봉쇄에서 19세기 말의 개화로 시기마다 정도와 양상을 달리했다. 중앙 정부가 2세기에 걸쳐 포용적 衛正論에서 배타적 척사론을 거쳐 패쇄적 척양론을 지나 개방적 개화론으로 정책을 바꾸는 동안 지방의 유교 지식인들은 대체로 배타적인 이단 비판론을 견지하면서 19세기 위정척사 운동에 적극 나섰다.

성호 이익을 중심으로 근기남인은 서학수용에 대해 경계하기도 하고, 서학을 수용하고자 하는 세력으로 나뉘어졌다. 이를 역사에서는 攻西派와 信西派라 부른다. 성호 문하에서 신서파가 사대부의 사회뿐만 아니라 일반 민중에게까지 그 세력을 확장하자 이에 가장 민감하게 반응한 것이 같은 성호 문하의 신후담·안정복이고, 뒤따라 홍낙안·이기경 등의 공서파, 그리고 정부의 공식적인 금령으로 나타났다. 그리고 그에 따라 발생한 충돌과 갈등의 모습을 斥邪라는 관점에서 고스란히 담았다. 그리고 외래사상을 수용해 자기 것으로 삼은 이들의 흔적을 致命이라는 이름을 넣어서 기록해 놓았다.

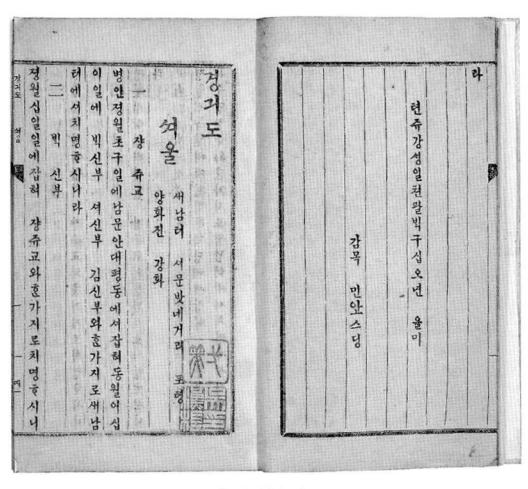

『치명일기』

먼저 충돌의 흔적을 "벽위에서 위정척사"로 표현할 수 있다. 이익과 신후담의 저술에 담겨진 서학에 대한 생각은 조선 지식인 사회의 가이드라인과 같다. 그래서 이 문헌을 중심으로 해서 星湖 李瀷家의 『闢異淵源錄』(1879년, 성호 이익 집안에서 서학을 배척한 사실과 관련한 기록을 모아놓은 필사본), 李晩采 편의 『闢衛編』(1931년, 1785년부터 1856년까지 천주교의 탄핵과 관련된 문헌들을 모은 것), 「邪學懲義」(1801년, 천주교 박해에 관한 정부 측 기록을 수집 정리한 것), 憲宗의 『諭中外民人等斥邪綸音』(1839년, 기해박해 천주교 박해와 척사론에 대한 정부의 공식 견해를 담은 왕의 교서 한글/한문 본), 韓翊徹의 「斥邪文」(1866년, 야소학을 신랄하게 비판하는 척사문), 黃必秀의 『斥邪說』(1870년, 천주교를 배격하는 벽위론)을 묶고, 李紹膺의 「洋物論」(1876년, 서양을 배척하는 주장을 편 국문 필사본), 柳基一의 「斥洋錄」(1876년, 화서학파의 위정척사운동을 연구할 수 있는 국문 필사본), 洪在龜의 『正俗新編敢贊』(1899년, 점차 가

『闢異淵源錄』

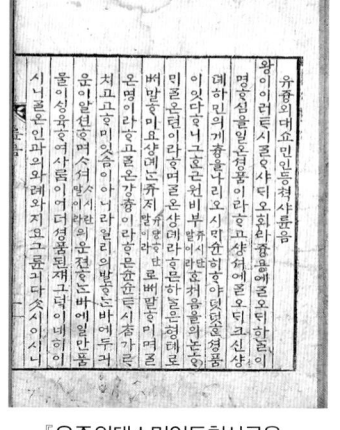
『유즁외대쇼민인등쳑샤륜음』

중되는 외세의 침입에 맞서 전통적인 윤리의식을 고취하고 물질문명에 현혹되는 세속을 바로잡으려는 의도를 담은 책)을 엮어서 韓西사상의 갈등의 모습을 그려 볼 수 있을 것이다.

개항 이전 중국의 양무운동에 관한 저작물이 많이 읽혔다. 역관 오경석은 1853년 이래 북경과 천진을 왕래하면서 서양의 부국강병술을 배워야 한다고 이야기하기 시작했다. 특히 아편 전쟁 이후 쓰인 魏源의『海國圖志』와『瀛環志略』(유물번호 IA4292), 그리고 미국인 선교사들이 발간한 월간 잡지 『중서견문록』을 가지고 돌아왔다. 이러한 서적은 개화파의 한 원천이 되었다. 개국 이전에 개화파의 형성에 영향을 준 책 가운데 사상사적으로 중요한 의미를 갖는 것은『영환지략』과『해국도지』라 할 수 있다.

개항으로 상징되는 서구문명의 유입은 근대전환공간의 장에서 커다란 변동을 가져왔다. 개항기에 있어서 우리에게 막대한 영향을 준 주요외국서적은 거의 중국의 서적이나 그 당시 중국에 머물던 외국인 선교사들의 저작물이었고, 물론 일본서적의 영향이 점차로 확대되었다.

1880년대 조선에 유입된 중국책과 잡지는 역사, 지리, 자연과학, 정치와 법률 등 다양한 분야에 걸친 것이었다. 당시 수용된 인문사회과학 쪽의 중국서적으로는 역사지리서인 『해국도지』, 『영환지략』, 『지구설략』 등과 정치 법률서적인 『조선책략』, 『만국공법』, 『홍아회잡사시석』, 『이언』이었고, 신문잡지 종류인 『만국공보』, 『중서견문록』, 『격치휘편』 등이 있었다. 1883년 5월에 『이언』이 복간되고 한글 번역본까지 간행되었다. 이 흔적이 박물관 근현대서지 몇 몇 유물로 고스란히 남아있다.

개항기 이후 개화파 지식인들은 루소의 『사회계약설』, 몽테스키외의 『법의 정신』, 아담 스미스의 『국부론』 등을 직접 읽지는 않았으나, 주로 그들 사상이 소개된 중국서적이나 일본서적을 통해 접했다. 그리고 미국이나 유럽으로부터 서양사상을 직접 수용한 경우는 1910년까지 매우 드물지만 미국 유학생과 박정양 등의 '친미개화파'를 통해 서양사상이 이루어졌다.

지금까지 우리나라 서양사상 수용 초기에는 서양 선교사들의 한문저술을 통해서 이루어지다가 점차로 청말 중국학자들의 저술 혹은 번역서를 그리고 나아가 일본의 철학서가 중국에서 한역된 것을 통해서 이루어졌고, 나중에는 주로 일본을 통해 그리고 다음에는 미국을 통해 이루어졌음을 알 수 있다. 그리고 개인 수준에서의 서양사상의 수용 외에 가톨릭 신학교에서 철학(신학)수업이 있었으며, 1906년 평양에 숭실대학이 설립되면서 여기서 서양인 선교사 편하설이 철학과 심리학, 논리학을 강의하였다. 논리학 교과서는 『論理略解』(1920년)로 남아있다.

박물관의 근현대 서지자료에서 사상 즉 철학적 사유와 관련된 연구는 이런 관점으로 진행하면서 그 결과를 도출하면 우리사상과 외래사상의 만남 속에서 드러난 메타모포시스를 발견할 수 있을 것이다.

기독교사상과 관련한 자료는 주로 『한국기독교박물관 소장 고문헌 목록』, 『한국기독교박물관 소장 기독교 자료 해제』와 〈박물관 근현대 자료 목록〉을 통해서 살펴볼 수 있다. 원두우의 『우리 하나님과 그의 창조하신 우주』(1911년, 창조론적 우주론), 배위량의 『텬문략해』(1908년, 천문학 교과서), 배위량의 『명심도』, 양격비의 『진리편독삼자경』(1895년, 마포삼열 번역), 『덕혜입문』(1915년, 원두우 번역)과 기독교윤리 관련 자료로는 C.Ross 편의 『교인의 혼례론』(1922년, 혼례서), 튄링의 『금쥬미담』(1923년, 채성석 번역 – 절제운동과 관련), 기일의 『주초계언』(1923년, 절제), 길선주의 『해타론』(1904년), 『만ᄉ성취』(1916년), 채프만의 『하ᄂ님의 돈』 (1919년, 김태진, 밀러 공역 – 기독교 경제관), 마포삼열의 「혼례서」, 한승곤의 『혼인론』(1914년, 기독교 혼인관), 梅道捺 著, 金觀植・崔相鉉 共譯 『기독교사회사상』 등이 있고, 잡지로 The Christian Literature Society of Korea, Annual Report, REPORTS READ AT THE EIGHTH ANNUAL SESSION OF THE KOREA WOMAN'S CONFERENCE OF THE METHODIST EPISCOPAL CHURCH, The Korea Bookman, THE KOREA MISSION FIELD, THE KOREA REVIEW A MONTHLY MAGAZINE, THE KOREAN REPOSITORY, The New East, TRANSACTIONS OF THE KOREA BRANCH OF THE ROYAL ASIATIC SOCIETY, 慶南敎會報, 慶南老會 宗敎敎育通信, 慶南勉勵會報, 함남로회, 평북로회 회의록, 평서로회 회록, 中央靑年會報, 主日學校雜誌, 主日學校申報, 主日學校先生, 主日學界, 죠선예수교쟝로회총회, 그리스도 신문, 基督敎 宗敎敎育, 基督敎報, 基督敎新聞, 基督申報, 基督新聞, 農民生活, 농촌청년(The Rural Young Korean), 大東新報, 大同日報, 大平壤, 大韓每日申報, 大韓民報, 復活運動, 說敎, 聖經雜誌, 聖貧, 聖書之光, 聖書朝鮮, 聖火, 崇實文學報, 崇實學報, 新生, 信仰生活, 神學世界, 神學指南, 신학월보, 長老會報, 朝鮮主日申報, 朝鮮主日學校聯合會報, 宗敎時報, 主日學界, 主日學校申報, 活泉 등이 있다.

기독교사상 문헌은 서양인 선교사가 한국인 한글선생의 도움으로 번역한 것도 있고, 기독교로 개종한 한국인들의 문헌도 있고, 유학 다녀온 신학도의 글도 있어서 근대전환공간에서 기독교의 사상이 메타모포시스하는 현장을 발견할 수 있다.

Ⅲ. "격물치지에서 격치로, 다시 과학으로"[28]

1. 한역서학서로 본 "격물치지" 그리고 "격치"로 표현된 서양자연학, 과학 그리고 기술

전통적으로 격물치지라는 말은 『대학』에만 나온다. 그리고 송대 즉 성리학의 등장 이전에는 격물과 치지라는 말이 자주 언급되지 않던 용어였다. 동아시아 전통에서 성리학의 등장 이후 근대전환기에 이르기까지 지식은 "격물치지"의 바탕에서 전개하고 있었다. 이러한 분위기를 김선희는 성리학자들의 "격물치지는 단순히 개별적이고 분과적인 기술 혹은 단순 지식은 물론, 그것의 원리적 이해와 탐구를 의미하는 과학에서조차 완전히 한정될 수 없는 개념이다."[29]라고 정의하면서 전통지식인, 즉 유학자들의 생각을 전하고 있다. 근대전환기 이전의 유학자들 스스로 천문이나 농업, 지리, 기계 제작 등에 지적 책임을 자임했으며, 의학 분야를 빼고는 각 분야의 전문가가 아니라 별의 운행이나 기상 현상, 농사 기술이나 동식물과 어류를 연구하는 이들 역시 유학자들이었다. 견고하게 뿌리내려 자리 잡고 있던 '격물치지'의 전통에 균열을 일으키는 정처럼 다가온 것이 예수회와 그들의 학문인 서학이다. 그들은 외래 사유 특히 당대 유럽의 자연학과 자연철학 지식을 끊임없이 번역하면서 기독교를 전파하려 하였고 유럽에서 배워온 수학과 천문학, 지도 제작 기술을 통해 중국의 중심부로 나아가게 하였다.[30] 이런 접근은 중국의 서학이 단지 낯선 학문이면서도 官學의 면모를

---

[28] 이 표현은 이화인문과학원에서 2017년 발간한 『근대담론의 형성과 지식장의 전환』가운데 김선희의 「격물궁리지학, 격치지학, 격치학 그리고 과학 – 서양 과학에 대한 동아시아 지식인들의 지적 도전과 곤경」에서 아이디어를 차용하였다.
[29] 김선희, 「격물궁리지학, 격치지학, 격치학 그리고 과학」, 이화인문과학원편, 『근대담론의 형성과 지식장의 전환』, 소명출판사, 2017, 58~59쪽.
[30] 이에 해당하는 예수회전교사는 세계지도를 만든 마테오 리치, 우리에게 홍이포로 알려진 대포를 만든 롱고바르디, 흠천감의 감정을 지낸 페르비스트, 시헌력을 완성한 아담 샬 폰 벨, 생리학과 의학을 전한 알레니 등이다. 김선희, 앞의 글, 61쪽 참조.

갖추게 하였다.

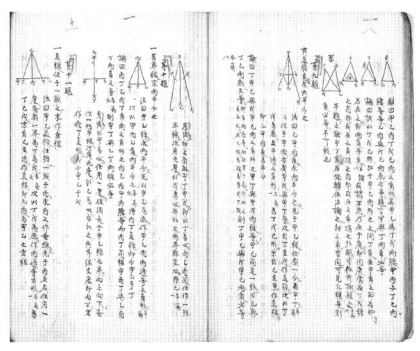
幾何原本(마테오 리치)

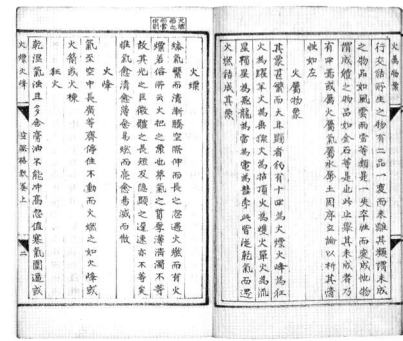
空際格致(바뇨니)

과학혁명을 거친 19세기 과학 담론의 수준을 담아온 런던 선교회의 자연과학기술 담론은 17세기 예수회 회원들의 서학을 대체하고, 격치로 다가섰다. 다시 말해 이제 격치란 서양 근대분과 과학의 총화가 되었음을 표현한다.

중국에서 활동하던 외국인 프로테스탄트 선교사들이 중국에 근대과학지식 전파를 위해 자연과학과 기술, 서양의학 관련 입문적 성격의 서적들을 간행한다. 영국 선교사 존 프라이어, 에드틴즈, 미국 선교사 마틴, 존 글라스고우 등이 그 대표적 선교사들이다. 특히 존 프라이어의 서양과학기술 서적은 상당수가 박물관에 소장되어 있다. 존 프라이어가 상해에서 발간한 『格致彙編』(1876~1881, IA1440 등 총 33책)과 "○○須知"라는 제목의 격치학 책들이 있다.[31]

근대전환공간에서 '과학'과 '동아시아'는 너무 멀리 떨어져 있거나 상관이 없는 것처럼 생각되었다. 그 근원에 가보면 성리학 질서에서 바라보던

---

[31] 자세한 사항을 보려면 한명근, 「한국기독교박물관 소장 근대 자료의 내용과 성격」, 『〈메타모포시스 인문학〉에서 본 한국기독교박물관 소장 자료의 현황과 활용방안』 제1회 숭실대학교 HK+사업단 학술대회보, 숭실대학교 인문한국플러스사업단, 2018, 56~57쪽을 참고하라.

자연학과 기술에 대한 이해를 근본적으로 재편성하게 된 원인이 내부의 반성에서부터 나온 것이 아니라 외부의 충격 즉, 서양 자연학과 철학, 기술이 사람을 통한 직접적 접근과 한역 서학서를 통한 한국사회 서양 자연학, 철학, 과학의 도입은 중국을 오가는 연행사절단의 접근 때문이라 할 수 있을 것이다. 연행사의 북경방문은 단순히 조공외교의 흔적이라기보다는 서양 사회의 다양한 자연과학기술의 유입경로라는 데 또 다른 의의가 있다.

2. 서양과학에 대한 조선인들의 이해

근대전환기까지 華夷觀에 매몰되어 있던 조선 지식인 사회에 서양의 자연학 또는 서양과학은 어떤 의미였을까? 서학에 관대하였던 성호가 제자 신후담과 서학에 대한 생각을 나눈 기록(「紀聞編」, 『돈와서학변』) '서양 사람들 가운데에는 대체로 남달리 뛰어난 사람들이 많아서 예로부터 天文의 관측, 기계의 제작, 수학 등의 기술은 중국이 따라갈 수 없다.'를 보면 서양의 자연학과 기술에 대한 지적 정보는 전통학문 체계와 지식 체계의 보강재이거나 촉매제였을 뿐이라는 생각을 읽을 수 있다.[32]

번역을 통해 조선 지식인들에게 전해진 서양과학 지식은 영어나 독일어, 라틴어로 된 텍스트들에서 서양 지식을 습득한 것도 아니고 자발적으로 서양 지식에 접근한 것 또한 아니다. 서양인들이 자신들의 목표를 위해 번역을 통해 격의적으로 서구 지식을 중국 전통에 연결하고자 한 것이지 동아시아인들 자신이 서양에서 직접 구해온 지식이 아니다.[33] 이들 지식인의 원저자는 낯선 외국인(서양인)이지만 그들이 전한 서책은 익숙한 한자로 되어 있다는 것에서 오는 완전히 타자인 것 같지만, 타자일 수만 없는 것이라는 이해가 서양과학에 대한 조선인들의 이해에 묻어 있다.

---

[32] 김선희, 앞의 글, 62쪽.
[33] 김선희, 위의 글, 82·83쪽.

19세기 중국에서 활동한 영국 런던회 소속 선교사이면서 의사였던 벤자민 홉슨(合信)의 『西醫略論』과 조선후기 철학자 최한기의 『신기천험』의 관계를 살펴보면 아직 근대전환기에 완전히 몰입되지 않은 조선인들의 서양 과학에 대한 인식의 단면을 살펴볼 수 있다. 구태환의 해제에 따르면 최한기는 벤자민 홉슨의 『전체신론』, 『박물신편』, 『부영신설』, 『내과신설』 등의 저작들을 발췌해 『신기천험』을 편집하였고, 서양의 해부학적 지식을 수용해 자신의 '운화론'을 더욱 공고히 하였다. 특히 최한기는 벤자민 홉슨의 영향을 받아들여 인체를 복잡한 기계처럼 생각하여 서양의 외과적 치유법을 중시하였으나, 벤자민 홉슨의 "신이 만물을 자신의 목적에 따라 만들었기 때문에 병에 대해서도 나름의 치유 방안을 만들어 놓았다"는 식의 기독교적인 사고는 받아들이지 않았다.

박물관 소장본 서학서나 격치학, 과학기술 서적은 외래 사상의 유입이 단순히 한쪽 방면으로만 반응하지 않고 끊임없이 변이의 과정을 거쳐 온 흔적을 밟을 수 있으며, 근대전환공간의 인문학이 놓쳐서는 안될 자연학, 과학기술에 대한 사유의 변이를 들여다봐야 하는 이유를 제시하고 있다.

Ⅳ. 맺음말

당대 시대의 고민과 함께 발생하는 사상은 계속변화(metamorphosis)의 과정을 거치며 기존의 형태 혹은 형식들을 반복하면서도 새로운 것이 덧붙여져 생성되는 변이의 과정이다. 배아 상태에서 분할을 거치면서 형태나 성질이 변하는 것은 개체가 자기 형식을 유지하기 위한 물질대사 과정의 산물이다. 철학사상 또는 사유는 과거, 현재, 미래의 생각이 서로 영향을 주고받으면서 공존하게 된다. 그러므로 서로 다른 체계의 사유가 서로에게 메타모포시스가 된다.

근대전환공간에서 사유와 사상의 연속성은 앞선 사유와 외부에서 들어온 사유 사이에서 대화하는 관계로 한 시대에서 사상은 다음시대에서 메타모포시스가 된다. 이미 자리 잡고 있는 생각과 뒤에 따라오는 생각이 서로를 알아보고, 기간과 배경을 건너뛰면서 부르고 화답하는 과거와 현재와 미래가 공존하는 열린 생태계이다. 사상이라는 것은 그 자체로 독립적이고 자족적으로 생성되는 것이 아니라, 이전 세대의 생각에 영향을 받으며 만들어진다. 이때 영향이란 단순히 모방이나 수용, 반복이 아니라 기존의 생각을 변형함으로써 새롭게 반복되는 것이다. 박물관의 자료에서 개항기부터 일제강점기에 이르는 동안 한반도에서 벌어진 사상의 접변을 메타모포시스로 충분히 읽어 낼 수 있다.

박물관 소장 근현대 문헌자료는 보다 정밀한 집중적인 조사(기록과 기억, 문학과 예술, 사유와 사상팀 합동)가 필요하다. 이 조사를 바탕으로 하여 서지목록을 재구성할 필요가 있으며, 국내 이본과 소장처 조사를 통해 박물관 소장 자료의 활용도를 높일 필요가 있으며, 희귀본에 대한 해제와 영인 및 현대어역 작업을 통해 소장 자료를 공개할 필요가 있다. 그리고 이미 연구가 진행되어 공개된 자료들(한국학 진흥 성과) 및 한국 및 미국 소장 1880년대~1943년까지의 기독교 자료의 공유 또는 접속을 할 수 있는 허브를 구축하여 한국근대의 인문학 자료의 허브로써의 역할에 대한 관심을 가질 필요가 있다. 마지막으로 원활한 연구진행과 참신한 연구결과 도출을 위해 연구학술기관단체가 연계하여 연구를 진행하고 그 결과를 학술대회로 도출할 필요가 있다. 그 결과를 단순히 학술대회나 학술서로 나타내는 것이 아니라 인문학의 대중화라는 가치를 확산하기 위해 성과확산의 각종 프로그램으로 표현해야 할 것이다.

한국기독교박물관 소장 <문학과 예술> 자료의 현황과 <메타모포시스인문학> 연구의 활용방안

전영주

한국기독교박물관 소장
<문학과 예술> 자료의 현황과
<메타모포시스인문학> 연구의 활용방안

Ⅰ. 머리말 : <문학과 예술> 관련 자료의 현황과 연구의 필요성

이 글은 숭실대학교 HK+사업단의 아젠다인 〈근대전환공간의 인문학, 문화의 메타모포시스〉 연구의 토대 마련 및 활성화를 위한 기초연구로서 숭실대학교 한국기독교박물관에 소장된 〈문학과 예술〉 관련 사료를 검토하고 이와 연관하여 구체적인 연구가 가능한 여타 자료를 발굴, 분석하는 데에 그 목적이 있다. 주지하듯 숭실대학교 한국기독교박물관에 보관된 사료는 역사적인 가치와 의미를 답보하고 있는 자료들이기에 연구의 중요성은 그 출발부터 확보된 것이라 할 수 있다. 특히 개항 이후 기독교가 유입되고 전통문화와 상호 충돌을 겪게 된 일련의 과정들은 한국기독교박물관에 보관된 사료들의 서지학적 고찰을 통해 이미 유의미한 연구의 결과물을 보장하는 것들이다. 한국의 근대전환공간에서 겪은 역동적인 상황들은 외부로부터 유입된 여러 문화와 종교, 교육, 매체의 수용과도 관련된 것인데, 한국기독교박물관의 자료는 바로 이 시기의 寶庫이기 때문이다. 본 연구는 박물관 자료 가운데에 〈문학과 예술〉의 관점에서 연구가 가능한 사료를 면밀히 조사하고 분석하여 숭실대학교 HK+사업단의 아젠다를 공고히 하고 아울러 박물관이 지닌 문예학적 기능을 발견할 수 있을 것으로 기대한다.

현재 숭실대학교 한국기독교박물관의 소장 자료는 『한국기독교박물관 소장 고문헌 목록』(2005)에 체계적으로 정리되어 있다. 이 목록집의 기록에 의하면 총 4000여 점의 고문헌이 한국기독교박물관에 보관된 사실을 잘 알 수 있다. 이 자료는 주제별로 분류되어 해제작업을 거쳤는데, 『기독교 관련 자료 해제』(2007), 『과학·기술 자료 해제』(2009), 『한국학 자료 해제』(2010), 『민족운동 자료 해제』(2012)가 순차적으로 출간되었다. 이외에도 유물 자료는 『숭실대학교 한국기독교박물관』(2004)에 해당하는 사진과 함께 구체적인 내용들이 제시되어 있다.

그러나 이 가운데에 〈문학과 예술〉 관련 문헌은 매우 적다. 『한국학 자료 해제』(2010)에 정리된 총 39점의 고전 문헌과 『기독교 자료 해제』(2007)에 수록된 근대 초기 기독교 자료가 전부인 것으로 보인다. 한국기독교박물관 소장 자료가 약 4000여 점인 것을 감안한다면 문학 관련 자료는 수치상으로도 현저하게 적은 것을 알 수 있다. 다만, 이 가운데 연구가 시급한 귀한 자료들이 발견되므로 질적인 연구 성과는 기대해도 좋을 것 같다.

먼저 한국학 자료로 분류되어 있는 총 39점의 고문헌 중 『문성기』와 『북연기행』이 주목된다. 이 자료는 숭실대학교 장경남 교수에 의해 한 차례 연구 성과가 학계에 제출된 바 있다.[1] 또한 『위농북유록』에 포함된 詩文이

---

* 이 글은 「박물관과 근대문학-한국기독교박물관 소장 자료의 현황과 근대문학연구의 방안을 중심으로」(『인문사회21』 제9권6호, 아시아문화학술원, 2018.12)에 수정하여 게재되었다. 그러나 학술지의 규정에 따라 각주와 후반부의 내용이 부분 삭제되어 게재되었기에 본고는 시기적으로 먼저 작성되었던 제1회 숭실대학교 HK+사업단 학술대회 (2018.11.23)에서 발표한 발표문을 토대로 하였다.

[1] 관련 연구로는 장경남, 「〈문성기〉 연구」, 『고소설 연구』 21집, 한국고소설학회, 2006; 장

나, 『연행기략』의 일기체, 『북사담초』의 외교 교신록은 향후 연구가 기대되는 문헌들이다.[2] 요컨대 한국학 자료로 정리된 것들은 연행록과 서간문, 여행기 시문, 국문소설과 한문소설의 필사본 등인데 시기적으로는 17세기 후반부터 18세기와 19세기 초에 걸쳐져 있는 자료들이다. 주로 서구문물에 관심을 갖고 서구사상이 유입되고 유통되던 개항 전후 시기의 산물들이라 할 수 있다. 시가와 산문 혹은 국문과 한문으로 분류되는 자료들이기에 문학(시, 수필, 소설), 문화(풍습, 문물, 사상)의 관련 연구가 가능하며, 이 시기의 여행기, 편지, 시문, 신소설과 국문소설 등은 장르적 변화와 개화기에 인식된 신문물, 신문화 등과 관련하여 근대 초기의 양상을 추적해볼 수 있다.

이외에도 『한국학 자료 해제』에 분류되어 있지는 않지만, 개화기 선교사들에 의해 주도되고 출판된 '이중어 사전'은 주목해봐야 할 것이다. 언더우드와 게일의 『한영자전』이 한국기독교박물관에 소장되어 있는데, 1890년 언더우드에 의해 편찬된 『한영자전』은 개항기 선교사들에 의해 인식된 조선어의 언어학적 특징을 잘 보여주고 있다. 특히 1897년과 1911년 그리고 1932년 등 게일이 세 차례나 그 내용을 보완하여 편찬한 『한영자전』은 1897년판과 1911년판이 한국기독교박물관에 보관되어 있어서 특별한 의미를 더한다. 19세기 말에서 20세기 초에 걸쳐 서구인에 의해 편찬되고 그들 사이에서 통용된 이중어 사전은 개항장의 번역문학과 당시의 예술 관련 창작물의 보급에 조선어가 어떤 방식으로 이해되고 사용되었는지를 살펴볼 수 있는 중요한 자료인 것이다. 요컨대 조선에 체류한 외국인들이 주로 사용한 조선어가 이 시기에 '말하고 쓰인' 언어적 기능은 『한영자전』을 통해 번역어, 문학어 등 근대 초기의 언어인식을 드러낸다. 이처럼 숭실대학교 한국

경남, 「국문본 연행록 〈북연기행〉 연구」, 『우리문학연구』 29집, 우리문학회, 2010 등이 있다.

[2] 한국기독교박물관 자료의 한문 고문헌 번역에 대한 문제는 숭실대학교 중어중문학과 오순방 교수에 의해 제기되어 연구된 바 있다. 오순방, 「1894년 간행 중문기독교 소설의 전파와 번역 그리고 초기 한국의 문서 선교 : 한국기독교박물관 소장 〈유도요지〉와 한역본 〈인가귀도〉를 중심으로」, 『중국소설논총』 27집, 한국중국소설학회, 2008 참조.

기독교박물관에 보관된 언더우드와 게일의 『한영자전』은 초창기 발간된 언어사전의 중요성과 특성을 잘 보여주면서도 개항기의 격변하는 변화 속에서 조선어가 구어로 사용되고 문자로 번역되는 등 서구인이 인식한 조선어의 언어감각을 살펴볼 수 있는 사료이기도 한 것이다. 『한영자전』을 통해 '외국인이 인식한 조선어'의 의미와 '조선어'라는 國子의 의미를 비교 고찰해볼 수 있을 것이다.

또한 한국기독교박물관이 보관하고 있는 『기독교자료 해제』는 대부분 기독교 선교와 관련한 자료들이지만, 서양선교사들이 번역하거나 창작한 문학작품도 발견되므로 그 연구가 가능하다. 개항 이후 조선에 유입된 기독교는 선교사들이 중심이 되어 종교, 교육, 출판 등으로 이어졌는데 이들은 조선에 장기적으로 체류하면서 익힌 조선어를 토대로 하여 다양한 기독교 문헌을 번역하거나 기독교문학의 창작자로 나섰다. 숭실대학교의 창립자 윌리엄 베어드의 부인인 애니 베어드는 『고영규전』과 『샛별전』, 『쟝자로인론』 등을 창작하여 간행한 바 있고, J.S.게일[3]은 존 번연의 소설 『천로역정』을 번역하여 출간했다. 한국기독교박물관에 보관된 이 자료들은 기독교 자료로서의 역할뿐만 아니라 근대문학 자료로서의 의미와 가치 또한 지니고 있는 것들이므로 주목해봐야 할 것이다.

특히 빼놓지 않아야 할 연구로는 근대 초기 서양선교사가 번안, 번역하여 간행한 『찬송가』인데 한국기독교박물관에는 근대 초기의 『찬송가』가 다수 보관되어 있어서 긴밀한 연구가 가능하다. 19세기 말에서 20세기 초에 이르는 시기에 찬송가는 『찬미가』, 『찬양가』, 『찬송가』, 『찬송시』 등 목적과 특징에 따라 그 이름을 달리하여 간행되었는데, 찬송가 자료는 '창가'와 '신체시'등 한국 근대시가 형성에 일정 부분 영향을 끼친 것으로 보인

---

[3] 특히 J.S. 게일은 선교사로 40여 년간 조선에 체류하면서 『구운몽』, 『춘향전』 등 다수의 고전을 영문으로 번역하는 등 많은 업적을 남겼다. 영문소설을 한글소설로, 한글소설을 영문소설로 탈바꿈시킨(!) 게일의 번역문학에 대한 폭넓은 접근도 연구가 가능할 것이다.

다.4) 찬송가와 근대시가형성의 관련 양상은 언더우드와 아펜젤러, 존스, 마펫 선교사 등이 발간한 초창기의 찬송가 자료를 통해서 보다 구체적인 연구가 가능하리라 여긴다.

이처럼 숭실대학교 한국기독교박물관에는 〈문학과 예술〉 관련 사료가 비록 數的으로 많은 양은 아니지만 '근대 전환공간'과 관련된 자료와 '문학의 메타모포시스'(탈바꿈) 양상을 잘 보여주는 의미 있는 자료들이 소장되어 있음을 알 수 있다.

Ⅱ. 한국기독교물관 소장 한국학 자료의 활용방안

1. 연행록과 서간문, 여행기 시문 : 근대 초기 문학 장르의 양상들

앞서 밝힌 바와 같이 한국기독교박물관이 펴낸 『한국학 자료 해제』(2010)에는 문학과 관련된 자료들이 총 39점 분류되어 있다. 해당하는 내용의 구체적인 제목과 특징을 요약, 제시하면 다음과 같다.

〈표 1〉 한국기독교박물관 소장 문학 관련 자료 목록
(『한국학 자료 해제』(2010)에서 참조하여 발췌)

순서	문헌명	발행연도 및 저자
1	광한루기 (廣寒樓記)	연대 미상(1851년이나 1911년으로 추정) 조항(趙恒) 저 한문 필사본 고전
2	권진사전 (權進士傳)	1907년 신소설 이해조(1869~1927)

---

4) 이에 관한 연구는 최근에 발표한 졸고, 전영주, 「찬송가의 유입과 메타모포시스 시학의 가능성-창가, 신체시, 자유시의 등장을 중심으로」(『문학과 종교』 제24권1호, 한국문학과 종교학회, 2019.3)가 있다.

3	님장군전 (林將軍傳)	역사군담소설 국문 활자본
4	문성긔	작자 연대 미상 국문 필사본 소설 〈문성기〉와 〈회심곡〉이 합철 되어 있음
5	반필석전 (班弼錫傳)	작자 연대 미상 국문 필사본 소설
6	여와전	작자 연대 미상 국문 필사본 소설
7	전츈사라	작자 연대 미상 가사 형식의 일기 및 편지글 국문 필사본
8	추풍감별곡 (秋風感別曲)	한글 필사본 가사
9	홍길동전	허균(1569~1618) 한글 필사본(최초의 국문 소설)
10	어우야담 천지인 (於于野談 天地人)	유몽인(1559~1623) 한문 필사본
11	어우야록 (於于野錄)	유몽인(1559~1623) 한문 필사본
12	을병연행록 (乙丙燕行錄)	홍대용(1731~1783) 한글 필사본
13	담헌연행기 (湛軒燕行記)	홍대용(1731~1783) 한문 필사본
14	북연기행 천인 (北燕記行 天人)	1816년 이노춘(1752~1816) 한글 필사본
15	연행노정기 (燕行路程記)	한문 필사본 고양에서 중국 북경 옥하관까지의 노정과 인호, 원호, 문호, 달호 등 4명의 가계를 기록한 것
16	연행록	제목과 기록자를 알 수 없는 연행록 한문/국한문 필사본
17	위농북유록 (謂農北遊錄)	미상 한문 필사본 여행기 시문
18	연행기략 (燕行記略)	작자 미상 한문 필사본 일기체 연행록
19	연행기록 (燕行記錄)	1721~1722 한문 필사본 윤양래의 행적을 기록한 일기체 사행록

20	연행록 (燕行錄)	1876년 한문 필사본 임한수의 연행노정에 대한 기록
21	연행일기 (燕行日記)	1849년 한문 필사본 중국을 사행한 연행록
22	연행잡기 (燕行雜記)	홍대용(1731~1783) 한문 필사본
23	주청겸동지사행일기 (奏請兼冬至使行日記)	1721~1722년 한문 필사본 일기체 사행록
24	연행가	미상 홍순학(1842~1892)의 『병인연행가』를 필사한 것 한글 필사본
25	연암열하기요	박지원(1737~1805) 한문 필사본
26	고금기관 (古今奇觀)	미상 한문 필사본 일화집
27	관서악부 (關西樂府)	신광수(1712~1775) 한문 필사본
28	동남창수시 (東南唱誶詩)	1857년 권돈인(1783~1859) 한문 필사본
29	동리 (東俚)	정약용(1762~1836) 한문 필사본
30	북사담초 (北槎談草)	1866~1871 한문 필사본 중국 사신과 조선인 관리 사이에 외교교섭의 문답을 기록한 필사본
31	설정선생조천일기 (雪汀先生朝天日記)	1630년 이흘(1568~1630) 한문 목활자본 연행일기
32	병자 신사일기 (丙子信使日記)	김기수(1832~?) 『수신사일기』의 일부를 필사한 것 한문 필사본
33	소대풍요 건곤 (昭代風謠 乾坤)	1737년 채팽윤(1669~1731) 한문 목판본 시선집
34	소대풍요 초 (昭代風謠 秒)	1737년 채팽윤(1669~1731)

		한문 목판본 시선집
35	초부유고 (樵婦遺稿)	미상 한문 필사본
36	이십일도회고시 (二十一都懷古詩)	유득공(1749~1807) 한문 활자본 한시 집
37	중주십일가시선 (中州十日家詩選)	1777년 유득공(1749~1807) 한문 필사본
38	이부인일문합전 상 (李夫人一門合傳 上)	미상 현채(1856~1925)가 지은 『이부인일문합전』에 대한 당대 명사들의 친필 서문 모음집 한문 필사본
39	이부인일문합전 하 (李夫人一門合傳 下)	미상 현채(1856~1925)가 지은 『이부인일문합전』에 대한 당대 명사들의 친필 서문 모음집 한문 필사본

한국기독교박물관에서 소장하고 있는 위의 자료는 한문과 국문 필사본 고전, 신소설, 가사, 연행록, 서간문, 한시, 교신문답 등이다. 이 가운데에 근대 초기 기행문은 문학 양식의 변화뿐만 아니라 자문화와 타문화가 충돌하고 변화하는 과정을 엿볼 수 있는 중요한 자료이다. 또한 일기문과 서간문의 경우는 개인의 특수한 사정이나 사연이 문학의 공공성과 대중성을 획득하는 과정을 고찰하는 데에 유용한 사료로서의 역할을 한다. 한문과 한글이 병행되다가 점차 한글 우위를 점하는 언어학적 변이양상은 작품의 문체와 서술방식, 내용구성에 이르기까지 근대문학의 변화과정을 추적해볼 수 있는 자료들이기도 하다. 위의 자료들을 통해 개항기의 견문록과 관련된 문화접변의 양상들을 고찰할 수 있으며, 19세기 개항 이후 변모하고 있는 문학장의 지형도를 고찰해볼 수 있다. 이외에도 한국기독교박물관에는 이해조의 신소설과 허균의 『홍길동전』 필사본이 보관되어 있는데 이해조의 과도기적 문학인식과 허균이 표출하고 있는 국문소설의 '사이'에서 충돌하고 균열된 갈등과 변화양상을 주목해볼 수 있을 것이다. 그밖에 중국사

신과 조선사신의 외교 문답록인 『북사담초』와 이노춘이 쓴 일기문 형식의 『북연기행』, 계모형 소설의 변형을 보여주는 『문성기』 등 귀중본을 포함하고 있으므로 향후 연구 성과는 기대해볼 수 있다.

2. 『한영자전』의 사료적 가치와 번역어로서의 언어인식

최초의 이중어 사전은 1880년에 파리외방선교회에서 펴낸 『한불자전』으로 알려져 있다. 『한불자전』은 1874년에 미하일 푸질로가 엮은 『노한자전』에 이어 두 번째의 것이지만 『노한자전』은 사전이라기보다는 어휘집에 가깝고 함경도 방언을 대상으로 한 것이어서 본격 사전은 『한불사전』이 최초인 것으로 학계에서는 인정하고 있다. 그런데 1880년에 편찬된 이 『한불자전』이 숭실대학교 한국기독교박물관에 보관되어 있다. 더구나 『한불자전』보다 50여 년이나 앞서 발간된 모리스의 『韓英大字典』(1827)을 함께 소장하고 있어 관심을 모은다. 이외에도 언더우드의 『韓英字典』(1890)과 게일의 『한영자전』(1897, 1911)은 개항기 외국인의 조선어에 대한 인식과 활용을 잘 보여주는 중요한 근대 초기의 자전이며, 이들 외국인에게 자전의 편찬은 번역어로서의 언어적인 중요성을 지닌 것이기도 한 것이다. 한국기독교박물관이 보관하고 있는 이중어 사전을 제시하면 다음과 같다.

〈표 2〉 한국기독교박물관 소장 이중어 사전 목록

순서	연도	명칭	저자	면수
1	1827	한영대자전(韓英大字典)	모리스	1084면
2	1880	한불자전(韓佛字典)	파리오방선교회	630면
3	1881	한불문전(韓佛文典)	미기재	324면
4	1890	한영문법(韓英文法)	언더우드	425면
5	1890	한영자전(韓英字典)	언더우드	498면
6	1897	한영자전(韓英字典)	게일	1096면
7	1911	한영자전(韓英字典)	게일	1165면

개항기 선교사들의 언어인식과 출판물의 발간은 언더우드와 모리스, 게일의 이중어 사전 편찬을 통해 변화 국면에 놓인 근대 초기 조선어의 모습과 역할을 규명해볼 수 있다.[5] 특히 성경번역과 찬송가 번역 등 서양 선교사들의 번역활동은 『한영자전』에서 엿보이는 조선어에 대한 인식과도 연계된다. 임화[6]는 '성서번역과 언문운동'에 대해 주지하면서 기독교의 유입이 조선 근대화의 단초가 된 점을 인식하였는데, "敎書의 번역 간행이 신문화의 표현 형식인 언문 문화를 개척한 공로"가 있다고 인정하였다. 한국인이 편찬한 최초의 언어사전인 『조선어사전』이 1939년에 출간된 점을 상기해본다면, 게일의 『한영자전』(1897)이 시사하는 의미는 크다. 또한 서양 선교사들이 주축이 된 번역문학은 이와 관련하여 함의하는 바가 있다. 이른바 선교사들의 한국학 관련 서지 정리 작업은 『한영자전』에 대한 인식을 추동하였던 것이다. 좁게는 어휘사로부터 출발하나 수많은 역사적 텍스트들이 이 지표에 의해 길항하거나 탄생한 것이다. 그러므로 서양인에 의해 만들어진 근대 초기 이중어 사전의 의미는 언어/텍스트와의 관련을 전제하고, 『한영자전』의 어휘 수집을 우선하면서 실행되었다. 게일은 당대 신문, 잡지로부터 어휘를 채집하는 것에 그치지 않고 고전번역 과정에서도 어휘를 수집한 것으로 자술[7]한 점을 주목해볼 수 있다. 이처럼 전통과 근대가 상호 충돌하는 과정에서 배태되는 문학양식의 변화와 특징이 어떤 방식으로 굴절되고 서구의 양상들과 이접되는 지를 고찰하는 데에 한국기독교박물관이 보관하고 있는 『한영자전』은 매우 중요한 자료로서의 역할을 수행할 수 있을 것이다.

---

[5] 참조가 될 만한 글은 황호덕, 이상현 편, 『한국어의 근대와 이중어사전』 I-XI, 박문사, 2012; 황호덕, 이상현 공저, 『개념과 역사, 근대한국의 이중어사전』 1-2, 박문사, 2012가 있다.

[6] 임화, 「개설신문학사(1939.9.2~1941.4)」(임규찬 편, 『임화문학예술전집2 : 문학사』, 소명출판사, 2009, 112~117쪽에서 참조함).

[7] 게일, 「서문」, 『한영대자전』, 1931(황호덕, 『개념과 역사, 근대 한국의 이중어사전』 1, 박문사, 2012, 40쪽에서 재인용).

Ⅲ. 한국기독교박물관 소장 기독교 자료의 활용방안

1. 조선에 체류한 선교사의 창작물과 번역문학의 의미

애니 베어드는 조선에 거주하면서 많은 선교 활동을 했을 뿐만 아니라 종교, 음악, 문학에 관련한 다수의 문헌을 남겼다. 애니 베어드는 '찬송가'를 조선인의 정서에 맞도록 개작하거나 번안하기도 했으며 소설 창작에도 참여했다. 그런데 개항기 조선에 거주한 선교사들이 창작하거나 번역한 소설은 대부분 개신교와 관련된 종교소설이어서 신앙교리서로 분류되어 소개되고 있다. 이들 작품은 전도를 목적으로 한 탓에 그간 종교중심의 연구로 제한적으로 진행되었다. 그러나 근대 초기 개항과 함께 변화를 겪은 한국근대문학은 기독교문학이라는 새로운 문학을 경험하게 되었다. 그 주요한 성과물(저서)이 숭실대학교 한국기독교박물관에 보관되어 있다. 다음은 그 예들이다.

〈표 3〉 한국기독교박물관 소장 번역문학과 예술 관련 자료 목록

역순	연도	명칭	저자	기타
1	1911	고영규전 (부부모본 합본)	애니 베어드	베어드 부인
2	1906	쟝자로인론	애니 베어드	
3	1905	샛별전	애니 베어드	
4	1895	천로역정	존 번연 저, 제임스 게일 역	1926년 재판(2권)
5	1895	천로역정 삽도	김준근	42장
6	1894	인가귀도	그리피스 저, 올링거 역	
7	1890 년대	조선 풍속도	김준근	스왈른본 147점 매산 수집본 100점

현재 숭실대학교 한국기독교박물관에 소장되어 있는 『고영규전』(1911)은 1911년 야소교서회에서 발간한 애니 베어드의 국문소설집이다. 기독교신

앙을 바탕으로 창작된 두 편의 소설「고영규전」과「부부의 모본」을 합본한 것이다. 이 소설은 한국 최초의 신학 잡지인『신학지남』(1919)에도 광고가 될 정도로 10여 년간 유통되고 있었던 것으로 보이며, 인물과 배경에 대한 세밀한 묘사가 특징적[8]이라 할 수 있다. 기산 김준근이 그린 삽화 10컷이 함께 수록되어 있는데 그림을 통해 내용의 이해를 도우려는 서구인들의 노력이 엿보인다. 이 두 소설은 기독교가 추구하는 남녀평등과 부부간의 사랑, 가족관계 등 혼인과 가정의 소중한 문제를 다루고 있다.

『샛별전』(1905)은 애니 베어드가『고영규전』에 앞서 쓴 것이지만『고영규전』보다는 나중에 알려진, 순전히 전도를 목적으로 쓴 소설이다. 주인공인 '샛별'을 통해 기독교가 전파된 내력을 이야기로 만든 것이다. 한 개인의 생애를 주목하면서 펼쳐지는 이 이야기는 근대 초기 위대한 '개인'의 발견과 '선교'의 목적이 어떤 방식으로 교접되고 있는지 검토해볼 수 있는 중요한 사료적 가치가 있는 소설이다. 조선후기 영웅소설과는 그 양상이 다르므로 이에 대한 비교연구도 가능할 것이다.『쟝자로인론』(1906)은 長쟈 노인을 주인공으로 한 우화소설이며 삽화 4점이 함께 실려 있다. 그리스도를 통한 구원의 진리를 우화형식을 채택하여 그리고 있는데, 초창기 기독교 복음을 쉽게 전파하는 방식으로 우화가 사용된 사실을 알 수 있다.『인가귀도』(1894)는 그리피스(Griffith John)의 저작인『引家當道』를 올링거(Onlinger)가 한글 번역본으로 펴낸 책이다. 올링거는 서문에서 이 작품의 원저자가 그리피스 목사임을 밝히고 번역의 취지를 함께 적고 있다. 누구나 쉽게 읽을 수 있는 문체와 내용이 이 책의 특징임을 강조하면서 죄를 회개하고 부모, 형제, 자녀와의 인륜관계를 바르게 하는 마음의 바탕에는 원수를 사랑하는 하나님의 은총이 있다[9]고 설명하고 있다. 책의 내용은 중국의 '리선생'이라는 인

---

[8] 차봉준,「애니 베어드 소설의 개화기 문학사적 의미-〈고영규전〉과 〈부부의 모본〉을 중심으로」,『신앙과 학문』17집, 2012 참조.
[9] 오순방,「플랭클린 올링거의 한역본 〈인가귀도〉와 〈의경문답〉 연구」,『중어중문학』47집, 중어중문학회, 2010 참조.

물과 그 가정이 기독교에 귀의하기까지 가족 간에 주고받은 이야기로 구성된 전도 문서이자 국내 최초의 기독교 번역소설[10]로서도 논란을 일으키고 있는 소설이다. 가족단위의 종교적 개종과 남녀평등의 여성교육문제를 함께 다루고 있는 것인데 문답식의 대화체로 구성되어 있으며 한국기독교의 초기 선교에 대한 여러 사례를 제시했다는 평가를 받고 있다. 『천로역정』(1895)은 현재까지는 종교소설이자 최초의 한글 번역본 영문소설로 인정받고 있는 소설이다. 16세기에 영국인 존 번연이 쓴 것을 19세기에 캐나다 출신의 선교사 게일이 한글로 번역하여 상, 하권으로 펴낸 것이다. 풍속화가 김준근에 의해 그려진 총 42점의 삽도가 함께 수록된 특징이 있다. 게일은 '조선'의 그림으로 삽도를 교체하여 낯선 개신교의 내용 이해를 돕고자 했는데 삽도에는 갓을 쓴 선비 복장과 봇짐, 짚신, 한국고전의 선녀모습인 천사 등이 묘사되는 등 한국 고유의 문화와 풍습에 맞춰 외래 종교를 실상에 맞게 수용하여 전달하려 한 점이 특징적이다.

한국기독교박물관에서 소장하고 있는 조선 풍속화는 『(기산 김준근) 조선 풍속도』 2권이 주목된다. 「매산 김양선 수집본」(1권)에 수록된 100점과 「스왈른 수집본」(2권) 147점이 그것이다. 한국기독교박물관은 2008년에 영인 도록을 제작하여 학계에 그 자료를 제공하고 있는데, 이후 민속학 연구를 이끌어내어 기산 풍속도 연구가 지속적으로 진행되었다.[11] 민속학 연구를 통해 조선인의 생활상을 담고 있는 기산 풍속도의 주제는 매우 다양하게 표출되고 있다. 농업생산, 장사꾼, 수공업, 의생활, 복식, 식생활, 불교와

---

[10] 현재로는 『천로역정』이 최초의 번역소설로 널리 알려져 있다. 그러나 최근 들어 『인가귀도』를 최초의 번역소설로 주장하는 의견이 등장하고 있다. 숭실대학교 중어중문과 오순방 교수가 대표적이다.

[11] 기산풍속화의 민속학적 접근은 오래된 것으로 1920년대 이후부터이다. 조흥윤, 『민속에 대한 기산의 지극한 관심』, 민속원, 2004; 이필영, 「민속학적 관점의 기산풍속도 해제」, 『기산 김준근 조선 풍속도』, 숭실대학교 기독교 박물관, 2008; 배영동, 「기산풍속도의 생산민속과 복식」, 『기산풍속도 연구』, 숭실대 제4회 매산기념강좌 발표집(숭실대 한국기독교박물관), 2007 참조.

무속을 포함한 종교, 혼례와 제례, 세시풍속, 과거와 글방, 사당패와 무녀, 그리고 야생동물에 이르기까지 기산 김준근의 연구가 폭넓게 이루어지고 있다. 인물이 입고 있는 의복이나 신발, 모자 등 복식과 관련된 것과 인물 주변의 묘사, 선과 색채 등은 미술사적 관심뿐만 아니라 복식사적 관심도 높은 것들이다. 또한 기산의 그림 속 여백과 수묵채색, 인물의 비율도, 자세, 표정 등이 흥미로운 연구로 진행되고[12] 있다. 예컨대 김준근의 풍속화는 서구인의 관심을 반영하는 새로운 소재가 다수 등장하며, 전통적인 도상과 연결되는 표현들이 상당히 주목되는데, 19세기 급변하는 개항장 조선 예술가의 근대인식과 함께 변화되는 시대 상황을 근간으로 한 후속연구가 이어질 수 있는 귀한 미술 자료라 할 수 있다.

2.『찬송가』와 근대시가문학 형성과의 관련양상

개화기에 가창되던 창가는 기독교의 유입과 번역 찬송가의 간행에서 기본적인 동인을 찾을 수 있다.[13] 찬송가가 전통 시가에 끼친 영향은 배제할 수 없으며 찬송가의 번역 과정에서 겪게 되는 노랫말의 변이와 근대시 장르로의 매개 역할은 앞으로의 연구가 더 필요하다. 특히 한국기독교박물관 소장 자료인『찬미가』,『찬성시』,『찬송가』,『찬양가』는 근대시가문학의 형성과정에서 끼친 찬송가의 역할을 규명[14]하는데 매우 귀중한 것이다. 이들은 찬송가의 운율, 행과 행의 의미전환 그리고 찬송가 번역본 출간을 토대

---

[12] 기산의 풍속화는 '개항장의 풍속화' 혹은 '수출화'로 명명되고 있다. 신선영,「기산 김준근 풍속화에 관한 연구」,『미술사학』20, 한국미술사교육학회, 2006; 박효은,「근대전환기 개항장의 조선화가 김준근 – 현존작 검토를 통한 김준근의 활동양상과 재고」,『제4회 매산기념강좌 기산 풍속도 연구』, 한국기독교박물관 학예연구소, 2007.10 참조.
[13] 물론 창가의 연원에 대학 학설은 크게 두 가지로 나뉘는데 전통 노래장르에서 연원되었다는 재래기원설, 번역찬송가나 일본의 창가로부터 연원되었다는 외래기원설을 들 수 있다. 조규익,「창가의 형성에 미친 번역 찬송가의 영향」,『온지논총』16집, 온지학회, 2007, 183쪽 참조.
[14] 필자는 찬송가의 유입 이후 창가를 비롯하여 신체시와 자유시로 이어지는 메타모포시스(탈바꿈) 시학을 제시했다. 전영주, 앞의 논문, 229~245쪽 참조.

로 한 근대시의 형성과정을 고찰하는데 중요한 자료가 된다. 한국기독교박물관 소장 찬송가 자료를 저자와 출간연도를 중심으로 정리하면 다음과 같다.

〈표 4〉 한국기독교박물관 소장 찬송가 목록(재발간 등 중복되는 자료는 제외함)

순서	연도	명칭	역자	기타
1	1894	찬양가	언더우드(H.G.Underwood)	
2	1896	찬미가	아펜젤라	
3	1897	찬미가	G.H.Jones, L.C.Rothweiler, P.A.Bunker	감리교
4	1898	찬성시	G.Lee, M.H.Gifford	
5	1900	찬양가	언더우드	
6	1902	찬미가	G.H. Jones	
7	1902	찬미가	A.Pieters	
8	1905	찬성시	S.A.Maffett	
9	1908	찬송가	한국복음주의선교부연합공의회	
10	1909	찬송가	A.Pieters	
11	1916	찬송가, 신약전서 합부	피득 목사	
12	1918	찬송가	A.Pieters	
13	1920	창가집	애니 베어드(안애리)	
14	1921	찬송집	안병륜(安秉輪) 편역	광문사
15	1925	유년찬송가	에비스 부인과 앤더슨 편저	
16	1928	유치원창가	B.M. Rhodes	
17	1930	명작 찬송가강화(讚頌歌講話)	Allan Sutherland	
18	1935	찬송가	장홍범 편역	조선예수교장로회

언더우드의 『찬양가』(1894)는 오선악보로 된 최초의 찬송가집이다. 1892년에 악보 없이 간행된 감리교회의 『찬미가』와는 달리 장로교회 전용 찬송가로 악보사용의 필요성을 느낀 언더우드가 서상륜과 최명오의 도움을 받아 117편의 찬송가를 번역한 것이다.[15] 이 『찬양가』는 서양식 악보가 처음으

---
[15] 민경찬, 「창가를 다시 묻는다」, 『동악어문학』 51집, 동악어문학회, 2008, 13쪽 참조.

로 인쇄된 음악책이기도 하다. 총 11편 가운데 백홍준이 지은 4장 "이 세상을 내신 이는 여호와 하나뿐일세" 등 7편이 한국인 작사 찬송가이다. 주로 서울과 남부지방의 장로교회에서 사용하였다. 1909년에는 『찬송가』가 발행되었는데 여기에 수록된 찬송가는 이후 독립군가와 애국가의 선율로 가장 많이 차용된 것16)으로 알려져 있다.

애니 베어드가 쓴 『창가집』은 서언, 제1편, 제2편으로 구성되어 있다. 제1편에는 46곡의 창가가, 제2편에는 19곡의 찬송가가 곡보와 함께 수록되었다. 창가와 찬송가의 내용에 맞춰 각각 36컷과 12컷의 삽화를 삽입한 특징이 있다. 제1편에 수록된 작곡가는 대부분 알려져 있지 않지만 찬송가의 선율을 차용한 것이 여러 편 있으며, 숭실교가와 일본인 작곡가가 작곡한 〈철도 창가〉의 선율도 찬송가에서 차용한 것이다.17)

개항 이후 최초로 근대적 인쇄 매체물에 국문시가가 발표되기 시작한 것은 1896년에서 1899년 사이에 『독립신문』에 게재된 작품으로 알려져 있다. 또한 한국어 번역 찬송이 처음으로 출간된 것은 감리교 선교사들이 편찬한 『찬미가』인데, 1892년 서울에서 출판되었으나 한국기독교박물관에서 소장하고 있는 것은 1896년 재판본이다. 1894년 『찬양가』 서문에는 찬송가 가사의 번역의 실제사정을 엿볼 수 있는 언더우드의 술회가 기록되어 있다. 언더우드는 번역의 어려움을 토로하면서 번역과정에서 한국인의 협력을 얻은 점을 밝히고 있다.18) 번역상의 문제를 간파하여 적합하게 개작하는 등 찬송가 가사 번역의 틀을 세운 자는 애니 베어드이다. 음악을 전공했던 애니 베어드는 한국어를 리듬(음절)으로 연구하여 한국시가 8음절의 강약 격식(찬송가는 이와 반대로 약강 격이라는 것이다)임을 발견하고 이를 적용하여 한국

---

16) 민경찬, 위의 논문, 15쪽 참조.
17) 오선영, 「찬송가의 번역문제 : 율의 번역과 번역의 율」, 『상허학보』 11집, 상허학회, 2003, 68쪽 참조.
18) H.G. 언더우드, 「찬양가 서문」, 『찬양가』, 예수선교회당, 1894 참조. 언더우드의 술회는 번역방법의 문제인 직역과 의역 간의 차이를 제기한 셈이다.

어에 맞는 번역을 시도했다.19) 이처럼 찬송가의 가사는 음악학의 중요한 영역이기도 하면서 또한 시문학의 텍스트로써 연구대상이 되기도 한다. 찬송가의 노랫말과 국문시가는 노래와 시라는 장르상의 차별성을 띠지 않은 채 향유되었던 것을 알 수 있다.

찬송가와 근대 초기 시형태의 관련성은 음악적 성격과 문학적 성격의 차별성에 대한 규명으로도 근대 초기 시형식의 변화 및 찬송가와의 관계를 조명해볼 수 있을 것이다. 노래중심의 찬송가는 가사의 음절수가 시 텍스트의 음수율과 동일시 될 수는 없으나 한국 시형식의 변화 특히 음수 강약과 고저율, 장단률, 음보율을 중심으로 고찰해볼 수 있다. 음보율에서 음수율로 변화를 겪게 되는 근대 시가는 전통시가 장르에 분절이나 후렴구의 삽입이 등장하거나 각 연마다 동일한 자수 대응 방식으로 나타나는 시가들이 생겨나 신체시의 등장에도 일정 부분 영향을 끼친다. 근대 초기 시가의 변화와 문화사적 맥락으로서의 찬송가 번역은 창가 외에도 신체시 등 한국근대시의 양상에도 영향을 준 것으로 보인다.20) 한국기독교박물관 소장 찬송가 자료를 토대로 이와 관련하여 보다 구체적인 연구가 필요하다.

3. 기독교 신문 및 잡지의 문예학적 성격

한국기독교박물관에는 다수의 기독교 신문 및 잡지가 보관되어 있다. 그 가운데 『그리스도신문』은 1897년 4월 1일 창간된 순한글판 기독교 주간신문으로서 언더우드가 편집을 맡고 미국 북장로회 선교회에서 발행했다. 『그리스도신문』은 창간호부터 39호까지 한국기독교박물관에 소장되어 있다. 창간호에는 당시 조선에서 가장 시급했던 근대 지식의 중요성을 언급하고 있으며, 서양 각국의 정세와 서양 문명 및 문화를 소개하는 기사를

---

19) 문옥배, 「근대 선교사의 찬송가 번역에 관한 연구」, 『음악과 민족』 22호, 민족음악회, 2001, 113쪽 참조.
20) 전영주, 앞의 논문, 232쪽 참조.

수록했다. 『그리스도신문』은 당시 개화사상의 확산에 기여했고 민족주의와도 결합하여 민족운동의 기반을 형성하는 데에도 영향을 준 것으로 알려져 있다. 이외에 인쇄물로서의 기독교 신문과 잡지의 영향이 문학과 예술의 확산에 끼친 바는 한국기독교박물관에 소장된 다음의 자료를 통해 살펴볼 수 있을 것이다.

① 『그리스도신문』(1897) : 한국최초의 기독교 신문. 언더우드가 창간.
② 『조선 그리스도인 회보』(1897) : 1907년에 『그리스도신문』과 합해져 『예수교신보』로 개칭함.
③ 『예수교회보』(1910) : 장로회에서 1910년 2월부터 1914년 8월까지 발행한 주간신문. 게일과 언더우드가 발간에 참여하여 장로회 총회 기관지로 활용되었음. 선교중심의 기독교적 내용을 주로 실었으며 성경연구 등이 많이 수록되어 있음.
④ 『기독신보』(1915~1937) : 1915년 장로교와 감리교 연합으로 발행됨. 한국인의 주체적인 문필활동이 가능했던 기독교신문이었으며, 박동완 김필수 등 민족의식이 강한 한국인이 참여함. 1937년 폐간될 때까지 일제강점기 복음을 구현하는 대변자로서의 역할을 함.
⑤ 『신학지남』(1918~1940) : 평양의 장로회신학교에서 1918년 3월에 간행한 최초의 기독교 잡지이며 1940년 제22권5호까지 발행되었음. 다수의 잡지를 위탁 출판했음.
⑥ 『성경잡지』(1918) : 중국에서 발간한 『성경보』를 게일이 번역하여 발행한 기독교 잡지. 주로 성경강해, 교리해설 등을 게재했음.
⑦ 『주일학교연구』(격월간지) : 『신학지남』에서 격월로 발간한 잡지. 주일학교의 조직과 아동심리, 성경공부 방법에 관한 내용을 소개했음.
⑧ 『The Korea Mission field』(1904~1940) : 1904년부터 1940년까지 가장 오래 발행된 잡지. 본 웍이 미 북장로회 선교사 빈튼의 『The Korea field』(1901)와 미 감리회 선교사 존스의 『The Korea Methodist』(1904)를 통합하여 『The Korea Mission field』(1904~1940)란 이름으로 발행한 것. 이 잡지는 한국선교와 관련된 수준 높은 글이 수록되어 한국교회사 연구의 중요 자료가 되고 있음. 국내

외 정세 등 근대 학문지식을 실음.
⑨ 『The Korea Bookman』(1920) : 1920~1925년간 조선예수교서회에서 발간. 계간지로 발간되었는데 한국기독교박물관에는 1920년에 발간된 제2호가 소장되어 있음. 한국근대학술매체로서의 역할을 했으며 광고를 함께 싣는 특징이 있으며 윌리엄 커의 정기적인 근대잡지 리뷰가 주목됨.
⑩ 『종교교육』(1931) : 1930년 1월에 발간된 기독교 월간잡지. 국한문 혼용체이며 분량은 70면 정도. 주일학교신보가 종교교육으로 개명하여 발행된 것임. 조선의 실정에 맞는 교육전문지의 필요성에 의해 발행된 것으로 아이들에게 들려주는 재미있는 이야기와 수수께끼를 수록함. 200부를 인쇄한 것으로 알려져 있다.

이 가운데에 『The Korea Bookman』(1920~1925)은 한국근대문학에 대한 리뷰가 실려 있다. 특히 윌리엄 커(William C. Kerr)[21]는 1922년 11월에서 1925년 6월 사이에 조선에서 발행된 『개벽』, 『신천지』, 『신생활』, 『신여성』, 『어린이』, 『샛별』, 『신소년』, 『영대』, 『조선문단』, 『생장』, 『금성』, 『영대』, 『조선지광』, 『조선아동』, 『어린이』, 『(교지) 보성』, 『(일본어 잡지)朝鮮 及 朝鮮人』 등을 토대로 하여 리뷰를 게재했다. 윌리엄 커는 『개벽』에 실린 기사들을 거의 매호에서 번역하고 논평했다.

『신학지남』(1918~1940)은 평양의 장로회신학교에서 1918년에 간행한 최초의 기독교 잡지이며 제22권5호를 발행했다. 이 잡지는 복간되어 현재에도 지속적으로 발간되고 있다. 『The Korea Mission field』(1904~1940)는 국내외 정세와 근대학문의 소개도 함께 실었다. 이 잡지는 선교사들의 번역의 어려움과 방법이 에세이 방식으로 수록되어 초기 번역문학의 언어 간 구조 차이와 의미전달 문제 등이 번역자인 선교사들 간에도 의견차가 있음을 보여준다.

---

[21] 황호덕, 「사전과 번역과 현대한국어문학, 고유한 근대지성의 출현과 전파번역의 황혼 – 이광수, 제임스 게일, 윌리엄 커의 근대한국어관, The Korea Bookman을 중심으로」, 『반교어문연구』 42집, 반교어문학회, 2016, 13~64쪽 참조.

이처럼 근대 초기 선교사에 의해 한국어로 펴낸 기독교 잡지와 신문의 발간은 조선의 인쇄술 발전에도 기여했다. 이 시기 기독교신문 잡지 발간은 "외국어-한국어의 개념 전이에 관하여 토착지성의 참조점이 되고, 토착지성의 작업과 선교사들의 작업이 식민권력의 참조점이 되거나 반대로 식민권력의 교육어가 선교사들의 어휘망에 재기입 되는 일들"[22]을 상기시킨 의의가 있다. 앞으로 한국기독교박물관에 보관된 기독교 신문과 잡지의 광고란 및 문예란 등을 검토하여 성경 번역과 선교에 중점을 둔 선교사들의 인쇄물에 내포된, 근대문학과 근대예술의 면모를 살펴볼 수 있을 것이다.

Ⅳ. 맺음말 : 앞으로의 연구 전망과 남은 과제들

지금까지 살펴본 바와 같이 한국기독교박물관에 소장된 사료는 대다수 기독교 자료라는 점이 입증되나, 근대 초기 기독교의 유입과 관련한 자료들이 또한 이 시기의 〈문학과 예술〉 관련 자료임을 잘 알 수 있었다. 기독교 자료는 단순히 종교적 차원을 넘어서서 한국근대문학과 예술의 다양한 국면을 드러내고 있기 때문에 매우 중요한 것이다. 특히 근대 초기 번역과정에서 삽화(회화)를 이용하는 방식(『고영규젼』, 『천로역정』 등)은 예술을 텍스트와 접목하여 소통을 꾀하려는 근대성의 交通이 내재된 것이며, '찬송가'라는 개신교의 종교적 함의가 담긴 '음악'은 한국근대시가 형성에도 영향을 끼친 점이라 할 수 있다.

찬송가라는 종교음악이 단순히 음악적 차원의 개념을 넘어서서 근대음악의 리듬과 근대시의 운율에 영향을 준 사실도 附言의 여지를 준다. 앞서 언급하였지만 찬송가의 운율이 근대학교의 교가에 끼친 영향과 함께 신체

---

[22] 황호덕, 위의 논문, 63쪽 참조.

시의 형성에 관여하고 기여한 근거를 찾아볼 수 있다. 신체시는 자유시로 이행되는 과정에서 찬송가의 음률이 어떤 방식으로 적용되고 변모과정을 거쳤는지를 역설하는 단초가 되어준다.

이러한 미진한 생각들은 앞으로 한국기독교박물관에 소장된 자료의 검토와 분석을 토대로 하여 구체적인 연구로 이어지면서 증명되어야 할 것이다. 이 글은 자료현황과 활용방안의 '제안'에 그친 한계점이 내정된 것을 인정할 수밖에 없다. 앞으로 다수의 남은 과제들에 대한 지속적 연구를 수행해야 할 것이다. 향후 한국기독교박물관과 근대문학의 긴밀한 관계망 안에서 보다 능동적인 연구가 더욱 필요하다.

숭실대학교
한국기독교박물관 소장
근·현대시기 영문 자료 연구
(17세기~20세기 전반기)

김지영

숭실대학교 한국기독교박물관 소장
근·현대시기 영문 자료 연구
(17세기~20세기 전반기)

Ⅰ. 머리말

숭실대학교 HK+사업단은 '근대전환공간의 인문학: 문화의 메타모포시스'라는 주제로 한국 연구재단의 인문한국플러스사업의 연구 과제를 수행하고 있다. 본 연구 과제를 수행함에 있어 숭실대학교 한국기독교박물관이 소장하고 있는 한국근현대사 관련 자료들은 매우 중요한 자료이다.

본고에서는 숭실대학교 한국기독교박물관에 소장되어 있는 한국근현대사 관련 자료 중 영어로 씌여진 자료를 조사하여 간략하게나마 그 규모와 내용을 파악해 보고자 한다. 이미 숭실대학교 한국기독교박물관에서는 소장하고 있는 영문 자료에 대한 기본적인 목록과 서지사항을 정리해 놓았다. 따라서 필자는 숭실대학교 한국기독교박물관에서 정리해 놓은 자료를 토대로 하여 각 영문 자료의 성격과 내용을 살펴보고, 이 자료 중 숭실대학교 인문한국플러스사업단의 아젠다와 부합하는 자료들에 대한 연구를 진행하고자 한다. 따라서 본 글은 숭실대학교 한국기독교박물관에 소장되어 있는 영문 자료의 현황을 파악하고, 이 자료들 중 '근대전환공간의 인문학: 문화의 메타모포시스'라는 아젠다에서 활용할 수 있는 자료를 검토해보는 것을 목적으로 한다.

따라서 이 글은 필자의 주장이나 논지를 증명하는 방식의 글이 아니라, 자료를 이해하고 분석하는 데 중점을 둘 것이다. 연구의 방법으로는 먼저 숭실대학교 한국기독교박물관에서 작성한 영문 자료의 목록을 검토하여 연대(세기)별로 정리한 후, 각 자료에 대한 내용을 간략하게 소개하는 방식을 사용한다. 현재 숭실대학교 한국기독교박물관에 소장되어 있는 근현대사 관련 영문 자료는 총 597권이다. 이 자료들은 대부분 보고서, 잡지, 개인 일기 등이며 상당수 서적은 이미 한국어로 번역이 되어 있기도 하다. 또한 많은 자료들이 다른 박물관이나 도서관 등에 소장되어 있어, 숭실대학교 한국기독교박물관에만 소장되어 있는 유일본은 발견하기가 쉽지 않다. 이러한 한계점에도 불구하고 본 연구는 한국의 근대적 전환기에 큰 족적을 남긴 숭실대학교 한국기독교박물관 소장 자료를 검토하고, 이를 통하여 숭실대학교가 한국의 근대화에 기여한 바를 밝혀내는 데에도 일조할 수 있을 것이다.

이 글은 숭실대학교 한국기독교박물관으로부터 제공받은 소장 자료 목록을 활용하여 작성된 것이므로 필자가 전체 외국어 소장 자료를 정밀히 분석하였다고 말할 수 없다. 그와 같은 작업은 장기간에 걸쳐 세밀히 진행되어야 한다고 판단한다. 따라서 이 글이 갖고 있는 의미는 숭실대학교 인문한국플러스사업 추진을 위한 기초조사로서 소장 자료의 현황파악을 통해 향후 연구사업의 자료로 활용될 수 있는지의 여부를 판단하는 데 활용할 수 있다는 점이다.

글의 구성은 먼저 서론에서 본 연구의 목적과 방향, 내용을 밝히고, 제Ⅱ장에서는 숭실대학교 한국기독교박물관 소장 영문 자료 중 17세기~18세기에 간행된 자료를 분석한다. 이 시기의 소장 자료가 워낙 소략하기 때문에 17세기~18세기를 하나의 장에서 분석한다. 제Ⅲ장에서는 19세기에 간행된 자료를 검토한다. 숭실대학교 한국기독교박물관에 소장된 자료 중 19세기에 발간된 것은 총 103권이다. 제Ⅳ장에서는 20세기에 간행된 자료를 분석한다. 20세기에 간행된 자료는 총 460여 권으로서 실제적으로 숭실대학교의 인문한국플러스사업의 연구 아젠다와 밀접하게 연관되어 있는 자료들은 대부분 이 시기의 것이다. 제Ⅴ장에서는 이들 자료들의 활용방안으로서 가능한 대안을 찾아본다. 예를 들어 영천 강정훈 선생이 숭실대학교 한국기독교박물관에 기증한 자료 중 근현대 시기의 영문 자료를 선별하여 이 자료에 대한 비교적 세밀한 분석을 하고, 한국어로 번역되어 있는 자료 중 번역의 가치가 있는 자료를 선별하여 숭실대학교 인문한국플러스사업단의 번역 사업에 활용한다. 각주의 내용 중 대다수는 숭실대학교 한국기독교박물관 소장 자료에 대해 타기관의 소장 여부, 인터넷 아카이브상의 존재여부 등을 검색하여 부기한 것이다.

Ⅱ. 17~18세기 간행 영문서적

숭실대학교 한국기독교박물관이 소장하고 있는 17세기의 자료는 1681년 존 오웬이가 저술한 *An Humble Testimony* 라는 책이 1권이 있는 것으로 파악되었다. 숭실대학교 한국기독교박물관이 기존에 정리한 자료에는 *An Humble Testimony* 라고만 기재되어 있지만, 동일한 서명으로 인터넷과 외국의 전자도서관을 활용하여 검색해본 결과 원 제목은 *An humble testimony unto the goodness and severity of God in his dealing with sinful churches and nations, or, The only way to deliver a sinful nation from utter ruine by impendent judgments, in a discourse on the words of our Lord Jesus Christ,*

Luk. 13, 1, 2, 3, 4, 5이었다.[1] 아마도 정리 과정에서 전체 제목이 누락된 듯하다. 주지하다시피 존 오웬은 유명한 개신교 신학자로서 이 책 이외에도 상당한 저서를 남겼다. 이 서적은 본 사업단의 아젠다와는 상당히 거리가 있지만, 17세기 자료라는 점에서 의미가 있다. 이 자료는 인터넷상에서 원본을 발견할 수 있다.

다음으로 18세기에는 총 5권의 영문도서가 발견되는데 이 중 '*BEAUTOFULLY BOUND AND ILLUSTRATED 18TH-GENTURY BIBLE WITH BOOK OF COMMON PRAYER AND CONCORDANCE*'와 '*HOLY BIBLE-THE PROVERS, HOLY BIBLE-GENESIS*'는 성경책이다. 다만 박물관에 제시되어 있는 목록에서 'BEAUTOFULLY BOUND…'는 'BEAUTIFULLY BOUND..'의 오타로 보인다. 다음으로 '*The Oeconomy of Human Life*'는 Dodsley Robert가 1751년에 저술한 책으로서 중국, 티벳, 인도 등 아시아의 삶에 대한 내용을 다룬 책이다. 이 책은 서구인의 시각에서 아시아를 바라본 것으로서 상당한 왜곡과 편견이 드러나 보이지만 당시 이러한 종류의 책을 남긴 저자들이 워낙 소략하다 보니 나름대로 연구의 가치가 있다고 할 수 있다.

이 책은 서양인이 이해한 아시아인의 문화와 관습이라는 측면에서 서양인의 아시아에 대한 인식을 확인할 수 있으며, 이러한 점이 숭실대의 인문한국 아젠다를 연구하는데 도움이 될 것이라고 판단한다. 존 에반스가 저술한 *Sketch of the Life and Writings of John Milton*은 존 밀턴의 사상에 대한 내용을 다룬 것으로서 숭실대학교 인문한국플러스사업단 아젠다와의 상관성은 그리 높아 보이지 않는다.

상기 도서들은 모두 인터넷상에서 원문을 구할 수 있고, 국내의 국회도서관이나 국립중앙도서관 등에도 원본의 일부가 소장되어 있다. 현재 숭실대학교 한국기독교박물관에 소장되어 있는 도서의 목록과 내용을 아래의

---

[1] https://quod.lib.umich.edu/e/eebo/A53702.0001.001?view=toc,
 http://www.prayermeetings.org/files/John_Owen/Owen_V08_16_Sermons.pdf

도표에 정리하였다.

〈표 1〉 숭실대학교 한국기독교박물관 소장 18세기 간행 서적

영문제목	내용	간행연도
BEAUTIFULLY BOUND AND ILLUSTRATED 18TH-GENTURY BIBLE WITH BOOK OF COMMON PRAYER AND CONCORDANCE	성경	1728
The Oeconomy of Human Life[2]	중국, 티벳, 인도 여행기	1769
HOLY BIBLE- THE PROVERS[3]	성경	1795
HOLY BIBLE-GENESIS[4]	성경	1795
Sketch of the Life and Writings of John Milton[5]	존 밀턴의 사상과 삶에 대한 소개서	1799

Ⅲ. 19세기 간행 숭실대학교 한국기독교박물관 소장 영문 서적

19세기에 간행된 책으로는 총 103권의 저서가 발견되는데, 숭실대의 인문한국플러스사업 아젠다와 관련 된 서적은 주로 1800년대 말에 저술된 책이다. 이 중 로웰이 저술한 *CHOSON, THE LAND OF THE MORNING CALM : A SKETCH OF KOREA*은 매우 중요한 저작으로서, 1883년에 조선에 온 그는 당시 조선의 상황을 매우 세밀하게 묘사하였다. 이 책은 최초로 조선을 외부세계에 알리고 소개하는 저서로서 의미가 크다고 할 수 있다.

선교사 로스가 1891년 저술한 *History of Corea*는 단군이 고조선을 개국한

---

[2] https://archive.org/details/oeconomyofhumanl00dods/page/n5
[3] https://www.abebooks.com/servlet/SearchResults?yrh=1802&x=0&yrl=1791&y=0&bi=0&ds=50&sts=t&bx=off&sortby=1&tn=holy+bible
[4] https://www.abebooks.com/book-search/title/holy-bible/pub-min/1791/pub-max/1802/sortby/1/n/200000169/
[5] https://www.thegreatcourses.com/courses/life-and-writings-of-john-milton.html

시기부터 1870년까지의 모습을 역사적으로 기술하였다. 이 책에는 사회관습, 종교, 통치제도, 언어, 지리, 복식 등 사회생활의 여러 유형이 삽화와 함께 포함되어 있다. 이 책은 한국어 번역본이 나와 있다.

*The Korean Repository*는 1892년부터 1898년까지 국내에서 발간된 최초의 영문 잡지로 주로 서양인이 집필하였다. 이 잡지 집필진의 대부분은 선교사 등 지식인 계층으로서 당대 조선의 모습을 정치, 경제, 신분, 문학, 풍습, 언어, 기행 등의 각 분야로 나누어 집필하였다. 따라서 숭실대학교 인문한국플러스사업단이 추진하는 아젠다의 성격에 부합하는 잡지로서 이 잡지 전반에 대한 구체적이고 세밀한 연구가 필요하다고 판단한다.

*The Korean Repository*에 대한 연구를 통하여 해외에서 한국학에 대한 논의가 어떻게 시작되었으며, 어떠한 방향으로 진행되어 왔는지에 대한 연구를 수행하는 것도 매우 의미 있는 작업이 될 것이다.

다음 도표에는 숭실대학교 한국기독교박물관 소장 19세기 간행 영문도서의 간략한 한글 해제를 달아놓았다. 향후 이 자료들은 각 내용별 종류별로 분석하여 한국의 근현대전환공간에서 나타나는 메타모포시스의 여러 유형들을 연구하는데 사용될 것이다. 물론 한국과 관련된 자료가 주가 되겠지만, 동양 혹은 아시아에 대한 서양인의 시각이 드러나는 자료들은 비교사적 연구의 차원에서 검토해 보는 것도 의미가 있을 것이다. 숭실대학교 한국기독교박물관 및 타 도서관이나 박물관의 소장 여부가 파악되지 않은 자료의 상당수도 이미 여러 기관에 원본이 소장되어 있을 것으로 보여진다. 따라서 본 자료들이 숭실대학교 한국기독교박물관 소장 유일본인지의 여부보다는 본 자료들이 연구 혹은 번역대상으로서 학술적 가치가 있는지 여부를 판단하는 것이 중요할 것이라고 판단한다.

〈표 2〉 숭실대학교 한국기독교박물관 소장 19세기 간행 서적

영문제목	내용	간행연도
THE LIFE OF WASHINGTON6) Ⅰ	워싱턴의 삶	1800년대 말
THE LIFE OF WASHINGTON Ⅱ	워싱턴의 삶	1800년대 말
Account of A Voyage of Discovery to the West Coast of Korea and the Great Loo-Choo Island.7)	조선의 서해안에서 행한 탐사보고서, 추(제주도)	1818
VOYAGE OF HIS MAJESTY'S SHIP ALCESTE, ALONG THE COAST OF COREA, TO THE ISLAND OF LEWCHEW WUTH AN ACCOUNT OF HER SUBSQUENT SHIPWRAECK.8)9)	조선 해안 탐험기	1818
Extracts from a journal, written on the coasts of Chili, Peru, and Mexico, in the Years, 1820, 1821, 1822 Vol. Ⅰ.10)	남미 선교에 관련된 잡지	1826
Extracts From a journal, written on the coasts of Chili, Peru, and Mexico, in the Years,1820, 1821, 1822 Vol. Ⅱ 11)	남미 선교에 관련된 잡지	1826
THE HOLY BIBLE	성경	1826
Voyage to the Eastern Seas12)	동해바다 혹은 동쪽의 바다에 대한 탐사보고서	1827
A Sketch of Chinese History vol.113)	중국 역사 스케치	1834
THE CHINESE REPOSITORY14)	서구 개신교 선교사들에 의해 1832년부터 1851년까지 20년간 대륙에서 최초로 발행한 영문 월간지	1834
China Opened; OR: A Display of the Topography, History, Customs, Manners, Arts, Manufactures, Commerce, Literature, Religion, Jurisprudence, Etc, of the Chinese Empire Vol. Ⅱ 15) China Opened Vol.Ⅱ(숭실대작성기록)	중국이 열렸다. 중국에 대한 일반 개황 소개서, 각종 사회관습과 문화에 대해서도 기록	1838
FATHER RIPA'S RESIDENCE AT THE COURT OF PEKING16)	리파 신부의 북경 거주기	1846
A COMMENTARY OF THE OLD AND NEW TESTAMENTS BY MATTHEW HENRY VOL. Ⅰ. GENESIS TO ESTHER17)	신구약 성경해설	1846년경
A COMMENTARY OF THE OLD AND NEW TESTAMENTS BY MATTHEW HENRY VOL. Ⅱ. JOB TO MALALCHI	신구약 성경해설	1846년경
A COMMENTARY OF THE OLD AND NEW TESTAMENTS BY MATTHEW HENRY VOL. Ⅲ. ST. MATTHEW TO REVELATION	신구약 성경해설	1846년경

DAILY BIBLE ILLUSTRATION	삽화가 포함된 성경	1851
A JOURNEY THROUGH THE CHINESE EMPIRE[18]	중국여행기	1855
NARRATIVE OF THE EXPEDITION OF AN AMERICAN SQUADRON TO THE CHINA SEAS AND JAPAN[19]	미국 해외파견 중국과 일본 방문기	1856
THE PRINCE OF PEACE; OR, LAYS OF BETHLEHEM	성경관련 책	1858
THE LIFE OF OUR BLESSED LORD AND SAVIOUR JESUS CHRIST	예수그리스도의 삶을 다룬 책	1860
THE MEDICAL MISSIONARY IN CHINA	중국 의료선교 이야기	1861
THE EPISTLE OF PAUL TO THE ROMANS	로마서	1867
DR. WILLIAM SMITH'S DICTIONARY OF THE BIBLE	성경 사전	1868
Our Life in China	중국에서의 삶	1869
CHINA AND JAPAN, AND A VOYAGE THITHER[20]	중국과 일본 여행기	1870
THE COREAN MARTYRS : A NARRATIVE	조선의 순교자들(구술)	1870
HARPER'S WEEKLY[21]	미국의 정치 잡지. 1857~1916년까지 발간	1871.07.08
HARPER'S WEEKLY	미국의 정치 잡지. 1857~1916년까지 발간	1871.09.09
Pekin, Teddo, and San Francisco THE CONCLUSION OF A VOYAGE ROUND THE WORLD	세계 일주 여행보고서	1872
The Holy Bible(containing the Old and New Testament)	성경	1873
The Holy Bible(Old and New Testaments)	성경	1874
MEMORIALS OF THE MERCIES OF A COVENANT GOD	커쇼 목사의 자서전	1876
A FORBIDDEN LAND: VOYAGES TO THE KOREA, WITH AN ACCOUNT OF ITS GEOGRAPHY, HISTORY, PRODUCTIONS, AND COMMERCIAL CAPABILITIES.	금지된 땅. 다른 유럽과 일본어, 중국어 자료들을 활용하여 한국을 소개하고 있다.	1880
History of Corea[22]	1891년 존 로스 발간, 매우 중요한 한국 역사서	1880
NOTE AND SKETCHES FROM THE WILD COASTS OF NIPON WITH CHAPTERS ON CRUISING AFTER PIRATES IN CHINESE WATERS[23]	일본의 해안 항해를 기록한 책	1880
THE MANCHUS, OR THE REIGNING DYNASTY OF CHINA	만주의 성쇠에 대한 책. 만주 사람들의 역사와 사회를 다룬다.	1880

ILLUSTRATED LONDON NEWS MAR 19, 1881[24]	주간으로 발행되는 영국의 정기간행물. 1842년 5월 14일 잉글랜드출신의 하버드 잉그램에 의하여 창간	1881.03.19
A FORBIDDEN LAND: VOYAGES TO THE COREA, WITH AN ACCOUNT OF ITS GEOGRAPHY, HISTORY, PRODUCTIONS, AND COMMERCIAL CAPABILITIES	유럽 언어들과 일본어, 중국어 자료들을 활용하여 한국을 소개하고 있다.	1882
ILLUSTRATED LONDON NEWS SEP.2, 1882	주간으로 발행되는 영국의 정기간행물. 1842년 5월 14일 잉글랜드출신의 하버드 잉그램에 의하여 창간	1882.09.02
FAMOUS WOMEN GEORGE SAND	'조르쥬 상드'란 여성 소설가에 대한 책 (한국과 관련 없음)	1883
TREASURES FROM THE POETIC WORLD with BIOGRAPHICAL SKETCHES[25]	저자의 전기를 포함한 세계 유명한 시들을 모은 시집	1884
THE GRAPHIC JULY 25, 1885	'더그래픽'이란 유명한 영국 주간지.	1885.07.25
CHOSON, THE LAND OF THE MORNING CALM : A SKETCH OF KOREA[26]	서양에서 잘 모르는 한국의 지형, 관습, 문화를 소개하는 책. 미국으로 간 한국 사절단을 동반한 로웰이 썼다.	1886
THE GRAPHIC DEC.11, 1886	'더그래픽'이란 유명한 영국 주간지	1886.12.11
A Corean Manual(한국문법)	한국어 표현과 한국어 문법이 들어있는 한국어 교과서	1887
Critical and Exegetical Handbook[27]	비판적, 해석적 기독교 핸드북	1887
THE CRISIS OF MISSIONS : The Voice Out of the Cloud[28]	선교의 위기	1887
THE HOLY SCRIPTURES OF THE OLD TESTAMENT(HEBREW&ENGLISH)	구약 성서 (히브리어/영어)	1887
THE GRAPHIC FEBRUARY 12, 1887	'더그래픽'이란 유명한 영국 주간지	1887.02.12
ILLUSTRATED LONDON NEWS NOV.26, 1887	주간으로 발행되는 영국의 정기간행물. 1842년 5월 14일 잉글랜드출신의 하버드 잉그램에 의하여 창간. 삽화가 포함된 된 일간지 '런던뉴스'	1887.11.26
CHINA'S MILLIONS, 1888	'중국에서의 수백만 명'이라는 제목의 선교 연간잡지	1888
THE LONG WHITE MOUNTAIN OF A JOURNEY IN MANCHURIA, WITH SOME ACCOUNT OF THE HISTORY, PEOPLE, ADMINISTRATION AND RELIGION OF THAT COUNTRY[29]	만주에 대한 책. 역사, 현지인, 행정, 종교에 대한 정보와 여행에 대한 회고담	1888
English-Corean Dictionary	영-한 사전	1891
History of the Christian Church vol Ⅵ	기독교 교회의 역사	1892

PERMARE PER TERRAM: Reminiscenses OF THIRTY-TWO YEARS' MILITARY, NAVAL, AND CONSTABULARY SERVICE30)	32년의 병역, 해군 업무에 대한 회고담	1892
THE TRAVELS OF MARCO POLO	마르코 폴로의 동방견문록	1892
A Corean Manual(한국문법)	한국어 표현과 한국어 문법이 들어 있는 한국어 교과서	1893
Digest of the S.P.G.Records	외국 복음전도회의 비밀 보고서	1893
CHRISTIAN ETHICS	기독교 윤리에 대한 책	1894
PROBLEMS OF THE FAR EAST31)	일본의 발전, 한국의 미래, 중국의 발전에 대해 논의하고 있는 책	1894
THE GRAPHIC JULY 21, 1894	'더그래픽'이란 유명한 영국 주간지	1894.07.21
ILLUSTRATED LONDON NEWS OCT.13, 1894	주간으로 발행되는 영국의 정기간행물. 1842년 5월 14일 잉글랜드출신의 하버드 잉그램에 의하여 창간	1894.10.13
THE GRAPHIC NOV.3, 1894	'더그래픽'이란 유명한 영국 주간지	1894.11.03
PROBLEMS OF THE FAR EAST JAPAN-CHINA-KOREA	일본의 발전, 한국의 미래, 중국의 발전에 대해 논의하고 있는 책	1894.7
COREA OR CHO-SEN(The Land of Morning Calm)32)	한국을 최대한 한 객관적으로 묘사하고 있는 책. 실제적 지식이 많다.	1895
LI HONG CHANG : PUBLIC MEN OF TO-DAY	'오늘 날의 공인들'이란 시리즈의 한 권. 이홍장에 대한 글	1895
THE KOREAN REPOSITORY	1892~1898년 출간된 한국 기독교 선교에 대한 월간지	1895
THE PEOPLE AND POLITICS OF THE FAR EAST33)	영국, 프랑스, 스페인과 포르투갈 식민지에 방문한 노르먼의 회고담. 시베리아, 중국, 일본, 한국, 샴, 버마에 대한 내용이 들어 있음.	1895
THE WAR IN THE EAST : JAPAN, CHINA, AND COREA.	중일전쟁에 대한 포괄적인 설명과 중국, 일본, 한국 역사를 다룬 책	1895
DRAGONS AND CHERRY BLOSSOMS	모리스 여사가 일본을 방문하여 쓴 회고담	1896
NEW TESTAMENT THEOLOGY VOL.1	신약 성서 신학	1896
NEW TESTAMENT THEOLOGY VOL. II	신약 성서 신학	1896
Philips' Atlas for Beginners34)	필립스 지도책	1896
ROBERT AND LOUISA STEWART35)	중국(?)에서 체류한 스튜워트 선교사 부부의 전기	1896
The Korean Repository vol. III	The Korean Repository는 1892년부터 1898년까지 국내에서 발간된 최초의 영문 잡지. 매우 중요한 자료	1896.1~12

THE KOREAN REPOSITORY VOL. Ⅲ NO. 7	The Korean Repository는 1892년부터 1898년까지 국내에서 발간된 최초의 영문 잡지. 매우 중요한 자료	1896.6
THE KOREAN REPOSITORY VOL. Ⅲ NO. 8	The Korean Repository는 1892년부터 1898년까지 국내에서 발간된 최초의 영문 잡지. 매우 중요한 자료	1896.8
GREEK-ENGLISH LEXICON OF THE NEW TESTAMENT36)	그리스어-영어 신약 성서 사전	1897
KOREA AND HER NEIGHBORS : A Narrative of Travel, with on account of the Recent Vicissitudes and present Position of the Country37)	1894년과 1897년 사이에 한국과 중국을 방문한 버드의 책. 개항 직후의 한국 사람들의 삶, 관습을 잘 보여주는 책	1897
THE LIFE OF REV.WILLIAM JAMES HALL, M.D. : MEDICAL MISSIONARY TP TJE SLUMS OF NEW YORK PIONEER MISSIONARY TO PYONG YANG, KOREA	평양에서 선교사로 활동한 홀 선교사의 전기	1897
THE KOREAN REPOSITORY VOLUME Ⅳ JANUARY-DECEMBER, 1897	The Korean Repository는 1892년부터 1898년까지 국내에서 발간된 최초의 영문 잡지. 매우 중요한 자료	1897.10
The Korean Repository38)	The Korean Repository는 1892년부터 1898년까지 국내에서 발간된 최초의 영문 잡지. 매우 중요한 자료	1897.11
THE KOREAN REPOSITORY VOL. Ⅳ. NO. 12	The Korean Repository는 1892년부터 1898년까지 국내에서 발간된 최초의 영문 잡지. 매우 중요한 자료	1897.12
AN AMERICAN CRUISER IN THE EAST39)	동양을 여행한 미국인에 대한 이야기	1898
EVERY-DAY LIFE IN KOREA(A COLLECTION OF STUDIES AND STORIES)	조선의 일상생활에 대한 간략한 소개	1898
ILLUSTRATED LONDON NEWS 1898	주간으로 발행되는 영국의 정기간행물. 1842년 5월 14일 잉글랜드출신의 하버드 잉그램에 의하여 창간. 삽화가 포함된 일간 '런던뉴스'	1898
Korean Sketches40)	미국 여행객이 알류산 열도, 베링해, 동 시베리아, 일본, 한국, 중국, 대만, 홍콩, 필리핀을 건너 간 내용	1898
THE LEADING IDEAS OF THE GOSPELS	복음서의 주요 아이디어들 포함한 책	1898
THE NEW FAR EAST	영국인인 저자가 동아시아에 대해 모르는 저자를 염두에 두어 쓴 책. 일본과, 중국의 발전과, 서양과 동양의 관계에 대한 내용이다.	1898
The Korean Repository Vol Ⅴ. No. Ⅱ	1892~1898년 출간된 한국 기독교 선교에 대한 월간지	1898.11

THE CHRISTOLOGY OF JESUS	예수의 그리스도론에 대한 책	1899
THE OLD TESTAMENT IN GREEK	그리스어 구약성경	1899
First annual meeting of the korea Woman's Conference of the methodist Episcopal Church	제1차 조선침례교 기독교여성 연차 회의 보고서	May, 13~19, 1899
The Holy Bible(新舊約聖書)	성경	光武4(1881)

6) https://www.amazon.com/George-Washington-Biography-Irving/dp/0306805936
7) https://archive.org/details/accountofvoyageo00hall/page/n9
8) https://catalog.hathitrust.org/Record/009572749
9) https://babel.hathitrust.org/cgi/pt?id=loc.ark:/13960/t6446gf4w;view=1up;seq=7
10) https://www.cambridge.org/core/books/extracts-from-a-journal-written-on-the-coasts-of-chili-peru-and-mexico-in-the-years-1820-1821-1822/568D40E1C2FCEFDCC999DA82FDC6BC14
11) https://www.cambridge.org/core/books/extracts-from-a-journal-written-on-the-coasts-of-chili-peru-and-mexico-in-the-years-1820-1821-1822/568D40E1C2FCEFDCC999DA82FDC6BC14
12) https://www.amazon.com/Eastern-Seas-Narrative-Voyage-Formosa/dp/1402178964
13) https://archive.org/details/asketchchineseh01gtgoog/page/n5
14) *The Chinese Repository*는 초기 서구 개신교 선교사들에 의해 1832년부터 1851년까지 20년 간 대륙에서 최초로 발행한 영문 월간지이다. 이 잡지에는 11,500편이 넘는 글이 실려 있는데 종교 관련 주지뿐만 아니라 중국의 정치, 역사, 문화, 지리, 상업, 법, 군사, 자연과학, 언어, 지역정보, 문헌자료에 대한 소개 등 30여 가지 주제별로 중국에 대한 각종 정보가 상세히 담겨있다.
15) https://www.univie.ac.at/Geschichte/China-Bibliographie/blog/2010/09/06/gutzlaff-china-opened/
16) https://www.goodreads.com/book/show/30879302-memoirs-of-father-ripa
17) https://www.amazon.com/Logos-Commentary-Bible-Genesis-Esther/dp/B00EXHW856
18) https://archive.org/details/journeythroughch02huceiala/page/n7
19) https://archive.org/details/narrativeofexped0156perr/page/n5
20) https://archive.org/details/chinajapanandvoy00lawruoft/page/n13
21) 하퍼스 위클리는 뉴욕에 기반을 둔 미국의 정치 잡지이다. 하퍼 앤 브라더스가 1857년부터 1916년까지 발간하였으며, 정치, 외교 뉴스와 픽션, 다양한 주제에 대한 수필, 유머 등을 삽화와 함께 실었다.
22) 선교사 로스가 발간한 한국역사책
23) https://archive.org/details/notessketchesfro00stjouoft
24) 주간으로 발행되는 영국의 정기간행물. 1842년 5월 14일 잉글랜드출신의 하버드 잉그램에 의하여 창간되었다. 우수한 화가와 계약하여 목판에 의한 삽화(16페이지에 32매를 게재)를 팔아 대성공을 했다. 1853년부터 일본 관계의 기사를 싣게 되고 이어 1861년부터 와그만 특파원(화가겸 통신원)이 동양에 파견되어 그의 晩年까지 동양 관계의 그림과 기사를 계속 보냈다. 고고학의 소개에도 힘을 쏟아 인더스 문명, 루리스탄 청동기 등을 처음으로 소개했다.
25) https://www.amazon.com/Treasures-Poetic-World-Biographical-Sketches/dp/1331427584

Ⅳ. 20세기 간행 영문서적

숭실대학교 한국기독교박물관에는 20세기에 간행된 영문 저서가 467권 소장되어 있다. 이 소장 자료들 중 상당수는 연속간행물 성격의 잡지, 보고서 등인데, 대략 300여 권 정도이다. 이 자료들 중 가장 중요한 자료로서 THE KOREA REVIEW를 들 수 있다. THE KOREA REVIEW는 1901년 1월부터 1906년 12월까지 선교사 헐버트가 발간한 한국 관련 영문 월간잡지로서 『코리안 리포지터리(the Korean Reposirory, 1882~1899년 발행)』를 계승한 영문 잡지이다. 글의 저자는 대부분 미국인이다. 이 자료는 근대전환시기 한국(조선)의 역사·문화·정치·풍습·법률·예술·과학·종교·언어·문학 등에 대해 소중한 정보를 제공하는 중요한 자료로서, 이 잡지에 실려 있는 총 151편의 글은 대부분이 근대 전환기의 중요한 사회상을 보여주고 있다. 따라서 이 글들은 숭실대학교 인문한국플러스사업단의 연구 및 분석 자료로서 가치가 높다고 할 수 있다. 이 자료들의 체계적인 연구를 통하여 당대 한국을

---

26) Chosön, the Land of the Morning Calm; a Sketch of Korea(조선, 조용한 아침의 나라(한국스케치)는 1883년 발간되어 로웰이 2달여간 한국을 방문하면서 겪은 조선의 모든 분야(지리, 계절, 도시풍경, 정치, 건축, 복식문화, 종교, 행정조직) 등을 느끼고 체험했던 경험담을 기술했다.
27) https://www.amazon.com/Critical-Exegetical-Handbook-Epistle-Galatians/dp/1115701800
28) https://archive.org/details/crisisofmissions00pier/page/n5
29) https://archive.org/details/longwhitemountai00jame/page/n7
30) https://www.amazon.com/Mare-Terram-Reminiscences-Thirty-Two-Constabulary/dp/0282305009
31) https://archive.org/details/problemsoffareas00curziala/page/n7
32) https://archive.org/details/coreaorchosenlan00landrich/page/n9
33) https://archive.org/details/peoplesandpolit04normgoog/page/n12
34) https://www.amazon.com/Philips-Atlas-Beginners-Ed-Hughes/dp/1248690397
35) http://anglicanhistory.org/asia/china/stewart/index.html
36) https://www.press.uchicago.edu/ucp/books/book/chicago/G/bo3622223.html
37) https://archive.org/details/koreaherneighbor00bird/page/n7
38) 1892년부터 1898년까지 국내에서 발간된 최초의 영문잡지
39) https://www.amazon.com/American-Cruiser-East-Aleutian-Philippine/dp/1144746078
40) https://archive.org/details/koreansketches00gale/page/n5

바라보는 외국인의 시각과 관점을 파악해 볼 수 있다고 판단한다.

이 외의 소장 자료들은 대부분 국내외 타 기관에서도 이미 소장하고 있는 자료들이 대부분이다. 따라서 숭실대학교 한국기독교박물관에서만 소장되어 있는 유일본은 소략하고, 이 중에서도 연구 및 번역대상 자료를 선별하는 것이 중요하다. 다음 도표는 숭실대학교 한국기독교박물관에 소장되어 있는 영문 자료로서 모두 20세기에 간행된 자료들이다.

〈표 3〉 숭실대학교 한국기독교박물관 소장 20세기 간행 서적

영문제목	내용	간행연도
OVERLAND TO CHINA	육상루트로 중국과 만주, 시베리아를 여행한 회고담.	1900
THE CRISIS IN CHINA	중국이 위기에 처한 여러 가지의 이유에 대해 논의한 책. 미국과 중국의 협력 가능성에 초점을 맞추고 있다.	1900
THE YANGTZE VALLEY AND BEYOND : AN ACCOUNT OF JOURNEYS IN CHINA, CHIEFLY IN THE PROVINCE OF SZECHUAN AND AMONG THE MAINTZE OF THE SOMO TERRITORY	양쯔 계곡을 여행한 버드 여사의 마지막 여행기	1900
A Treatise on the Different Calculus with numerous Examples	미분학 수학 교과서	1900.8.22
THE NEW COLUMBUS SERIES[41]	'해저 2만리'인 것 같다.	1900년 전후
The Pilgrim's Progress[42]	천로역정	1900년 전후
MODERN CRITICISM AND THE PREACHING OF THE OLD TESTAMENT	구약 성서에 대한 비평이 들어 있는 내용	1901
THE CHRIST OF HISTORY AND OF EXPERIENCE	역사와 경험의 예수에 대한 책	1901
The Holy Bible	성서	1901
THE HOLY BIBLE – OLD AND NEW TESTAMENT	구약 성서와 신약 성서	1901
THE PEOPLES AND POLITICS OF THE FAR EAST[43]	영국, 프랑스, 스페인과 포르투갈 식민지에 방문한 노르먼의 회고담. 시베리아, 중국, 일본, 한국, 샴, 버마에 대한 내용이 들어 있다.	1901

THE KOREA REVIEW VOL. 1, NO.1.	1901년 1월부터 1906년 12월까지 선교사 헐버트(H. B. Hulbert)가 발간한 한국 관련 영문월간잡지	1901.1
THE KOREA REVIEW VOL. 1, NO.5.	1901~1905년 사이 서울에서 출간된 월간잡지	1901.1
THE KOREA REVIEW VOL. 1, NO.10.	1901~1905년 사이 서울에서 출간된 월간잡지	1901.10
THE KOREA REVIEW VOL.4, NO.11.	1901~1905년 사이 서울에서 출간된 월간잡지	1901.11
THE KOREA REVIEW VOL. 1, NO.3.	1901~1905년 사이 서울에서 출간된 월간잡지	1901.3
THE KOREA REVIEW VOL. 1, NO.8.	1901~1905년 사이 서울에서 출간된 월간잡지	1901.8
A MAKER OF THE NEW ORIENT : Samuel Robbins Brown, pioneer Educator in China, America and Japan. The story of his life and work.	'신동양을 만든 자'라는 제목으로 중국, 미국과 일본에 체류한 브라운이란 교육자에 대한 전기	1902
THE KOREA REVIEW A MONTHLY MAGAZINE	1901~1905년 사이 서울에서 출간된 월간잡지	1902
THE GRAPHIC FEB.8, 1902	'더그래픽'이란 유명한 영국 주간지	1902.02.08
THE KOREA REVIEW VOL. 2, NO.1.	예수의 가르침에 대한 책	1902.1
THE KOREA REVIEW VOL. 2, NO.10.	1901~1905년 사이 서울에서 출간된 월간잡지	1902.10
THE KOREA REVIEW VOL. 2, NO.11.	1901~1905년 사이 서울에서 출간된 월간잡지	1902.11
THE KOREA REVIEW VOL. 2, NO.12.	1901~1905년 사이 서울에서 출간된 월간잡지	1902.12
THE KOREA REVIEW VOL. 2, NO.2.	1901~1905년 사이 서울에서 출간된 월간잡지	1902.2
THE KOREA REVIEW VOL. 2, NO.3.	1901~1905년 사이 서울에서 출간된 월간잡지	1902.3
THE KOREA REVIEW VOL. 2, NO.4.	1901~1905년 사이 서울에서 출간된 월간잡지	1902.4
THE KOREA REVIEW VOL. 2, NO.5.	1901~1905년 사이 서울에서 출간된 월간잡지	1902.5
THE KOREA REVIEW VOL. 2, NO.6.	1901~1905년 사이 서울에서 출간된 월간잡지	1902.6
THE KOREA REVIEW VOL. 2, NO.7.	1901~1905년 사이 서울에서 출간된 월간잡지	1902.7
THE KOREA REVIEW VOL. 2, NO.8.	1901~1905년 사이 서울에서 출간된 월간잡지	1902.8

THE KOREA REVIEW VOL. 2, NO.9.	1901~1905년 사이 서울에서 출간된 월간잡지	1902.9
IN SEARCH OF A SIBERIAN KLONDIKE44)	시베리아에서의 여행 경험을 다룬 책	1903
MISSION METHODS IN MANCHURIA	만주에서의 선교 방법과, 선교의 현재 상황에 대한 내용	1903
THE CHRISTIAN MOVEMENT IN ITS RELATION TO THE MEW LIFE IN JAPAN	19세기 일본에서 설립된 교회들이 얼마나 일본화 되었는지에 대한 내용	1903
THE TEACHING OF JESUS	예수의 가르침에 대한 책	1903
THE KOREA REVIEW VOL. 3, NO.10.	1901~1905년 사이 서울에서 출간된 월간잡지	1903.10
THE KOREA REVIEW VOL. 3, NO.12.	1901~1905년 사이 서울에서 출간된 월간잡지	1903.12
THE KOREA REVIEW VOL. 3, NO.2.	1901~1905년 사이 서울에서 출간된 월간잡지	1903.2
THE KOREA REVIEW VOL. 3, NO.4.	1901~1905년 사이 서울에서 출간된 월간잡지	1903.4
THE KOREA REVIEW VOL. 3, NO.5.	1901~1905년 사이 서울에서 출간된 월간잡지	1903.5
THE KOREA REVIEW VOL. 3, NO.6.	1901~1905년 사이 서울에서 출간된 월간잡지	1903.6
THE KOREA REVIEW VOL. 3, NO.7.	1901~1905년 사이 서울에서 출간된 월간잡지	1903.7
THE KOREA REVIEW VOL. 3, NO.8.	1901~1905년 사이 서울에서 출간된 월간잡지	1903.8
THE KOREA REVIEW VOL. 3, NO.9.	1901~1905년 사이 서울에서 출간된 월간잡지	1903.9
A CORN OF WHEAT OR THE LIFE OF REV. W. J. MCKENZIE OF KOREA45)	한국에 체류한 선교사 매켄지의 전기를 다룬 책	1904
COREA, THE HERMIT NATION46)	'은둔의 나라 한국'이란 제목으로 한국의 고대와 중세 역사, 한국의 사회 정치와 한국의 최근 역사를 다룬 책	1904
EXCITING EXPERIENCES IN THE JAPANESE-RUSSAN WAR47)	러일 전쟁에서의 경험과 동아시아의 나라별 역사를 다룬 책	1904
Historical Tales : The Romance of Reality48)	미국 역사에 대한 낭만적인 이야기가 들어 있는 책	1904
KOREA	해밀턴의 한일합방 이전의 한국을 방문한 여행에 대한 회고담과 한국에 대한 인상	1904
KOREANS AT HOME	'집에서의 한국인의 삶'인 제목으로 한국의 집과 한국의 관습을 설명해 주는 스코트렌드의 여사의 회고담	1904

The Bible Committee of Korea(Report for 1903)	대한성서공회 연차 보고서	1904
THE ENTIRELY CYNIC'S CALENDAR OF REVISED WISDOM FOR 1905	'세계의 지혜에 대한 완전히 냉소적인 달력'이란 제목으로 아이러니한 경구들을 포함한 유머 책	1904
THE VANGUARD A TALE OF KOREA[49]	한국에서의 초기 장로교 교인들의 삶에 대한 이야기들을 다룬 책	1904
The Vanguard(A Tale of Korea)	한국에서의 초기 장로교 교인들의 삶에 대한 이야기들을 다룬 책	1904
THRILLING STORIES OF THE RUSSIAN-JAPANESE WAR	러일 전쟁에 대한 이야기, 20세기 전쟁의 묘사, 동아시아 각국의 국가별 역사	1904
THE KOREA REVIEW VOL.4, NO.1	1901~1905년 사이 서울에서 출간된 월간잡지	1904.1
THE KOREA REVIEW VOL.4, NO.10	1901~1905년 사이 서울에서 출간된 월간잡지	1904.10
THE KOREA REVIEW VOL.4, NO.12	1901~1905년 사이 서울에서 출간된 월간잡지	1904.12
THE KOREA REVIEW VOL.4, NO.3	1901~1905년 사이 서울에서 출간된 월간잡지	1904.3
THE KOREA REVIEW VOL.4, NO.4	1901~1905년 사이 서울에서 출간된 월간잡지	1904.4
THE KOREA REVIEW VOL.4, NO.5	1901~1905년 사이 서울에서 출간된 월간잡지	1904.5
THE KOREA REVIEW VOL.4, NO.6	1901~1905년 사이 서울에서 출간된 월간잡지	1904.6
THE KOREA REVIEW VOL.4, NO.7	1901~1905년 사이 서울에서 출간된 월간잡지	1904.7
THE KOREA REVIEW VOL.4, NO.8	1901~1905년 사이 서울에서 출간된 월간잡지	1904.8
THE KOREA REVIEW VOL.4, NO.9	1901~1905년 사이 서울에서 출간된 월간잡지	1904.9
A Comparative Grammer of the Korean Language and The Dravidian Languages of India[50]	인도 드라비디아어와 한국어 문법을 비교해보는 책	1905
KOREA AND HER NEIGHBOURS : A Narrative of Travel, with on account of the Recent Vicissitudes and present Position of the Country	1894년과 1897년 사이에 한국과 중국을 방문한 버드의 책. 개항 직후의 한국 사람들의 삶, 관습을 잘 보여주는 책	1905
RUSSIA AND JAPAN, AND A COMPLETE HISTORY OF THE IN THE FAR EAST[51]	러시아, 일본과 러일전쟁에 대한 '완성된 역사'를 다룬 책	1905

The Bible Committee of Korea (First Annual Reprot 1904)	대한성서공회 첫 연례보고서	1905
WITH TOMMY TOMPKINS IN KOREA52)	언더우드 선교사의 부인과 가족의 한국에서의 경험에 대한 얘기	1905
THE KOREA REVIEW VOL. 5, NO.1.	1901~1905년 사이 서울에서 출간된 월간잡지	1905.1
THE KOREA REVIEW VOL. 5, NO.12.	1901~1905년 사이 서울에서 출간된 월간잡지	1905.12
THE KOREA REVIEW VOL. 5, NO.2.	1901~1905년 사이 서울에서 출간된 월간잡지	1905.2
THE KOREA REVIEW VOL. 5, NO.3.	1901~1905년 사이 서울에서 출간된 월간잡지	1905.3
NORWAY	융만이란 화가의 노르웨이에 대한 그림을 모은 책	1905.4
EWA A TALE OF KOREA53)	한국을 한국인의 관점에서 보여주고자 하는 목표로 쓰인 책	1906
PORT ARTHUR, THE SIEGE AND CAPITULATION54)	러일 전쟁과 관련하여 포트아서의 포위와 항복을 다룬 책	1906
THE ETHICS OF EVANGELICALISM55)	복음주의의 윤리에 대한 내용	1906
THE KOREA REVIEW VOL.6, NO.6	1901~1905년 사이 서울에서 출간된 월간잡지	1906
THE MIRACLES OF JESUS	예수의 기적들을 다룬 책	1906
THE PASSING OF KOREA56)	대한제국멸망사. 한국에 대한 포괄적인 소개가 들어 있는 책	1906
THE SPIRIT OF THE ORIENT	동양에 대한 책	1906
THE KOREA REVIEW VOL. 6, NO.1.	1901~1905년 사이 서울에서 출간된 월간잡지	1906.1
THE KOREA REVIEW VOL.6, NO.10	1901~1905년 사이 서울에서 출간된 월간잡지	1906.10
THE KOREA REVIEW VOL.6, NO.11	1901~1905년 사이 서울에서 출간된 월간잡지	1906.11
THE KOREA REVIEW VOL.6, NO.12	1901~1905년 사이 서울에서 출간된 월간잡지	1906.12
THE KOREA REVIEW VOL. 6, NO.3	1901~1905년 사이 서울에서 출간된 월간잡지	1906.3
THE KOREA REVIEW VOL.6, NO.4	1901~1905년 사이 서울에서 출간된 월간잡지	1906.4
THE KOREA REVIEW VOL.6, NO.5	1901~1905년 사이 서울에서 출간된 월간잡지	1906.5
THE KOREA REVIEW VOL.6, NO.6	1901~1905년 사이 서울에서 출간된 월간잡지	1906.6

THE KOREA REVIEW VOL.6, NO.7	1901~1905년 사이 서울에서 출간된 월간잡지	1906.7
THE KOREA REVIEW VOL.6, NO.9	1901~1905년 사이 서울에서 출간된 월간잡지	1906.9
KOREA; THE LAND, PEOPLE, AND CUSTOMS[57]	한국 지형과 한국인, 관습, 종교와 선교에 대한 내용이 들어 있다.	1907
SIGNS AND PORTENTS IN THE FAR EAST[58]	한국의 미래, 일본, 인도에 대한 내용이 들어 있는 책	1907
A SHORT HISTORY OF THE BAPTISTS	침례교도의 역사에 대한 책	1907.3
FIFTEEN YEARS AMONG THE TOP-KNOTS OR LIFE IN KOREA[59]	언더우드 선교사의 부인이 쓴 책. 한국의 15년 체류에 대한 회고담	1908
MISSION METHODS IN MANCHURIA[60]	만주에서의 선교 방법과, 선교의 현재 상황에 대한 내용	1908
THE CALL OF KOREA[61]	'한국이 부르다'라는 제목으로 나라 소개, 일상생활과 종교, 선교에 대한 내용이다.	1908
THE NEARER AND FARTHER EAST : OUTLINE STUDIES OF MOSLEM LANDS AND OF SIAM, BURMA, AND KOREA[62]	중동과 동동, 샴 버마와 한국에 대한 책. 한국은 지형, 문화와 역사 (러일전쟁, 한국의 식민지 상황), 그리고 선교에 대한 내용이 들어 있다.	1908
THE SAYINGS OF JESUS(CROWN THEOLOGICAL LIBRARY)	예수의 말에 대한 책	1908
Things Korean[63]	한국에 대한 일화와, 그림들이 들어 있는 책	1908
THINGS KOREAN : A Collection of Sketches and Anecdotes Missionary and Diplomatic	한국에 대한 일화와, 그림들이 들어 있는 책	1908
A SCAMPER THROUGH THE FAR EAST : INCLUDING A VISIT TO MANCHURIAN BATTLEFIELDS	동아시아를 횡단하며 러일 전쟁과 만주의 전쟁터를 돌아 본 오스틴의 여행기	1909
DAY BREAK IN KOREA : A TALE OF TRANSFORMATION IN THE FAR EAST[64]	'한국에서 동이 트다'란 제목으로 한국인들의 삶과 개종 이야기를 담은 내용	1909
DAYBREAK IN KOREA(A Tale of Transformation in the Far East)	'한국에서 동이 트다'란 제목으로 한국인들의 삶과 개종 이야기를 담은 내용	1909
FAITH AND FACTS, AS ILLUSTRATED IN THE HISTORY OF THE CHINA IN LAND MISSION	중국 선교에서 보인 신념의 중요성과 선교에 대한 얘기가 들어 있는 책	1909
KIM SU BANG : AND OTHER STORIES OF KOREA[65]	한국인의 개종 이야기가 들어 있는 책	1909

KOREA IN TRANSITION[66]	전환기에 있는 한국에 대한 책. 영토 및 원주민, 신념, 사회관습 등에 대한 내용과 선교사들의 선교 방식에 대한 내용이 들어 있다.	1909
THE ETHIC OF JESUS According to the Synopic Gospels	예수의 윤리에 대한 책	1909
CHINA UNDER THE EMPRESS DOWAGER : BEING THE HISTORY OF THE LIFE AND TIMES OF TZUHSI	중국 자희태후의 전기를 다룬 책	1910
PEEPS AT MANY LANDS KOREA[67]	'많은 나라에 대한 일견'이란 책 시리즈 중 한국에 대한 책. 한국문화와 정치에 대한 설명이 들어 있고, 마지막 장은 한국이 일본에 의해 합병된 것을 다룬다.	1910
PYENGYANG UNION CHRISTIAN COLLEGE	숭실대학의 재학생 수, 학교건축시설, 학생근로자명부, 교과목 및 교육시설 장비 등의 보유현황이 수록되어 있다. 특히 각 교과목을 자연과학부, 수학부, 성경 및 정신과학, 역사부로 나누고 담당교수와 강의내용을 자세히 수록하였다.	1910
THE FACE OF MANCHURIA KOREA RUSSIAN TURKESTAN[68]	지역과 도시로 나눠서, 만주, 한국, 그리고 러시아 투르케스탄에 대해 설명한다. 삽화가 24개 들어 있다.	1910
THE KOREA MISSION OF THE METHODIST EPISCOPAL CHURCH[69]	감리교 감독교회의 한국에서의 선교	1910
THE NEW TESTAMENT OF HIGHER BUDDHISM	불교에 대한 설명을 성서의 언어로 설명해주는 책	1910
THE RELIGIONS OF EASTERN ASIA[70]	도교, 신도, 샤만도, 유교, 불교에 대한 설명과 이들이 성서와 갖고 있는 공통점에 대한 책	1910
THE SOTERIOLOGY OF THE NEW TESTAMENT[71]	신약 성서의 구원론에 대한 책	1910
CHINA AND THE FAR EAST	클라크대학교에서의 강연들을 모은 책. 중국과 서양의 관계에 초점을 맞추고 있다.	1910.3
The Korea Mission Field vol Ⅶ[72]	1905~1941년 사이에 출간된 그리스도교 정신의 보급을 위한 월간 잡지	1910.7.1
AN EASTERN MISCELLANY[73]	중동, 인도, 동동의 역사에 대한 내용이다. 동아시아는 일본, 그리고 일본 지배하인 한국을 다루고 있다.	1911

제목	설명	연도
HANDBOOK AND GUIDE TO THE ORIENT IN PROVIDENCE, REPRESENTING NATIVE LIFE AND MISSION WORK IN THE FAR EAST AND NEAR WEST HELD IN INFANTRY HALL, PROVIDENCE, R. I. SEPTEMBER 21 TO OCTOBER 7, 1911	동아시아에서의 선교와 현지인들에 관한, 미국 프로비덴스에서 한 강연 내용	1911
KOREA-ANNUAL REPORT ON REFORMS AND PROGRESS IN CHOSEN(KOREA) 1910-1911[74]	조선총독부가 낸 책으로 1910~11년에 실현한 개혁방안의 연차보고서이다.	1911
THE DEATH OF CHRIST	예수의 죽음에 대해 쓰인 책	1911
The Decisive Hour of Christian Missions	기독교 선교의 결정적인 시간이란 제목으로 쓰인 책	1911
THE RE-SHAPING OF THE FAR EAST	레녹스란 사람이 필명으로 썼다. 동아시아의 19세기 변화와 전쟁을 다룬 책	1911
THE THEOLOGY OF THE NEW TESTAMENT	신약 성서의 신학에 대한 책	1911
The Korea Mission Field Vol. VII, No.3	1905~1941년 사이에 출간된 그리스도교 정신의 보급을 위한 월간 잡지	1911.3.15
THE ORIENTAL REVIEW vol.2, No.2	1910~1913년 사이에 출간된, 동아시아 문제들을 다룬 월간지	1912.9
CHTIST IN THE SOCIAL ORDER	사회체제 속의 예수에 대한 책	1913
COUNCIL OF MISSIONS SNME FOR THIRTH-SIXTH ANNUAL REPORT	선교부공의회 연차 보고서	1913
PAINTING IN THE FAR EAST : AM INTRODUCTION TO THE HISTORY OF PICTORIAL ART IN ASIA ESPECIALLY CHINA AND JAPAN	동아시아의 그림을 다룬 책. 일본과 중국 예술에만 집중한다.	1913
The New-Era in Asia	동아시아에서의 역사적, 정치적, 교육제도 등의 변화를 나라별 다룬 책이다.	1913
UNWRITTEN SAYINGS OF OUR LORD	성경에 기록되어 있지 않은 예수의 언행을 다룬 책	1913
Catalogue of the Union Christian College and Academy	숭실중학, 대학의 역사를 개관하는 내용과 함께 이사회, 교수진 소개, 대학 교육 현황 및 내용, 교육시설 (본관, 과학관, 농장, 기숙사 등) 현황, 재정 상황 등이 실려 있다. 4년제 대학교과과정이 자세히 실려 있어 당시 숭실대학의 교육 면모를 살펴볼 수 있다.	1913.7
BESIDE THE BAMBOO	중국으로의 여행을 얘기해주는 책. 36페이지의 삽화가 들어 있음	1914

COUNCIL OF MISSIONS, THIRTH-SEVENTH ANNUAL REPORT	선교부공의회 연차 보고서	1914
MEMOIRS OF THE CARNEGIE MUSEUM: RECORD OF THE FISHES OBTAINED IN JAPAN IN 1911(VOL.VI)	'카네기 박물관의 회고록'이란 잡지의 일부. 조던이란 사람이 일본에서 획득한 생선들의 목록이 들어 있다.	1914
THE HUMILIATION OF CHRIST[75]	그리스도의 겸비의 실제적인, 윤리적인, 공식적인 측면을 다루는 책	1914
AN ENGLIGH-KOREAN DICTIONARY 英韓字典영한자뎐	영한/한영 사전	1914.12.31
The Christian Literature Society of Korea, Annual Report	대한기독교서회 연례보고서	1915
An Introduction to The Korean Spoken Language (鮮英文法)[76]	'구어적 한국어'라고 쓰여 있지만, 한국 문법을 다루는 책	1915.12.30
The Korea Mission Field Vol.11, No.7	1905~1941년 사이에 출간된 그리스도교 정신의 보급을 위한 월간잡지	1915.7.1
HISTORY OF CHRISTIAN MISSIONS	기독교 선교의 역사에 대한 책	1916
KOREAN GRAMMATICAL FORMS	초판이 1894년인 한국 문학에 대한 게일 선교사가 쓴 책.	1916
The New East VOL.XI NO.2	중국침례교선교회에서 출간된 월간잡지	1916
The New East VOL.XI NO.1	중국침례교선교회에서 출간된 월간잡지	1916
The New East VOL.XIII NO.2	중국침례교선교회에서 출간된 월간잡지	1916
The New East VOL.XI NO.3	중국침례교선교회에서 출간된 월간잡지	1916
The New East VOL.XI NO.4	중국침례교선교회에서 출간된 월간잡지	1916
The New East VOL.XI NO.5	중국침례교선교회에서 출간된 월간잡지	1916
The New East VOL.XI NO.6	중국침례교선교회에서 출간된 월간잡지	1916~1917
A Light in Korea	인터넷에 정보 없지만, 성경 관련 책	1917
POPULAR ASPECTS OF ORIENTAL RELIGIONS	6가지의 동아시아 종교들을 비교하는 연구	1917
The New East VOL.XII NO.1	중국침례교선교회에서 출간된 월간잡지	1917
The New East VOL.XII NO.3	중국침례교선교회에서 출간된 월간잡지	1917
The New East VOL.XII NO.4	중국침례교선교회에서 출간된 월간잡지	1917

The New East VOL. XII NO.5	중국침례교선교회에서 출간된 월간 잡지	1917
Self-Taught English Language for Korean Students	혼자서 배우는 한국 학생들을 위한 영어 교과서	1917.4.28
SIXTH ANNUAL MEETING OF THE FEDERAL COUNCIL	YMCA연맹 회의의 연차 총회에 대한 보고서	1917.8
The New East VOL. XII NO.6	중국침례교선교회에서 출간된 월간 잡지	1917~1918
The Great Message	미파악	1918
The New East VOL. XIII NO.1	중국침례교선교회에서 출간된 월간 잡지	1918
The New East VOL. XIII NO.2	중국침례교선교회에서 출간된 월간 잡지	1918
The New East VOL. XIII NO.4	중국침례교선교회에서 출간된 월간 잡지	1918
THE THEOLOGICAL VOL.1 No.2 神學指南(신학지남)	신학지남	1918.7.1
The New East VOL. XIII NO.6	중국침례교선교회에서 출간된 월간 잡지	1918~1919
BURTON HOLMES TRAVELOGUES with Illustrations from photographs By the Author[77]	다큐멘터리로 유명한 여행자인 Burton의 여행 강연	1919
FRAGMENTS OF FIFTY YEARS : SOME LIGHTS AND SHADOWS OF THE WORK OF THE JAPAN MISSION OF THE AMERICAN BOARD	미국해외전도국의 50년의 역사를 다룬 책	1919
JAPANESE DIPLOMACY AND FORCE IN KOREA	한국에서의 일본의 외교에 대해 쓴 책	1919
Korean Religious Book and Tract Society Annual Report 1919, "Let There be Light"	조선 예수교서회 연례보고서. "빛이 있으라"	1919
The New East VOL. XIII NO.5	중국침례교선교회에서 출간된 월간 잡지	1919
The New East VOL. XIV NO.1	중국침례교선교회에서 출간된 월간 잡지	1919
The New East VOL. XIV NO.2	중국침례교선교회에서 출간된 월간 잡지	1919
The New East VOL. XIV NO.3	중국침례교선교회에서 출간된 월간 잡지	1919
THE TEACHING OF JESUS	예수의 가르침에 대한 책	1919
The Truth About Korea	중국일보의 상하이 특파원이 쓴 일본 지배 이하의 한국의 실제 상황에 대해 쓴 책	1919

The Proclamation of Korean Independence[78]	1919년 3월 1일 한국 독립 선언서	1919.5.24
EIGHTH ANNUAL MEETING OF THE FEDERAL COUNCIL	YMCA연맹 회의의 연차 총회에 대한 보고서	1919.9
BURTON HOLMES TRALELOGUES[79]	다큐멘터리로 유명한 여행자인 Burton의 여행 강연	1920
DAY IN AND DAY OUT IN KOREA	한국에서의 일상에 대해 쓴 책	1920
KOREA'S FIGHT FOR FREEDOM[80]	일본이 한국을 합병시킨 그 당시 한국에 체류한 저자가 쓴, 한국의 독립을 위한 투쟁을 다룬 책	1920
PEKING : NORTH CHINA, SOUTH MANCHURIA AND KOREA	베이징과 북방 중국, 만주, 한국에 대한, 관광객을 위한 안내서	1920
The Christian Literature Society of Korea, The Thirtieth Annual Report	대한기독교서회의 연차보고서	1920
The Korea Bookman vol. I, no. 1	한국 기독교서회가 낸, 1년에 4번 출간된 잡지 1.	1920
The Korea Bookman vol. I, no. 4	한국 기독교서회가 낸, 1년에 4번 출간된 잡지 4.	1920
The New East VOL. XIII NO.6	중국침례교선교회에서 출간된 월간 잡지	1920
The New East VOL. XIV NO.1	중국침례교선교회에서 출간된 월간 잡지	1920
The New East VOL. XIV NO.2	중국침례교선교회에서 출간된 월간 잡지	1920
The New East VOL. XIV NO.3	중국침례교선교회에서 출간된 월간 잡지	1920
The New East VOL. XIV NO.4	중국침례교선교회에서 출간된 월간 잡지	1920
The New East VOL. XIV NO.5	중국침례교선교회에서 출간된 월간 잡지	1920
ADMINISTRATIVE REFORMS IN KOREA[81]	조선에서의 행정 개혁을 다룬, 정부가 낸 책	1920.1.10
The Lotus Gospel	법화신상과 서양 기독교를 비교해본 결과 영적 사상이 비슷하다고 주장한 책	1920.10.3
The Korea Bookman vol.1, No.2	한국 기독교서회가 낸, 1년에 4번 출간된 잡지 2.	1920.5
THE KOREA BOOKMAN VOL. I, NO.3	한국 기독교서회가 낸, 1년에 4번 출간된 잡지 3.	1920.9
NINTH ANNUAL MEETING OF THE FEDERAL COUNCIL	YMCA연맹 회의의 연차 총회에 대한 보고서	1920.9

The New East VOL.ⅩⅣ NO.6	중국침례교선교회에서 출간된 월간 잡지	1920~1921
The New East VOL.ⅩⅥ NO.1	중국침례교선교회에서 출간된 월간 잡지	1921
Asian Christology and the Mahayana	동양 교회(?)의 역사를 다루는 책	1921
CHINA JAPAN AND KOREA[82]	중국, 일본, 한국의 정치에 대한 연구, 나라에 대한 인식을 포함한 책	1921
NEW YORK TO PEKING	뉴욕에서 중국, 일본, 한국으로 여행한 오트만 여사의 회고담	1921
PICTORIAL CHOSEN[83]	조선은행의 기념해에 발간된 책. 역사, 예술, 경제, 인구에 대한 정보를 포함한다.	1921
THE CASE OF KOREA[84]	헨리 정의 저서, 한국독립운동 상황에 대한 책	1921
The Christian Literature Society of Korea, The Thirty-First Annual Report	대한기독교서회[85]의 연차보고서	1921
The Japan Magazine vol. 11, NO.10 (March-Aprill 1921)	일본에 대한 영문 월간지	1921
The Japan Magazine vol. 11, NO.12 (May 1921)	일본에 대한 영문 월간지	1921
The Korea Bookman Vol Ⅱ, No.3	한국 기독교서회가 낸, 1년에 4번 출간된 잡지 3.	1921
The Korea Bookman vol.Ⅱ, no. 1	한국 기독교서회가 낸, 1년에 4번 출간된 잡지 1.	1921
The Korea Bookman vol.Ⅱ, no. 4	한국 기독교서회가 낸, 1년에 4번 출간된 잡지 4.	1921
The Korea Bookman vol.Ⅱ, No.2	한국 기독교서회가 낸, 1년에 4번 출간된 잡지 2.	1921
The New East VOL.ⅩⅥ NO.2	중국침례교선교회에서 출간된 월간 잡지	1921
The New East VOL.ⅩⅥ NO.3	중국침례교선교회에서 출간된 월간 잡지	1921
The New East VOL.ⅩⅥ NO.4	중국침례교선교회에서 출간된 월간 잡지	1921
The New East VOL.ⅩⅥ NO.5	중국침례교선교회에서 출간된 월간 잡지	1921
The New East VOL.ⅩⅥ NO.6	중국침례교선교회에서 출간된 월간 잡지	1921
SACERDOS IN SINIS	중국 神父(라틴어서적)	1921.1~ 1921.12

(The Christian Literature Society of Korea) Catalogue Of Korean Publications	대한기독교서회 한국어 출간목록	1921.5
TENTH ANNUAL MEETING OF THE FEDERAL COUNCIL	YMCA연맹 회의의 연차 총회에 대한 보고서	1921.9
ASIA AT THE CROSSROADS : JAPAN : KOREA : CHINA : PHILIPPINE ISLANDS[86]	동아시아 정치 중 일본, 중국, 한국, 필리핀에 대한 책	1922
Catalogue of Japanese and Chinese Publications	일본어, 영어 출판물 목록	1922
GODS, GOBLINS AND GHOSTS, THE WEIRD LEGENDS OF THE FAR EAST	동아시아 신화에 대한 삽화가 있는 책	1922
KOREA'S APPEAL TO THE CONGERENCE ON LIMITATION OF ARMAMENT	워싱턴 군축회의 때 스펜서가 연설한 탄원서	1922
The Christian Literature Society of Korea, The Thirty-second Annual Report	대한기독교서회 연차보고서	1922
The Japan Magazine vol. 12, NO.11/12 (Aprill-May 1922)	일본에 대한 영문 월간지	1922
The Japan Magazine vol. 13, NO.7 (Dec 1922)	일본에 대한 영문 월간지	1922
The Korea Bookman vol. III, no. 3	한국 기독교서회가 낸, 1년에 4번 출간된 잡지 3.	1922
The Korea Bookman vol. III, no. 4	한국 기독교서회가 낸, 1년에 4번 출간된 잡지 4.	1922
The New East VOL. XVII NO.1	중국침례교선교회에서 출간된 월간 잡지	1922
The New East VOL. XVIII NO.2	중국침례교선교회에서 출간된 월간 잡지	1922
The New East VOL. XIX NO.3	중국침례교선교회에서 출간된 월간 잡지	1922
The New East VOL. XX NO.4	중국침례교선교회에서 출간된 월간 잡지	1922
The New East VOL. XXI NO.5	중국침례교선교회에서 출간된 월간 잡지	1922
EVEVENTH ANNUAL MEETING OF THE FEDERAL COUNCIL	YMCA연맹 회의의 연차 총회에 대한 보고서	1922.9
GLIMPSES OF KOREA[87]	선교사인 저자가 한국에서 체류하는 동안 쓴 일기. 한국인의 역사, 생활, 관습에 대해 쓴다.	1923
JAPANESE COLOUR PRINTS[88]	일본식 컬러 인쇄 그림을 포함한 책	1923
SPENSER(ENGLISH MEN OF LETTERS)	영국 작가들의 전기를 포함한 책 시리즈에서 한권, 스펜서에 대한 책이다.	1923

THE KOREA MISSION FIELD	1905~1941년 사이에 출간된 그리스도교 정신의 보급을 위한 월간잡지	1923
The New East VOL.ⅩⅧ NO.1	중국침례교선교회에서 출간된 월간잡지	1923
The New East VOL.ⅩⅧ NO.3	중국침례교선교회에서 출간된 월간잡지	1923
The New East VOL.ⅩⅧ NO.4	중국침례교선교회에서 출간된 월간잡지	1923
The New East VOL.ⅩⅧ NO.5	중국침례교선교회에서 출간된 월간잡지	1923
The New East VOL.ⅩⅧ NO.6	중국침례교선교회에서 출간된 월간잡지	1923
THE SPIRIT IN THE NEW TESTAMENT[89]	신약 성서에서 나타나는 성령에 대한 책	1923
THE THEOLOGY OF THE EPISTLES[90]	서한의 신학에 대한 책	1923
The Thirty-Third Annual Report	대한기독교서회 연차보고서	1923
TRANSACTIONS OF THE KOREA BRANCH OF THE ROYAL ASIATIC SOCIETY 朝鮮VOL.ⅩⅣ	왕립 아시아 협회의 한국 지부가 1900~1918년 사이에 출간한 한국에 대한 잡지	1923
WANDERING IN NORTHERN CHINA	북부 중국을 여행하면서 한국을 방문한 프랑크는 이 책에서 일본식민지의 상황에 대해도 언급하였다.	1923
MANCHURIA, Land of Opportunities[91]	남만주철도주식회사가 낸, 만주의 경제상황에 대한 책	1924
THE CATHOLIC CHURCH IN KOREA	한국에서의 천주교회에 대한 책	1924
The Korea Bookman vol.Ⅴ, no. 4	한국 기독교서회가 낸, 1년에 4번 출간된 잡지	1924
THE LIFE AND TEACHING OF JESUS THE CHRIST	예수의 인생과 가르침을 해석하는 책	1924
The New East VOL.ⅩⅨ NO.1	중국침례교선교회에서 출간된 월간잡지	1924
The New East VOL.ⅩⅨ NO.2	중국침례교선교회에서 출간된 월간잡지	1924
The New East VOL.ⅩⅨ NO.3	중국침례교선교회에서 출간된 월간잡지	1924
The New East VOL.ⅩⅨ NO.4	중국침례교선교회에서 출간된 월간잡지	1924
The New East VOL.ⅩⅨ NO.5	중국침례교선교회에서 출간된 월간잡지	1924
The New East VOL.ⅩⅨ NO.6	중국침례교선교회에서 출간된 월간잡지	1924

THE SPEAKER'S BIBLE	18권으로 나누어진 책. 성경의 신 해석을 포함한다.	1924
The Thirty-forth Annual Report	대한기독교서회의 연차보고서	1924
WILLARD STRAIGHT	1901년부터 중국에 체류한, 러일전 쟁에서 특파원으로 일한 스트레이트 의 전기	1924
List of new Books	신규 도서 목록	1924.4
A HISTORY OF THE KOREAN PEOPLE92)	한국에서 40년 동안 체류한 게일 선교사가 한국역사에 대해 쓴 책	1924.7～ 1927.9
THIRTEENTH ANNUAL MEETING OF THE FEDERAL COUNCIL	YMCA연맹 회의의 연차 총회에 대한 보고서	1924.9
A HANDBOOK OF CHRISTIAN ETHICS93)	기독교 윤리에 대한 호주 신학자가 쓴 책	1925
A SHOOTER AT THE SUN	1921～22년 감옥에서 쓴 두권의 책 의 하권이다	1925
OMJEE THE WIZARD-KOREAN FOLK STORIES94)	미국인 선교사이며 언어학자인 헐버 트가 한국에 체류하는 동안 채집한 것을 영어 동화로 옮긴 것 한국 동 화는 당시 많지 않았던 영문판 아동 문학	1925
THE CHRISTIAN LITERATURE SOCIETY OF KOREA The Thirty Fifty Annual Report 1925	대한기독교서회의 연차보고서	1925
THE MAKERS OF CATHAY	중국 역사의 인사에 대한 책	1925
The New East VOL. XX NO.1	중국침례교선교회에서 출간된 월간 잡지	1925
The New East VOL. XX NO.2	중국침례교선교회에서 출간된 월간 잡지	1925
The New East VOL. XX NO.4	중국침례교선교회에서 출간된 월간 잡지	1925
TRANSACTIONS OF THE KOREA BRANCH OF THE ROYAL ASIATIC SOCIETY 朝鮮VOL. XVI95)	왕립 아시아 협회의 한국 지부가 1900～1918년 사이에 출간된, 한국에 대한 잡지	1925
A NEW STANDARD BIBLE DICTIONARY	성경에 대한 포괄적인 설명서로 언 어, 문학, 역사, 전기 등의 면에서 성경을 살펴보는 책	1926
A Scientific Investigation of the Old Testament96)	구약성서의 정확성을 증명하려고 하 는 학술적 신학 책	1926
FIFTY HELPS FOR THE BEGINNER IN THE USE OF THE KOREAN LANGUAGE97)	초보자를 위한 유익한 표현들을 포 함한 한국어 교과서	1926

HISTORY OF SOUTHERN METHODIST MISSIONS[98]	감리교 선교의 역사에 대한 책	1926
THE CALL FROM THE FAR EAST	영국 국교회 총회 선교 협의회가 낸, 아프리카, 인도, 동아시아, 이슬람 세계인 4개 지역에 대한 보고서	1926
The New East VOL. XX NO.3	중국침례교선교회에서 출간된 월간 잡지	1926
The New East VOL. XX NO.5	중국침례교선교회에서 출간된 월간 잡지	1926
The New East VOL. XX NO.6	중국침례교선교회에서 출간된 월간 잡지	1926
THE NEW KOREA[99]	1922년 한국 방문의 결과, 일본식민지에 대해 쓴 책	1926
The Thirty-sixth Annual Report	대한기독교서회 연차보고서	1926
TURN TO THE EAST : BY TWO WHO SEEK HERE TO INTIMATE THE RICHNESS OF THEIR ADVENTURE	일 년간(1924~25년?) 한국에서 지낸 저자 Singer의 회고담과 예술인 남편의 작품을 모은 책	1926
THE JAPANESE EMPIRE	일본 제국	1927
The New East VOL. XXIII NO.3	중국침례교선교회에서 출간된 월간 잡지	1927
The New East VOL. XXI NO.1	중국침례교선교회에서 출간된 월간 잡지	1927
The New East VOL. XXII NO.2	중국침례교선교회에서 출간된 월간 잡지	1927
The New East VOL. XXII NO.4	중국침례교선교회에서 출간된 월간 잡지	1927
The Thirty-seventh Annual Report	대한기독교서회 연차보고서	1927
SIXTEENTH ANNUAL MEETING OF THE FEDERAL COUNCIL	YMCA연맹 회의의 연차 총회에 대한 보고서	1927.9
A DICTIONARY OF THE BIBLE	성경사전	1927.9
DEMOCRACY AND MISSION EDUCATION IN KOREA[100]	피셔의 민주주의 교육철학과 조선 선교교육에 대한 책	1928
EASTERN WINDOWS : AN ARTIST'S NOTES OF TRAVEL IN JAPAN, HOKKAIDO, KOREA, CHINA AND THE PHILIPPINES[101]	일본, 홋카이도, 한국, 중국, 필리핀 여행에 대한 저자의 회고와 목판화 그림을 포함한 책	1928
The Far East Devoted to the Conversation of China, Volum 8, Numbers 1-12	중국의 기독교로의 개종을 목표로 한 영문 월간지	1928
The New East VOL. XXIII NO.2	중국침례교선교회에서 출간된 월간 잡지	1928

The New East VOL.XXI NO.5	중국침례교선교회에서 출간된 월간잡지	1928
The New East VOL.XXII NO.1	중국침례교선교회에서 출간된 월간잡지	1928
The New East VOL.XXII NO.3	중국침례교선교회에서 출간된 월간잡지	1928
The New East VOL.XXII NO.6	중국침례교선교회에서 출간된 월간잡지	1928
THE THEOLOGY OF THE GOSPEL	복음서의 신학에 대한 해석	1928
BRITISH & FOREIGN BIBLE SOCIETY REPORT OF THE KOREA AGENCY FOR 1928	영국 해외 성서 선교회의 한국 지부의 연차보고서 (자료 X)	1928.12.31
SEVENTEENTH ANNUAL MEETING OF THE FEDERAL COUNCIL	YMCA연맹 회의의 연차 총회에 대한 보고서	1928.9
AN ENGLISH-KOREAN and KOREAN-ENGLISH DICTIONARY of Parliamentary, Ecclesiastical and Some Other Terms	국회, 기독교 용어를 포함한 한/영, 영/한 사전	1928.9.29
A BRIEF ACCOUNT OF DIPLOMATIC EVENTS IN MANCHURIA	대평양문제조사회의 반년 학술대회에 준비한 논문. 지난 30년의 만주의 역사를 공평하게 다룬다.	1929
The Christian Literature Society of Korea, The Thirty-Ninth Annual Report	대한기독교서회의 연차보고서	1929
THE HISTORY OF PROTESTANT MISSIONS IN KOREA 1832-1910[102]	1932~1910년 사이, 신교도 선교의 역사에 대한 일고찰	1929
The New East VOL.XXIII NO.6	중국침례교선교회에서 출간된 월간잡지	1929
The New East VOL.XXIV NO.1	중국침례교선교회에서 출간된 월간잡지	1929
The New East VOL.XXII NO.4	중국침례교선교회에서 출간된 월간잡지	1929
The New East VOL.XXII NO.5	중국침례교선교회에서 출간된 월간잡지	1929
THE NEW TESTAMENT DOCTRINE OF THE CHRIST[103]	1926년 Bampton에서의 강연 내용이 들어간, 신학 책	1929
BRITISH & FOREIGN BIBLE SOCIETY REPORT OF THE KOREA AGENCY FOR 1929	영국 해외 성서 선교회의 연차보고서	1929.12.31
EIGHTEENTH ANNUAL MEETING OF THE FEDERAL COUNCIL	YMCA연맹 회의의 연차 총회에 대한 보고서	1929.9
KOREA MUST BE FREE	한국 독립운동의 역사에 대한, 구미 위원부가 출간한 책	1930

KOREA OF THE JAPANESE	한국에 대한 여행기	1930
The fortieth Annual Report	대한기독교서회 연차보고서	1930
The Japan Magazine vol. 21, NO.1 (Oct 1930)	일본에 대한 영문 월간지	1930
The New East VOL. ⅩⅩⅣ NO.3	중국침례교선교회에서 출간된 월간잡지	1930
The New East VOL. ⅩⅩⅣ NO.4	중국침례교선교회에서 출간된 월간잡지	1930
The New East VOL. ⅩⅩⅣ NO.5	중국침례교선교회에서 출간된 월간잡지	1930
THE TRAVELS OF MARCOPOLO	동방견문록	1930
UNDIPLOMATIC MEMORIES(美國人山島)104)	러일 전쟁까지 조선왕의 조언자 역할을 맡은 Sands의 현지 상황을 다룬 회상록	1930
BRITISH & FOREIGN BIBLE SOCIETY REPORT OF THE KOREA AGENCY FOR 1930	영국 해외 성서 선교회의 연차보고서	1930.12.31
KOREAN BUDDHISM AND HER POSITION IN THE CULTURAL HISTORY OF THE ORIENT	최남선의 한국 불교에 대한 책의 번역본	1930.7.7
NINETEENTH ANNUAL MEETING OF THE FEDERAL COUNCIL	YMCA연맹 회의의 연차 총회에 대한 보고서	1930.9
JAPAN- KOREA AND FORMOSA, THE LANDSCAPE/ARCHITECTURE/LIGE OF THE PEOPLE	일본, 한국과 대만의 건축(?)을 다룬 사진첩	1930'S
FLOWERS AND FOLK-LORE FROM FAR KOREA	한국의 식물들에 대한 컬러 프린트와 설명을 포함한	1931
GLIMPSES OF THE EAST105)	일본의 무역경로에 대한 지도, 관광객에게 많은 중요한 정보를 포함한 연감	1931
KOREA LAND OF THE DAWN106)	20세기 초기 한국에서의 상황을 목격하고 필기한 감리교 선교사 의사인 Buskirk이 낸 책	1931
The Christian Literature Society of Korea, The Forty-First Annual Report	대한기독교서회의 연차보고서	1931
THE DECAMERON	보카치오의 데카메론의 번역본	1931
The New East VOL. ⅩⅩⅤ NO.1	중국침례교선교회에서 출간된 월간잡지	1931
The New East VOL. ⅩⅩⅤ NO.2	중국침례교선교회에서 출간된 월간잡지	1931
The New East VOL. ⅩⅩⅤ NO.3	중국침례교선교회에서 출간된 월간잡지	1931

The New East VOL. XXV NO.4	중국침례교선교회에서 출간된 월간 잡지	1931
The New East VOL. XXV NO.5	중국침례교선교회에서 출간된 월간 잡지	1931
BRITISH & FOREIGN BIBLE SOCIETY REPORT OF THE KOREA AGENCY FOR 1931	영국 해외 성서 선교회의 연차보고서	1931.12.31
FLOWERS AND FOLK-LORE FROM FAR KOREA107)	한국의 식물들에 대한 컬러 프린트와 설명	1931.5.20
The Christian Literature Society of Korea, The Forty-Second Annual Report	대한기독교서회의 연차보고서	1932
THE CLOUD DREAM OF THE NINE- A KOREN NOVEL : A STORY OF THE TIMES OF THE IANGS OF CHINA ABOUT 840 A.D.	한국에서 30년 동안 선교사로 지낸 게일이 번역한 '구운몽'	1932
The New Crisis in the Far East	동아시아에서의 기독교와 그것과 맞서려고 하는 '세력들'에 대한 책	1932
The New East VOL. XXVI NO.1	중국침례교선교회에서 출간된 월간 잡지	1932
The New East VOL. XXVI NO.2	중국침례교선교회에서 출간된 월간 잡지	1932
The New East VOL. XXVI NO.3	중국침례교선교회에서 출간된 월간 잡지	1932
The New East VOL. XXVI NO.4	중국침례교선교회에서 출간된 월간 잡지	1932
Intermediate Algelhra	대수학 교과서	1933
The Forty-Third Annual Report	대한기독교서회 연차보고서	1933
THE GOSPELS : A SHORT INTRODUCTION	감리교 신학자가 쓴, 복음서를 소개해주는 책	1933
The New East VOL. XXVII NO.1	중국침례교선교회에서 출간된 월간 잡지	1933
The New East VOL. XXVII NO.2	중국침례교선교회에서 출간된 월간 잡지	1933
THE ORIGINAL JESUS	예수의 삶에 대한, 독일어 원작의 번역본	1933
The Christian Literature Society of Korea, The Forty-Fourth Annual Report	대한기독교서회 연례 보고서	1934
THE FATHER AND THE SON	페데르서와 유다서에 대한 성경 주해서	1934
THE GENERAL EPISTLES OF ST.PETER AND ST.JUDE108)	사도 베드로와 사도 유다에 관한 책	1934

BRITISH & FOREIGN BIBLE SOCIETY REPORT OF THE KOREA AGENCY FOR 1934	영국 해외 성서 선교회의 연차보고서	1934.12.31
HISTORY OF THE KOREA MISSION PRESBYTERIAN CHURCH U.S.A. 1884-1934[109]	미국장로교회의 한국 선교역사	1934.6.28
TWENTY THIRD ANNUAL MEETING OF THE FEDERAL COUNCIL	YMCA연맹 회의의 연차 총회에 대한 보고서	1934.9
SVEN HEDIN'S ARCHAEOLOGICAL COLLECTIONS FROM KHOTAN	Sven Hedin이란 스웨덴사람이 중국에서 수집한 고고학의 컬렉션	1935
THE DOCTRINE OF THE PERSON OF CHRIST	그리스도론에 대한 책	1935
The Forty-Fifth Annual	대한기독교서회 연차보고서	1935
THE GREAT COMMODORE-THE EXPLOITS OF MATTHEW CALBRAITH PERRY	매슈 페리 미국 해군의 삶을 재해석한 책	1935
THE SOURCE OF THE SECOND GOSPEL	마가복음의 기원을 찾고자 한 책	1935
TALES FROM KOREA	한국 민화를 번역한 책	1935.05.29
BRITISH & FOREIGN BIBLE SOCIETY REPORT OF THE KOREA AGENCY FOR 1935	영국 해외 성서 선교회의 연차보고서	1935.12.31
UNITED STATES KOREAN RELATIONS	남한과 미국 간의 초기(1866~1871년) 외교 관계를 다룬 Cable의 책	1935.3.14
The Forty-Sixth Annual Report	대한기독교서회 연차보고서	1936
THE MOON WUTH NAKED EYE AND FIELD GLASSES	달이란 행성에 대한 연구	1936
SONG FROM KOREA	저자가 쓴 시와 옛날 노래를 포함한 악보집	1936.06.10
BRITISH & FOREIGN BIBLE SOCIETY REPORT OF THE KOREA AGENCY FOR 1936	영국 해외 성서 선교회의 연차보고서	1936.12.31
THE DOCTRINE OF THE PERSON OF JESUS CHRIST	그리스도론에 대한 설명서	1937
THE FACE IN THE MIST[110]	조선을 배경으로 한, 서양인들의 동양에 대한 판타지가 뒤섞인 한 소년의 모험	1937
The Forty-Seventh Annual Report	대한기독교서회 연차보고서	1937
Verses from Korea[111]	선교사인 밀러가 쓴 시집	1937
POWER THROUGH PRAYER(祈禱의靈力)	기도하는 사람의 힘	1937.9.10
Stewardship in Korea	한국에서의 기독교 신자의 책임에 대한 책	1938

THE DEATH OF JESUS IN THREE ASPECTS	예수의 죽음에 대한 3가지의 측면을 다룬 책	1938
The Forty-Eighth Annual Report	대한기독교서회 연차보고서	1938
U.S.S. AUGUSTA UNDER FIRE	USS Augusta는 미국 배였다. 1937~38년 중국-일본 상하이에 대한 갈등을 다룬 책	1938
NEW TESTAMENT(ENGLISH AND JAPANESE)	영/일 신약 성경	1938.3.20
The Korea mission Field Vol 34 No.5#	1905~1941년 사이에 출간된, 그리스도교 정신의 보급을 위한 월간잡지. 그리스도교 정신의 보급을 위한 월간잡지	1938.5
Fifty Year of Light[112]	감리교 전도의 50주년을 기념하기 위해 외국여성선교회에서 출간된 책이다.	1938.7.6
Stewardship in Korea[113]	한국에서의 기독교 신자의 책임에 대한 책	1938.9.3
MOVING ON- THE ROMANCE OF TRAVEL	여행기	1939
The Methodist Hymnal	감리교회의 공식 찬송가집	1939
AS I REMEMBER HIM- THE FIOGRAPHY OF R.S.	발진티푸스의 의사이자 연구자인 R.S.에 대한 책	1940
THE KOREA MISSION FIELD VOL XXXVII NO.2	1905~1941년 사이에 출간된, 그리스도교 정신의 보급을 위한 월간잡지. 그리스도교 정신의 보급을 위한 월간잡지	1940.4.1
JAPAN INSIDE OUT- THE CHALLENGE OF TODAY[114]	미국에게 일본 제국주의에 대해 경고해주는 책. 저자: 이승만	1941
Junior Hymns and Songs	젊은 신자들을 위한 찬송가들을 포함한 책	1941
THE HISTORIC MISSION OF JESUS	신약 성서에 대한 해석. 공관 복음서의 종말론을 분석하고 있다.	1941
Climatic Regions of Korea and Their Economy	조선의 기후에 대한 책	1941.1
Notes on a Physiographic Diagram of Tyosen(Korea)	조선의 지리적 지역을 분석	1941.10
THE KOREA MISSION FIELD VOL XXVII NO.2	1905~1941년 사이에 출간된, 그리스도교 정신의 보급을 위한 월간잡지. 그리스도교 정신의 보급을 위한 월간잡지	1941.2.1
THE KOREA MISSION FIELD VOL. XXXVII NO.4	1905~1941년 사이에 출간된, 그리스도교 정신의 보급을 위한 월간잡지. 그리스도교 정신의 보급을 위한 월간잡지	1941.2.1

Notes on Union Christian College Press	평양 교회 (Union Christian College)는 숭실대를 의미한다. 숭실대 출판부에 대한 책	1941.3.1
CHRISTIAN DOCTRINE[115]	기독교의 기본 신념들을 재해석하는 책	1942
Song and Service Book for Ship and Field ; Army and Navy	2차 세계대전 중 미국 정부에서 군인들에게 출간한 성서. 신교도, 천주교, 유대교와 찬송가란 4부로 나누어져 있다.	1942
THE HYMNAL : Army and Navy[116]	2차 세계대전 중 미국 정부에서 군인들에게 출간한 성서. 신교도, 천주교, 유대교와 찬송가란 4부로 나누어져 있다.	1942
THE MIRACLE - STORIES OF THE GOSPELS	성서에 대한, 신학과 역사비판적인 관점을 갖은 책	1942
Thirty-First Annual Report	연차보고서	1942
We, too, "Married Adventure", in Korea since 1902	한국여행기	1942.8.20
THE WASHINGTON POST	워싱턴 포스트	1943.3.7
CHINESE REPOSITORY VOL.11[117]	1832~1851년 사이에 출간된 잡지의 재출판인 것 같다. 개신교 선교사들에게 중국의 역사를 전반적으로 이해시키기 위해 출간되었다.	1943.7.30
CHINESE REPOSITORY VOL.12(중국총서)	위와 같음	1943.7.30
The Chinese Repository Vol 14	위와 같음	1943.7.30
THE CHINESE REPOSITORY VOL.13	위와 같음	1943.7.30
A BASIC HISTORY OF THE UNITED STATES[118]	식민지시기부터 시작하여 2차 세계대전말까지 미국의 역사를 다루는 책. 저자는 제국주의를 위한 군사적 모험을 비판하고 있다.	1944
A HISTORY OF THE FAR EAST IN MODERN TIMES	18세기부터 1950년대까지의 동아시아의 역사를 (특히 중국, 일본, 러시아) 다루는 책	1944
MODERN KOREA	중국어, 일본어, 러시아어 등 원출처를 활용한 책. 일제강점기의 한국을 다루며, 한국의 인구 과잉 문제를 산업화로 해결해야 된다고 주장	1944
PEOPLE ON OUR SIDE	인도, 사회주의 러시아, 중국과 내부지역을 객관적으로 다루는 책으로서 역사적 배경과 분석, 개인의 경험 및 인터뷰들을 잘 결합한 책	1944

GENGHIS KHAN The Emperor of All Men[119]	몽고 징기스칸의 삶을 젊은 시절부터 권력의 정점에 달할 때까지 그린 책이다.	1944.10
THE INTENTION OF JESUS	신약 성서 전공 교수가 쓴 책. 예수에 삶에 대한 중요하고 학술적인 책으로 평가되어 있다.	1945
THE THEOLOGY OF SAINT PAUL	성바울의 신학에 대한 해설서	1945
Rural Geographic Landscapes in Korea[120]	한국의 농촌풍경에 대한 책	1945.6.1
Physical Basic For Korean Boundaries	한반도의 지리적인 자연 경계에 대한 책	1946.5
THE MASTERY OF THE FAR EAST[121]	1919년 뉴욕에서 출간. 한국을 중심으로 극동 지역을 조명한 본격적인 연구서. 한반도의 전략적인 중요성, 그리고 한반도를 지배하려는 중국과 일본, 그리고 러시아와 일본의 투쟁, 그리고 한반도를 결국 갖게 된 일본의 지배방법을 묘사하고 있다.	1919.3
seventeenth annual report of the Korea Woman's Conference of the methodist Episcopal Church[122]	한국여감리교회 7차 연례 보고서	Apr 22~27, 1915
Reports Read at the sixth annual session of the korea Woman's Conference of the methodist Episcopal Church Held at Chemu	한국여감리교회 6차 연례 보고서	April 30, 1904
sixth annual report of the Korea Women's Conference of the methodist Episcopal Church	한국여감리교회 7차 연례 보고서	April 30, 1904
REPORTS READ AT THE NINTH ANNUAL SESSION OF THE KOREA WOMAN'S CONFERENCE OF THE METHODIST EPISCOPAL CHURCH Held at Seoul	한국여감리교회 9차 연례 보고서	June 19~27, 1907
Thirteenth annual report of the Korea Woman's Conference of the methodist Episcopal Church	한국여감리교회 13차 연례 보고서	June 21~27, 1911
Eleventh annual report of the Korea Women's Conference of the methodist Episcopal Church	한국여감리교회 11차 연례 보고서	June 23~29, 1909
sixteenth annual report of the Korea Woman's Conference of the methodist Episcopal Church	한국여감리교회 16차 연례 보고서	June 3~9, 1914
Fifteenth annual report of the Korea Woman's Conference of the methodist Episcopal Church	한국여감리교회 15차 연례 보고서	June 6~11, 1913

Reports Read at The Ninth annual Session of the Korea Woman's Conference of the methodist Episcopal Church Held at Seoul	한국여감리교회 9차 연례 보고서	June 19~27, 1907
REPORTS READ AT THE EIGHTH ANNUAL SESSION OF THE KOREA WOMAN'S CONFERENCE OF THE METHODIST EPISCOPAL CHURCH Held at Seou	한국여감리교회 8차 연례 보고서	June 8~14, 1906
REPORTS READ AT THE TENTH ANNUAL SESSION OF THE KOREA WOMAN'S CONFERENCE OF THE METHODIST EPISCOPAL CHURCH Held at Seoul	한국여감리교회 10차 연례 보고서	Mar. 11~18, 1908
Eighteenth annual report of the Korea Woman's Conference of the methodist Episcopal Church	한국여감리교회 18차 연례 보고서	Mar. 9~14, 1916
Twelfth annual report of the Korea Woman's Conference of the methodist Episcopal Church	한국여감리교회 12차 연례 보고서	May 11~19, 1910
Fourth annual report of the Korea Woman's Missionary Conference of the methodist Episcopal Church Held at Pyeng Yang	한국여감리교회 4차 연례 보고서	may 16~21, 1902
Third annual report of the Korea Woman's Missionary Conference of the methodist Episcopal Church Held at Seoul	한국여감리교회 7차 연례 보고서	May 9~14, 1901
Fifth annual report of the Korea Woman's Conference of the methodist Episcopal Church Held at Seoul	한국여감리교회 5차 연례 보고서	May, 1903
Third annual report of the Korea Woman's Conference of the methodist Episcopal Church	한국여감리교회 3차 연례 보고서	May 9~14, 1901
A LITTLE CHINESE LANTERN	소 중국 풍등	일제강점기
CHOSEN CHOSEN	조선 조선	일제강점기
NEARER MY GOD TO THEE[123]	찬송가	일제강점기
THE TEMPEST	셰익스피어 템페스트	일제강점기
The Church in Corea[124]	한국의 교회	한일합방 이후

---

[41] https://www.amazon.com/MacAulays-England-Columbus-Volumes-I-IV/dp/B007ZEX72M

[42] https://www.gutenberg.org/files/131/131-h/131-h.htm,

[43] https://archive.org/details/peoplesandpolit04normgoog/page/n12

[44] https://www.amazon.com/Search-Siberian-Klondike-Washington-Vanderlip/dp/1103448420

[45] https://archive.org/details/cornofwheatorlif00mccu/page/n5

46) https://archive.org/details/excitingexperienever/page/n5
47) https://archive.org/details/excitingexperienever/page/n5
48) https://archive.org/details/historicaltalesr12morriala/page/n9
49) https://archive.org/details/vanguardtaleofko00galeiala/page/n5
50) https://archive.org/details/AComparativeGrammarOfTheKoreanLang/page/n5
51) https://archive.org/details/russiajapanandco00ungerich/page/n9
52) https://archive.org/details/withtommytompkin00unde/page/n7
53) https://archive.org/details/ewatalekorea00noblrich
54) https://archive.org/details/portarthursiege00bargoog/page/n6
55) https://www.amazon.com/Ethics-Evangelism-Philosophical-Proselytizing-Persuasion/dp/0830839275
56) https://archive.org/details/passingofkorea00hulbuoft/page/n9
57) https://archive.org/details/korealandpeoplec00jone/page/n1
58) https://archive.org/details/signsportentsinf00cote/page/n7
59) https://archive.org/details/fifteenyearsamon00undeiala/page/n5
60) https://archive.org/details/missionmethodsin00ross/page/n7
61) https://archive.org/details/callofkoreapolit00unde/page/n7
62) https://archive.org/details/nearerandfarthe02browgoog/page/n9
63) https://archive.org/details/thingskoreanaco00allegoog/page/n8
64) https://archive.org/details/daybreakinkoreat00bair/page/n7
65) https://archive.org/details/kimsubangotherst00wagn/page/n7
66) http://raskb.com/udenlibrary/disk2/150.pdf
67) https://www.amazon.com/Peeps-at-many-lands-Korea/dp/1149510277
68) https://archive.org/details/faceofmanchuriak00kemp/page/n7
69) https://archive.org/details/koreamissionofme00appe/page/n3
70) https://archive.org/details/religionseaster00undegoog/page/n5
71) https://archive.org/details/soteriologynewt00dubogoog/page/n6
72) 한국 선교사들이 초교파적으로 선교현장에 대한 정보를 교환할 목적으로 발간하였다. 선교사들이 주요 필자로 한국교회의 상황을 비롯하여 한국의 정치, 경제, 사회, 문화, 종교 전반에 걸쳐 기고한 글로 편집되어 있다. 이 잡지가 창간되기 전에도 동일한 목적의 영문 잡지들이 있었다. 1892년 1월 창간되어 1898년 4월까지 간행된 *The Korean Repository*와 1901년 1월부터 1906년 6월까지 간행된 *The Korea Review*가 그것이다. 이 두 잡지는 모두 월간으로 간행되었으며, 주로 한국의 언어와 역사, 문화 등을 다루었다. 즉 한국학 연구지의 성격을 띠고 있었던 것이다.
73) https://www.amazon.com/Eastern-Miscellany-Zetland/dp/1110291019
74) https://catalog.hathitrust.org/Record/009039952
75) https://www.amazon.com/Humiliation-Christ-Alex-B-BRUCE/dp/B000ZMWKGU
76) http://www-lib.tufs.ac.jp/opac/en/recordID/catalog.bib/BA45798047?caller=xc-search
77) https://www.amazon.com/Japanese-Diplomacy-Force-Arthur-MacLennan/dp/1289811059

78) http://japanesehistory.de/wordpress/?page_id=1314
79) https://www.amazon.co.uk/Burton-Holmes-Travelogues-Greatest-Traveler/dp/3822848158
80) https://archive.org/details/koreasfightforfr008219mbp/page/n7
81) https://www.google.com/url?sa=t&rct=j&q=&esrc=s&source=web&cd=1&ved=2ahUKEwj0zqnL1M3eAhWVIIgKHTKZC5IQFjAAegQIBhAC&url=https%3A%2F%2Fwww.ekoreajournal.net%2FsysLib%2Fdown.php%3Ffile%3D..%252FUPLOAD%252FT_articles%252FPDF3921&usg=AOvVaw0Dx2GxF2wbm2benxUs28tC
82) https://www.amazon.com/China-Japan-Korea-J-Bland/dp/1140202456
83) https://dl.bok.or.kr/#/search/detail/43714
84) https://www.amazon.com/Case-Korea-Henry-Chung/dp/0415585910
85) 대한기독교서회는 1890년 기독교서적의 출판과 판매 및 보급을 목적으로 설립된 초교파적 연합사업체. 1890년 6월 장로교선교회와 감리교선교회가 연합하여 조선성교셔회(朝鮮聖教書會)를 만든 것이 그 시초이다. 당시의 창립위원은 언더우드(Underwood, H. G.)·아펜젤러(Appenzeller, H. G.)·베어드(Baird, W. M.)·기포드(Gifford, D. L.)·존스(Jones, G. H.)·게일(Gale, J. S.)·헐버트(Hulbert, H. B.)·모페트(Maffett, S. A.) 등이었다. 1911년 李承晚과 申興雨 등의 한국인들도 편집위원으로 활동하게 되었다. 1915년 죠션예수교셔회(朝鮮耶蘇教書會, The Korean Religious Book And Tract Society)로 개칭되는 한편, 교단연합신문으로『긔독신보 基督申報, The Christian Messenger』를 발행하게 되어 게일이 편집책임자로 임명되었다. 대한기독교서회(The Christian Literature Society of Korea, 大韓基督教書會), 민족문화대백과사전
86) https://www.amazon.com/Asia-crossroads-Japan-Philippine-Islands/dp/B006Q6JN5A
87) https://www.amazon.com/Glimpses-Korea-J-Urquhart/dp/B0008847DA
88) https://www.amazon.com/Japanese-Colour-Prints-Library/dp/0714827215
89) https://www.amazon.com/Spirit-Testament-Ernest-Findlay-Scott/dp/1289832625
90) https://www.amazon.com/theology-Epistles-Harry-Alexander-Kennedy/dp/B00B27TWKY
91) https://www.google.com/url?sa=t&rct=j&q=&esrc=s&source=web&cd=1&ved=2ahUKEwiqpuna0c3eAhUWdXAKHSXdBiMQFjAAegQIABAB&url=https%3A%2F%2Farchive.org%2Fdetails%2Fmanchurialand00soutuoft&usg=AOvVaw2NwnjvQVN082ADQgrgFVzt
92) https://www.amazon.com/Korea-Tradition-Transformation-History-Korean/dp/0930878566
93) https://www.amazon.com/Handbook-Christian-Ethics-Clark-Murray/dp/1103640720
94) https://ridibooks.com/v2/Detail?id=315000679
95) http://www.raskb.com/node/8
96) https://archive.org/details/in.ernet.dli.2015.75563/page/n7
97) https://archive.org/details/fiftyhelpsforbeg00bairuoft/page/n3
98) http://www.worldcat.org/title/history-of-southern-methodist-missions/oclc/174872
99) https://www.amazon.com/new-Korea-Alleyne-Ireland/dp/B00085A9QC
100) http://raskb.com/udenlibrary/disk1/67.pdf
101) https://www.amazon.com/EASTERN-WINDOWS-Artists-Hokkaido-Philippines/dp/B000ID16IO
102) http://contents.kocw.or.kr/document/lec/2012/YeounSei/LeeSunHo3/3.pdf

103) https://www.amazon.co.uk/New-Testament-Doctrine-Christ-Rawlinson/dp/B0007J2FVQ
104) http://raskb.com/udenlibrary/disk4/352.pdf
105) https://www.amazon.co.uk/Glimpses-other-poems-Henry-Coolidge/dp/B00AUSUYC6
106) https://www.kobay.co.kr/kobay/item/itemLifeView.do?itemseq=1407MCECP8A
107) https://ridibooks.com/v2/Detail?id=315000665
108) https://books.google.co.kr/books?id=FxLDCQAAQBAJ&pg=PT757&lpg=PT757&dq=THE+GENERAL+EPISTLES+OF+ST.PETER+AND+ST.JUDE&source=bl&ots=H7wFo-e--Z&sig=_38MT4hEFbf9Cf9yaf6Qf2im5lU&hl=ko&sa=X&ved=2ahUKEwia4KTNys3eAhVUZt4KHVWxB6gQ6AEwAHoECAAQAQ#v=onepage&q=THE%20GENERAL%20EPISTLES%20OF%20ST.PETER%20AND%20ST.JUDE&f=false
109) https://www.dbpia.co.kr/Journal/ArticleDetail/NODE00133352
110) https://www.kobay.co.kr/kobay/item/itemLifeView.do?itemseq=1511QFPJTVP
111) https://academic.naver.com/article.naver?doc_id=181841276
112) http://www.e-coreana.or.kr/vew/vew_bookview.jsp?orgtxt=N&leftstat=org&typename=scan&book_id=AC_ENG_0065&vol_id=01&keyword=a&nowstat=1
113) http://m.e-coreana.or.kr/jsp/simplicity_se.jsp?menu1=5
114) http://이승만기념관.com/bbs/board.php?bo_table=oneswork&wr_id=5
115) http://labible.kr/Books/book.asp?cPage=2&gCD=&mCD=&sCD=1THTOH000&pSize=20&sType=&sWord=&oType=PUBYMD&oBy=ASC
116) http://nomadbook.co.kr/shop/shopbrand.html
117) *The Chinese Repository*는 초기 서구 개신교 선교사들에 의해 1832년부터 1851년까지 20년간 대륙에서 최초로 발행한 영문 월간지이다. 이 잡지에는 11,500편이 넘는 글이 실려있는데 종교 관련 주지뿐만 아니라 중국의 정치, 역사, 문화, 지리, 상업, 법, 군사, 자연과학, 언어, 지역정보, 문헌자료에 대한 소개 등 30여 가지 주제별로 중국에 대한 각종 정보가 상세히 담겨있다.
118) https://www.aladin.co.kr/shop/wproduct.aspx?ItemId=23421642
119) http://library.yonsei.ac.kr/search/detail/CATTSS000001696913
120) http://db.history.go.kr/item/level.do?levelId=fs_002_0040_0030_0010
121) 번역총서 11집. 이 책은 1919년 뉴욕에서 출간된 것으로 한국을 중심으로 극동 지역을 조명한 본격적인 연구서이다. 1910년대까지 한국과 일본의 상황, 한국을 둘러싼 국제 정치적 경쟁, 극동의 정치경제적 상황, 미국의 극동지역 선교, 그리고 한국과 일본의 기독교 등에 관하여 다른 무엇과도 비견할 수 없는 종합적 정보와 관점을 제공한다.
122) https://depts.drew.edu/lib/methodist/conf-j/Korea.pdf
123) http://www.cbck.org/bbs/board.html?board_table=meeting&write_id=128
124) http://www.google.com/url?sa=t&rct=j&q=&esrc=s&source=web&cd=1&ved=2ahUKEwjpnIGnuc3eAhUYdt4KHRNID0IQFjAAegQIDRAB&url=http%3A%2F%2Fwww.dlibrary.go.kr%2FJavaClient%2Fjsp%2Fwonmun%2Ffull2.jsp%3Fv_kw_str%3D((The)church%2520in%2520Corea)%26v_db%3D4%26v_doc_no%3D143855%26mode%3D1&usg=AOvVaw3tKu7wlXG7_nOAzTpln7KH

Ⅴ. 맺음말 : 숭실대학교 한국기독교박물관 소장 자료 현황 및 활용방안

본 글은 숭실대학교 한국기독교박물관에 소장되어 있는 외국어자료(영어)의 현황을 파악하고 소장 자료의 활용방안을 검토해 보려는 목적으로 작성되었다. 숭실대학교 한국기독교박물관에서 제공한 목록을 기초로 검토해본 결과 숭실대학교 한국기독교박물관에 소장되어 있는 영문 자료는 총 576권이었다. 이 중 17~18세기 간행된 영문서적이 1권, 18세기 출간 자료가 5권, 19세기 간행자료가 103권, 20세기 간행자료가 467권이었다.

17세기에 발간된 자료는 본 사업단의 아젠다와는 거리가 있고, 18세기에 발간된 5권의 영문자료 중 Dodsley Robert가 1751년에 발간한 *The Oeconomy of Human Life*는 서구인이 아시아를 바라보는 시각을 파악해 볼 수 있다는 점에서 사업단의 아젠다 연구에 도움이 될 수 있다. 19세기에 간행된 자료들 중 로웰의 저서인 *Choson, The Land of the Morning Calm : A Sketch of Korea*은 조선의 모습을 '조용한 아침의 나라'라는 이미지로 전 세계에 알린 매우 중요한 저작이다. 이 책은 19세기 말의 조선을 알리고, 최초로 조선을 서구세계에 소개했다는 점에서 연구의 가치가 크다고 할 수 있다. 이와 더불어 선교사 로스가 1891년 저술한 *History of Corea*는 1870년까지 조선의 역사를 통사적으로 보고 있다는 점에서 의의가 있다. 특히 이 책에 기술되어 있는 조선의 문화에 대한 내용은 동시대에 나온 다른 저서들과 비교연구를 해 볼 가치가 있다고 판단된다. 이 시기 가장 중요한 서적은 *The Korean Repository*인데, 본 사업단의 아젠다와 부합하는 성격의 자료로서 본 사업단의 연구가 필요하다고 보여 진다. 본 박물관에 비교적 풍부하게 소장된 19세기 간행 영문 자료의 연구는 근현대 전환공간에서 나타나는 메타모포시스의 유형 연구에 활용될 수 있을 것이다.

20세기 간행 영문 자료 중 *The Korea Review*는 근대전환시기 조선의 사회 전반에 걸쳐 중요한 정보를 제공하고 있다. 따라서 이 잡지에 실려 있는 총 151편의 글을 내용적으로 분류하여, 동 시기의 다른 저서에 나타난 조선의 모습과 비교하여 연구한다면 그 연구 결과물의 활용도가 매우 높을 것이라고 판단할 수 있다. 특히 이 자료는 정밀한 분석과 연구를 통하여 관련 연구서를 편찬하는데 활용할 수도 있을 것이다.

숭실대학교 한국기독교박물관에 소장되어 있는 자료들 중 영어로 된 자료들은 상당수가 국내의 타 기관에 소장되어 있는 경우가 많았다. 따라서 본 자료들에 대한 번역 및 연구의 여부는 신중히 검토해야 할 필요성이 있다. 물론 타 기관에 소장되어 있는 자료라 할지라도 도서의 희귀성과 학술적 가치에 따라 번역 및 연구의 대상 자료를 선정해야 한다.

숭실대학교 한국기독교박물관 소장 자료 중 전 조달청장인 영천 강정훈 선생이 기증한 자료는 상당한 가치가 있다고 보여 진다. 이 자료를 중심으로 2012년 5월 한국기독교박물관에서 '서양인이 본 근대전환기의 한국·한국인'이라는 특별전시회가 개최되었는데, 여기에 전시된 자료들에 대한 연구는 꼭 필요하다고 할 수 있다. 특히 강정훈의 기증 자료에는 당시 특별전에 전시된 '삽화'의 원 출처인 영문 희귀도서들이 있는데, 그 도서 중 번역 대상으로 선정한 헨리 정의 *A Case of Korea*는 국내에 아직 번역되지 않은 저서로서 번역할 가치가 있다고 판단하여 번역이 진행되고 있다. 이 책에는 3·1운동 시기와 그 이후 일제가 자행한 만행에 대해서 매우 정밀하고 상세하게 묘사되어 있다. 특히 일본이 국제적으로 선진국 혹은 문명국의 행세를 하면서 실제로 식민지 조선에서는 얼마나 야만적으로 조선을 통치하고 있는지를 실증적인 자료와 인터뷰 등을 통하여 제시하고 있다는 점에서 그 의미가 남다르다 할 수 있다. 본 글의 부록으로 현재까지 진행된 헨리 정의 저서 'A Case of Korea'의 번역 내용 일부를 소개한다.(〈부록〉 참조)

숭실대학교 한국기독교박물관 소장 영문 자료에 대한 검토를 통하여 본 저자는 숭실대학교 한국기독교박물관 소장 자료의 활용 가치가 매우 높으며, 이 자료에 대한 연구를 통해 한국근현대사의 양상을 보다 정확히 이해할 수 있는데 활용될 수 있다는 가능성을 확인하였다. 특히 기존 연구서와의 비교연구, 동시 간행된 타 외국인 저서와의 비교연구를 통하여 외국인의 시각에서 주로 오류를 범하게 되는 지점이 무엇인지 파악하고, 이에 대한 분석연구가 진행된다면 학계에도 큰 기여를 하게 되리라는 점을 확인하였다.

이와 더불어 동시대에 기록된 외국의 한국 관련 자료를 찾아, 분석하고 비교하는 작업도 매우 중요하다고 할 수 있다. 현재 숭실대학교에 소장되어 있는 외국어 자료만으로는 한국의 근대전환공간에서 나타나는 메타모포시스적 양상을 모두 파악해 내는 데 한계가 있다. 따라서 외국에 소재하고 있는 동시대 외국인이 기술한 조선(한국) 관련 자료를 끊임없이 추적하고, 발굴해야 할 필요성이 있다. 이와 같은 작업이 균형적으로 이루어질 때 본 사업단이 추구하는 연구 목표에 부합하는 결과물이 산출될 수 있으며, 학계에 큰 기여를 할 수 있을 것이다.

〈부록〉

한국 문제, 한국의 사정, 한국의 사례, 한국의 경우 (The Case of Korea)
일본의 한국 지배 및 한국 독립 운동의 전개에 관한 증거 자료

헨리 정(Henry Chung)

머리말
셀던 P. 스펜서(Selden P. Spencer)
미주리주 상원의원

미국인은 사실을 원한다. 정의는 단순한 감정이나 감상적인 열정에 근거하지 않는다. 옳은 일은, 가끔 느릴 수는 있지만, 결국 진실을 따르게 마련이다. 이 책의 역사는

찬란하며 전율을 느끼게 한다. 이 책은 모든 미국인이 사려 깊게 숙고할만한 가치가 있는 책이다. 이 책은 주의를 요구하며 주의를 기울일만한 가치가 있다. 미국보다 4천 년 이상 오래된, 세계 역사상의 가부장제 국가 한국은 우리의 가슴과 양심에 특별한 의미를 지닌다. 1882년 5월 22일 양국 정부 대표가 합의하고, 1883년 1월 9일 미국 상원의 승인을 받은 후, 1883년 2월 13일 아서(Chester Alan Arthur) 미국 대통령이 공식적으로 비준한 "조미수호통상조약(朝美修好通商條約)"이 1883년 6월 4일 선언되었다.

이 조약은 다음과 같이 규정하고 있다.
"미국 대통령과 조선 왕 그리고 각 정부의 시민과 신하들 사이에는 영원한 평화와 우정이 있을 것이다. 제3국이 한쪽 정부에 대해 부당하게 또는 억압적으로 행동할 때에 다른 한쪽 정부는, 그 사실을 통지받는 경우, 이의 원만한 해결을 위해 중재 노력을 함으로써 우호의 정(情)을 보여줄 것이다."

이 조약은 한국에 "큰 형" 같은 친구를 선사했고, 2천만 명(현재 인구)의 한국인은 즉시 그 힘과 정의에 엄청난 기대감을 가졌는데, 이 기대감이 너무 강렬하고 헌신적이어서 애처롭게 느껴질 지경이었다.

"은자의 나라"는 빗장을 열고 세계를 환영하며 즉각 문호를 개방했다. 다른 조약들이 뒤를 이었지만, 미국과의 조약이 최초였다. 우리는 한국에 첫 번째 철도, 첫 번째 발전소, 첫 번째 수도 시설을 세웠다. 우리는 한국 최초의 대형 기선을 건조(建造)했고, 한국의 광산에 현대식 기계를 설치했다. 이 조약을 따르면 수천 년간 익숙해 온 관습을 외국인의 관점에 따라 완전히 바꾸게 되는 것임에도 불구하고, 한국은 명실공히 이 조약을 충실히 이행했다. 한국인은 결코 이 조약을 변경하지 않았다. 이 조약은 그들에게 과거는 물론 현재에도 희망의 별이다. 그들의 황제나 수상도 이 조약의 폐기에 결코 동의하지 않았다. 오늘날의 외교적 상황과 상관없이 이 사실은 도덕적으로 간과할 수 없는 것이다.

일본이 어떻게 한국을 통제해서 1905년에 (이 총명하고 독립적인) 한국인의 "보호자" 겸 외교 대변인이 되었는지, 후에 일본이 어떻게 한국을 완전히 합병하고 일본의 일개 지방으로 만들었는지, 어떻게 한국인이 대한민국의 독립을 선포했는지 등이 한국의 관점에서, 역사적 정확성과 정치적 공평함을 견지하며, 아주 상세하게 기술되어 있다. 지구상의 어느 나라도 다른 나라를 일시적으로 통제할 수 있을지는 모르지만 영원히 억압할 수는 없다. 결국 전 세계에 절대적인 영향력을 미치는 여론이 형성된다. 이러한 여론이 형성되는 데 시간은 걸리겠지만, 세상의 멸시를 자초한 행동을 한 국가는 고민에 쌓이게 될 것이다. 어쩌면 목에 맷돌을 매달아 바다 깊은 곳에 익사시키는 것이 그 나라에 더 좋을지도 모른다. 프로파간다를 교묘하게 조작하거나 열심히 퍼트려서 일시적으로 세상을 속일 수는 있지만, 신의 시대에는 구름 조각 사이로도 진실이 빛을 발하며 세상은 즉시 사실을 파악하게 된다.

나는 이 책을 사려 깊은 미국인 동료 여러분께 추천한다. 외교와 시사 문제에 관한 이 책의 기록은 일본에 해명해야 할 짐, 즉 어떠한 정부도 세계의 심판대 앞에서 늦추거나 거부할 수 없는 짐을 지우고 있다. 문명은 진실—진실 이외의 어떠한 것도 아닌 전체적 진실—을 요구하고 있으며, 역사와 정의 또는 자신의 명예라는 관점에서 미국 국민은 문명화된 그 어느 국가보다 더욱 진실을 원하고 있다.

셀던 P. 스펜서(Selden P. Spencer)
상원 사무실 빌딩
워싱턴, D. C.

서문

세상은 비극으로 가득 차 있고, 인류의 양심은 이미 고통 받는 인간들의 신음으로 과중한 상태이다. 그러나 오늘날 가장 큰 국가적 비극이 문명 세계에 거의 알려져 있지 않다. 한국의 경우가 바로 그것이다. 우리는 아르메니아와 벨기에의 경우에 대해 눈물을 흘리지만, 극동의 작은 "은자의 나라"에서 울리는 불의에 대한 국제적 요청보다 더 큰 목소리를 두 나라로부터 들어보지 못했다.

일본 정부에 의한 정보 차단으로 한국의 상황을 잘 알지 못하는 서구 사람에게 1919년의 독립운동 및 그에 대한 일본의 잔학 행위는 놀라움으로 다가왔다. 그러나 1919년 한국인이 보여준 민족주의 정신은 일본이 한국의 국권을 강탈한 이후 지속해서 타오르고 있는 불꽃의 일부분일 따름이다. 일본인이 저지른 잔학 행위는 1905년

피보호국 체제가 설립된 이후 작동해 온 시스템의 일부에 지나지 않는다.

공정한 마음을 가진 사람이라면 한국의 민족 자결권에 관해 의문을 제기하지 않을 것이다. 세계 대전 후 독립을 쟁취한 나라 중 자유라는 타이틀이 한국보다 더 어울리는 나라는 없을 것이다. 한국은 세계에서 가장 동질적인 민족이다. 그들의 역사는 약 4천 년 전까지 거슬러 올라간다. 그들은 많은 면에서 중국만큼 위대하고 대개는 일본보다 더 위대한 문명을 가지고 있다. 독립 국가로 존재한 오랜 기간, 그들은 독자적인 문학과 예술 및 문화를 창조했다. 한마디로 그들은 민족적·역사적·문화적 의미에서 문자 그대로 하나의 나라를 구축했다. 그리고 오늘날 자신의 의지와 선택에 따라 자신의 운명을 결정할 수 있는 권리를 얻기 위해 온 국민이 단결되어 있다. 일본은 한국 지배를 정당화하기 위해 많은 논거를 내세우고 있다. 그것은 (1) 자기방어 (2) 식민지화의 필요성 (3) 한국을 돕기 위한 호의적 동기이다. 그러나 그 중 어느 것도 국제 정의와 정밀한 조사의 시험을 통과하지 않았다.

일본의 정치가들은 "한국이 독립해 있으면 호전적이고 강력한 적(敵)의 전략적 거점이 될 가능성이 높기 때문에 일본에 매우 위험하다."라고 주장한다. 그러므로 일본은 자기방어를 위해 한국을 지배해야 한다는 것이다. 그러나 일본이 한국을 놓아준다면 누가 한국을 집어 삼킬 것인가? 러시아의 침략이나 중국의 "제국주의"는 불가능하다. 동양의 이 지역에 직접적인 관심을 가진 나라는 러시아와 중국을 제외하면 미국밖에 없다. 일본이 한국을 놓아주자마자 미국이 제국주의 강화를 위해 무력으로 한국을 소유하는 것이 가능할까? 이 질문은 독자들의 판단에 맡기도록 하겠다.

일본이 한국을 식민지화해야 한다는 구실 역시 미약하다. 한국은 이미 인구가 조밀하며, 한국의 농부는 땅을 집약적으로 경작하고 있다. 게다가 일본이 해외 침략에 사용하고 있는 산업과 자본을 내부 개발에 사용한다면 과잉 인구를 위한 자리를 일본 내에서 충분히 찾을 수 있다. 오리건주 및 워싱턴주와 비슷한 위도에 위치한 홋카이도(일본 북부)와 사할린섬 남쪽 절반 지역은 인구가 희박하다. 일본인이 편집한 준(準)공식 "1918~19년 일본 연보"에 따르면, 이 지역은 기후와 토양이 뛰어나고 어업과 광물 자원이 풍부하다. 일본이 일부만 개발한 이 지역은 약 49,000제곱마일(125,440㎢)이다. 이것은 벨기에의 4배가 넘는 크기이지만, 벨기에의 인구는 750만 명으로 홋카이도와 사할린 남부를 합친 인구의 5배에 달한다.

한국에 있는 30만 명의 일본인은 이민자가 아니라 착취자로 한국에 왔다. 현재 일본인이 소유한 수만 에이커의 땅은 정부가 인수하던 무렵부터 관개 시설이 가장 잘 갖추어진 경작지였다. 일본인 이주자가 황무지나 미경작지를 개간하고 개량했다는 떠들썩한 선전 주장은 일본 정부가 한국인에게서 땅을 빼앗기 위해 사용한 불법적 방법을 감추기 위한 위장에 지나지 않는다. 한국은 일본인 협잡꾼이나 토지 강탈자에게는 비옥한 땅이지만, 식민지 정책의 배출구로서는 일본 제국에 실질적으로 아무런 가치가 없는 것으로 드러났다. 일본인은 개척자가 아니며, 기업 정신과 모험심도 없다. 그들은 단지 다른 사람의 성취를 불공정한 방법으로 인수한 것일 뿐이다. 불법적 착취가 없다면 독립국 한국은 과잉 인구를 위한 땅으로 일본에 방해가 되지 않을 것이다. 반대로 그것은 자산이 될 것이며, 일본 이민자들이 착취자로 미움받기보다는 이민자로 환영받게 될 것이다.

일본이 현대 문명의 여정을 좇아 한국인을 돕는 인도주의적 목적 때문에 한국을 지배하고 있다는 세 번째 주장은 구역질 나는 위선이다. 일본은 한국에 진출한 이후 터키식 잔인함, 독일식 효율 그리고 일본의 교활함으로 한국인을 대하고 있다. 그러면서도 일본은 한국인을 자신의 국민으로서 사랑한다고 주장한다. 일본 정치가들이 한국인을 형제자매처럼 사랑한다고 공개적으로 말하고 다니는 바로 그 순간에도 마을은 파괴되고, 무고한 남녀가 감옥에서 구타당해 죽어가고 있다. 개혁에 관한 약속은 그들이 도쿄항 입구를 떠나기도 전에 피투성이가 되어 쓸려가 버린다.

그렇다면 왜 일본은 한국을 손에 넣으려 할까? 그것은 히데요시(豊臣秀吉)가 3세기 전에 한국을 침략한 것과 같은 이유에서다. 히데요시의 진짜 목표는 아시아 본토였다. 한국은 중국과 일본을 잇는 다리이기 때문에 일본의 쇼군은 자신의 군대를 중원의 왕국에 보내기 전에 먼저 한국을 정복할 필요가 있었다. 오늘날도 마찬가지다. 범(汎)일본주의의 궁극적인 목표는 일본의 지배하에 아시아 전체를 통합하고, 이어서 태평양의 지배권을 손에 넣는 것이다. 아시아 대륙 점령을 위해 일본은 군사 작전의 근거지로 사용할 수 있는 한국에 단단히 자리 잡을 필요가 있는 것이다. 이런 점에서, 그리고 그것 자체만으로도, 한국을 지배하는 것이 일본에는 필수적인 사항이다.

우리는 한국을 장악하려는 일본의 진짜 목적에 논쟁의 여지가 없음을 잘 알고 있다. 범게르만주의자든 범일본주의자든 정복자에게 정의는 논쟁거리가 아니며, 인간

애는 아무런 호소력도 가지고 있지 않다. 그는 오직 전략과 교활함이라는 하나의 동기에만 귀를 기울이며, 힘이라는 하나의 명령만을 따른다. 따라서 일본의 관점에서 볼 때 한국 문제는 제기할 주장도 없고 호소할 내용도 없는 것일 뿐이다.

소수이긴 하지만 미국과 유럽에는 물리력의 신봉자들이 있다. 아직도 그들은 "공격적인 인접국에 대해 자신을 보전하지 못할 만큼 약한 나라는 독립의 특권을 누릴 자격이 없다."고 믿고 있다. 즉 한국인이 자신의 땅에서 일본인을 쫓아낼 수 없다면 이웃 나라의 지배를 받는 노예로 고통받아야 한다는 것이다. 이것은 "정의는 힘에서 나온다."는 낡은 생각에 근거한 냉소적이고 무감각한 감정이다. 힘을 추구하는 위원회에서 인간의 선함을 고취하거나 선의의 관대함을 추동하는 목소리는 발언권을 얻을 수 없다. 이러한 힘의 원칙을 숭배하는 사람들에게 한국인으로서 내가 할 수 있는 유일한 항변은, 1세기 전 다트머스 대학 소송 사건에서 다니엘 웹스터(Daniel Webster)가 배심원들에게 했던 것과 동일한 말이다. "비록 작고 가난한 나라지만, 그곳을 사랑하는 사람들이 있습니다."

H. C.
워싱턴, D. C.

1. 서론

가. 영토와 국민

"고요한 아침의 나라" 한국은 중국과 일본 그리고 러시아의 시베리아 사이에 있는 나라이다. 면적은 84,000제곱마일(215,040㎢) 정도이며, 서해안과 동해안을 따라 빽빽하게 모여 있는 1만여 개의 섬을 포함하면 90,000제곱마일(230,400㎢)에 이른다. 남북의 길이는 약 660마일(1,000km), 동서의 폭은 평균 130마일(200km)이며 서해와 동해를 가르는 반도를 형성하고 있다.

해안선은 약 1,940마일(3,100km)에 걸쳐 있고, 그 환경은 매우 다양하다. 주요 항구는 북동쪽에 원산, 반도의 남쪽 끝에 부산과 마산포, 서해안에 목포, 제물포, 진남포,

용암포가 포진해 있다.

　한국에 장대한 강은 없다. 백두산에서 발원하여 서해의 서한만(西韓灣)으로 흐르는 압록강이 가장 긴 강이다. 이 강은 바다에서 약 60마일(100km)까지 거슬러 올라갈 수 있으며, 한국과 만주의 경계선을 형성한다. 과거에 이쪽에서 저쪽으로 또는 저쪽에서 이쪽으로 수많은 군대가 이 강을 건넜기 때문에 이 강은 "동양의 루비콘"이라는 별칭을 얻게 되었다. 두만강 역시 백두산에서 발원하여 북동쪽을 향하다 동해의 표트르 대제만(大帝灣)으로 흘러든다. 이 두 강이 북동쪽의 만주와 시베리아로부터 한국을 갈라놓는다.

　산악 지역은 물고기의 등뼈처럼 반도 전체에 걸쳐 뻗어 있고, 호랑이, 사슴, 영양, 표범, 멧돼지, 곰, 꿩 등 사냥감이 풍부하다. 한국에서 가장 유명한 산은 백두산으로 한국과 만주의 경계선에 자리 잡고 있다. 백두산에서 가장 높은 봉우리는 해발 약 9,000피트(2,744m)로 사화산(死火山)이다. 분화구에는 용왕담(龍王潭, 천지)이라는 아름다운 호수가 있고 그 옆에는 원시림이 자라고 있다. 백두산의 장엄함과 아름다움은 한국인과 중국인의 노래뿐만 아니라 일본의 문학에서도 찬미 되어 왔다.

　강원도에 소재한 금강산은 한강의 수원(水源)으로 캘리포니아 요세미티 계곡에 비교할 만한 곳이다. 이사벨라 버드 비숍(Isabella Bird Bishop) 여사는 장안사에서 시작되는 절벽과 계곡에 대해 "11마일(17.6km)에 달하는 아름다움은 지구상 어느 곳과도 비교할 수 없을 정도다."라고 말하고 있다. 최근에 방문했던 한 여행자는 지구를 가로질러 보러 올만큼 그 경치가 뛰어나다고 묘사했다. 이 산은 고대 예술품으로 장식된, 수백 년 된 고찰(古刹)로 가득 차 있다. 민간전승을 따르면, 불교는 인도에서 직접 전래했는데, 53명의 불교도가 배 한 척에 경전을 가득 싣고 동해안에 상륙하여 금강산에 최초의 사찰 유점사(榆岾寺)를 세웠다고 한다.

　9개국에서 살았던 어느 미국인은 한국의 기후에 관해, "이 반도의 왕국은 어느 곳이든 일 년 내내 쾌적하게 살 수 있는 기후를 가지고 있다."고 말했다. 겨울은 건조하고 맑고 상쾌한 반면, 여름은 덥고 비가 많이 온다. 북위 34도에서 40도 사이에 위치한 이곳은 네브래스카, 캔자스와 비슷한 온대 기후 지역이다. 한반도의 삼면을 둘러싼 바다는 기후를 안정시키는 경향이 있어서, 겨울은 심하게 춥지 않고 여름도 가혹할 정도로 뜨겁지 않다. 연간 평균 강우량은 약 36인치(900mm)로 온대 지역 작물의 빠른 성장과 집약 농업의 고수익을 가능하게 한다. 기장, 강낭콩, 완두콩, 쌀, 감자, 옥수수, 밀, 보리, 메밀, 호밀, 면화, 비단, 담배, 수수, 그 외에도 다양한 야채류가 수 세기에 걸쳐 성공적으로 재배되어 왔다. 한국은 항상 모든 사람이 소비할 수 있는 양보다 더 많은 곡물을 생산해 왔기 때문에 그동안 동양의 어느 나라보다도 기근이 적게 발생했다.

한국은 광물 자원이 적지 않다. 금, 은, 텅스텐, 흑연, 구리, 철, 석탄, 백악(白堊) 등이 채굴되고 있으며, 그중 일부는 풍부한 매장량을 가지고 있다. 미국 회사가 관리하는 운산(雲山) 금광만 해도 1896년 채굴권을 얻은 이후 12년 만에 1,637,591톤의 광물을 생산했는데, 이는 10,701,157달러에 달하는 양이었다. 한국인의 기원과 인종 구분은 세계 민족학자들에게 다소 혼란스러운 문제이다. 한국 학자들조차 자기 조상의 기원에 대해 확신을 가지고 있지 못하다. 말레이인, 몽골인, 백인의 인종적 특징이 한국인에게 나타나고 있다. 이 점에 관해 여러 서양 관찰자의 의견을 살펴보는 것도 흥미로울 것이다. 영국의 저명한 민족학자 A. H. 킨(Augustus Henry Keane) 교수는, 한국인은 원래 백인 계통이며 몽골 인종과 섞였다고 주장한다. 인종 문제에 관한 최고의 권위자 킨 교수는 아시아인의 인종적 계통에 관해 다음과 같이 설명하고 있다.

> 퉁구스족보다 인근의 한반도에서 백인의 요소가 더 많이 나타나고 있다. 유럽인의 특징—연한 눈빛, 큰 코, 갈색 머리칼, 덥수룩한 수염, 옅거나 하얀 피부, 큰 키 등—은 상류층과 남쪽 지역에서 두드러진다. 서양 신석기 시대 백인의 흔적은 유럽의 고인돌이나 환상열석(環狀列石)의 복제품처럼 보이는 거석 구조물 유적으로도 증명된다. 한국은 현재의 국명을 고려 왕조(918~1392)에서 따왔는데, 이 왕조는 한국 역사상 가장 번영한 시기였다. 약 500년간 그들은 동북아시아의 지배적 민족이었으며 무역과 공예가 매우 발달하였는데, 일본이 후에 완벽한 수준으로 발전시키는 도자기와 청동 세공 기술은 최초로 고려에서 배워간 것이었다.[125]

한국에서 20년 이상 체류한 미국 교육학자 호머 B. 헐버트(Homer B. Hulbert) 교수는 다음과 같이 말했다.

---

[125] Cf. A. H. Keane, *The World's Peoples*, p.163; *idem, Ethnology*, p.314.

그들은 숫자에 관해서는 중국에, 재치에 관해서는 일본에 가려져 있다. 그들은 중국인처럼 훌륭한 상인도 아니고 일본인처럼 뛰어난 전사도 아니지만, 기질적으로는 이 두 나라보다 훨씬 앵글로색슨족에 가까우며, 극동 지방에서 같이 살기에는 가장 편안한 사람들이다.[126]

한국의 토착민이 만주인, 몽골인, 중국 본토인, 인도 아리안족 등 다른 아시아 인종과 섞여 있는 것은 거의 확실하다. 한국인은 유럽에 근대적 의미의 민족이 태어나기 훨씬 전부터 민족의식과 국민적 연대감을 형성해 왔다. 한국의 민족지학에 관한 논쟁은 한국인과 일본인의 인종적 차이에 관한 언급 없이는 끝낼 수 없다. 이 점은 특히 중요한데, 일본이 지금 영국이 미국의 모국인 것처럼 일본이 한국의 모국이며 한국의 문명은 전부 일본에서 유래했다고 주장하기 위해 역사적 증거와 민족적 사실을 조작하고 있기 때문이다. 이에 관해서는 서양인 최고의 한국사 연구자 제임스 S. 게일(James S. Gale) 박사의 글을 인용하는 것 이상의 방법은 없는 것 같다.

한국은 서기 669년부터 1910년 8월까지 1,241년간 분단되지 않은 단일 왕국을 유지했다. 이 기간 왕조의 교체는 단 두 번(918년과 1392년)뿐이었고, 잉글랜드의 장미 전쟁과 같은 대규모 내전은 겪지 않았다. 영국에서 초서(Geoffrey Chaucer)만이 유일하게 활동하던 시기에 한국에서는 수많은 학자와 문인이 무리를 이루어 왕성하게 활동했다. 1600년 지구 반대편에서 셰익스피어가 햄릿을 쓰고 있다는 사실은 알지 못했지만, 조선의 수도 한양에는 세계적인 대문호에 맞먹는 문인들의 모임이 열렸다.

최근 한 위대한 학자의 작품을 접한 작가가 작품 구매를 위해 22엔(11달러)을 제시했는데, 어느 일본인이 그보다 훨씬 많은 금액인 44엔으로 그 작품을 사버렸다. 일본인들은 이 작은 왕국의 문학을 꽤나 숭배하며, 자신들도 이런 문장을 쓸 수 있기를 고대하고 있다.

한국인은 문학만이 아니라 도자기, 제지, 인쇄, 청동 및 철 세공 분야에서도 뛰어나며, 외부 세계의 영향 없이도 탁월한 재능을 발휘하는 사람들이다. 한국이 명목상 중국의 속국이었던 것은 사실이지만, 그것은 중국 황실과 한국 왕조 간의 합의일 뿐이었다. 중국은 1,400여 년간 한국의 내정에 간섭할 생각이 전혀 없었다.

---

[126] Homer B. Hulbert, *The Passing of Korea*, Preface.

1910년 한국은 피정복이 아니라 5명의 대신(大臣)이 국가를 일본에 넘겨줌으로써 국권을 상실했다. 그들은 은퇴 연금을 후하게 지급받았으며 현재 자신이 한 행동의 과실을 즐기고 있다. 반면 깨어있는 사람들은 나라가 노예 상태가 되었음을 한탄하고 있다.

한국과 일본은 조화롭게 살기가 불가능하다. 그만큼 그들은 다르다. 일본인은 천황을 숭배하며 거의 신으로 모시고 있다. 한국인은 그러한 생각을 비웃는다. 한국인은 하층 계급조차 유교 이념을 신봉하는 신사들이지만, 일본의 하층 계급은 벌거숭이 남해 섬 주민과 밀접하게 연관되어 있다.

한국인은 문(文)을 숭상하지만, 일본은 전사의 나라이다. 한국에서 무인은 항상 2등으로 평가되지만, 일본은 칼이 지배하는 사회이며 강압적인 호엔촐레른 가문을 대단히 존경하고 있다.

일본에 매춘부가 공공연히 존재한다는 사실은 한국에 충격적이다. 의회 후보자가 자신의 가치와 직무 적합성을 주장하면서 자신이 도시 변호사나 미곡상, 매춘부 조합장에게 후원받고 있다고 말할 때 불쾌감이나 특별한 반응을 불러일으키지 않는 것을 보면, 일본이 "매춘부"에 대해 독특한 견해를 가지고 있음을 알 수 있다. 매춘부에 대한 한국인의 시각은 미국인의 시각과 동일하다. 이러한 예에서 한국과 일본이 함께하기가 얼마나 어려운지 알 수 있다.[127]

한국과 일본의 인종적·문화적 차이는 프랑스와 독일의 차이보다 훨씬 크다고 하면 충분할 것이다. "은자의 나라"를 일본화하려는 필사적인 노력에도 불구하고 이러한 차이는 사라지지 않으리라는 것이 나의 판단이다. 한국은 한국으로 남을 것이고, 카멜레온 같은 프랑스인처럼, 변하면 변할수록 더 똑같아질 것이다. (이하 생략)

---

[127] James S. Gale, "The Missionary Outlook in Korea," *The Missionary Review of the World*, February, 1920, pp.117~122.

참고문헌

한국기독교박물관 소장 근대 자료의 내용과 성격

숭실대학교 한국기독교박물관,『한국기독교박물관 소장 고문헌 목록』, 2005.
숭실대학교 한국기독교박물관,『한국기독교박물관 소장 기독교 자료 해제』, 2007.
숭실대학교 한국기독교박물관,『한국기독교박물관 소장 과학·기술 자료 해제』, 2009.
숭실대학교 한국기독교박물관,『한국기독교박물관 소장 한국학 자료 해제』, 2010.
숭실대학교 한국기독교박물관,『한국기독교박물관 소장 민족운동 자료 해제』, 2012.

김봉희,『한국 기독교문서 간행사 연구(1882-1945), 이화여자대학 출판부, 1987.
김승태·박혜진 엮음,『내한 선교사 총람(1884-1984), 한국기독교역사연구소, 1994.
金良善,「基督敎가 韓國近代化에 미친 影響」,『崇大學報』1965년 3월 15일자.
金良善,「新國民文化의 創造」,『政經硏究』27호, 1967.4.
金良善,「受難과 榮光의 遺物을 찾아-基督敎博物館을 마련하기까지-」,『新東亞』46호, 1968.6.
盧孤樹,『韓國基督敎書誌硏究』, 藝術文化社, 1981.
박정신,「교회사학자, 김양선은 어디 있는가」,『한국기독교역사연구소 소식지』31호, 1998.4.
유영렬,「매산 김양선의 생애와 민족의식」,『崇實大學校 韓國基督敎博物館誌』창간호, 2004.
윤경로,「梅山 金良善과 韓國基督敎史 硏究」,『崇實大學校 韓國基督敎博物館誌』창간호, 2004.
尹春炳,『韓國基督敎新聞·雜誌 百年史』(1885~1945), 대한기독교출판사, 1984.

李光麟, 「漢城旬報와 漢城週報에 대한 一考察」, 『韓國開化史研究』, 一潮閣, 1969.
이덕주, 『푸른 눈에 비친 백의민족』, 한국기독교역사박물관, 2008.
李萬烈, 『韓國基督敎文化運動史』, 大韓基督敎出版社, 1992.
李章植, 『大韓基督敎書會 百年史』, 대한기독교서회, 1984.
李鍾國, 「韓國의 近代 印刷出版文化 硏究」, 『印刷出版文化의 起源과 發達에 관한 硏究論文集』, (社)韓國出版學會, 1996.
임병태, 「한국기독교박물관 설립자 金良善 교수」, 『인물로 본 숭실 100년』, 숭실인물사편찬위원회, 1997.
장 신, 「조선총독부의 언론통제와 동아일보·조선일보 폐간」, 『역세문제연구』 35, 2016.
鄭晋錫, 『한국언론사』, 나남, 1990.
하종희, 「한국 천주교관련 고문헌의 출간 및 출판문화사적 연구」, 숙명여대 교육대학원 석사학위논문, 1997.
한영제 편, 『한국 성서 찬송가 100년』, 기독교문사, 1992.
한국기독교역사연구소, 『한국 기독교의 역사』Ⅰ·Ⅱ, 기독교문사, 1999.
한명근, 「開化期(1876-1905) 신서적 발간과 그 특징」, 『崇實史學』 20, 숭실사학회, 2007.
한명근, 「예수교서회의 기독교문서 출판과 그 의의」, 『근대의 기억, 신앙의 기록 – 예수교서회의 문서운동』, 숭실대학교 한국기독교박물관, 2015.
해리 로즈 지음, 최재건 옮김, 『미국 북장로교 한국 선교회사』 Volume Ⅰ(1884~1934), 연세대출판부, 2009.

한국기독교박물관 소장 일제강점기 '재판 관련 자료'의 현황과 활용방안

『동아일보』『매일신보』
숭실대학교 한국기독교박물관, 『한국기독교박물관 소장 기독교 자료 해제』, 2007.
숭실대학교 한국기독교박물관, 『한국기독교박물관 소장 과학·기술 자료 해제』, 2009.
숭실대학교 한국기독교박물관, 『한국기독교박물관 소장 한국학 자료 해제』, 2010.
숭실대학교 한국기독교박물관, 『한국기독교박물관 소장 민족운동 자료 해제』, 2012.

김승태, 「일제의 기록을 통해서 본 경기도 고양 지역의 3·1독립운동」, 『한국기독교와 역사』 40, 한국기독교역사연구소, 2014.

김정아, 「독립운동가 「형사공소사건부」」, 『기록인』 22, 국가기록원, 2013.
南富熙, 「3·1運動 裁判記錄과 儒敎界」, 『慶大史論』 4·5, 경남대사학회, 1990.
박성식, 「1930년대 대구지방 學生運動의 展開」, 『교남사학』 창간호, 영남대학교 국사학회, 1985.
박철하, 「1920년대 전반기 사회주의 청년운동과 고려공산청년회」, 『역사와현실』 9, 역사비평사, 1993.
박철하, 「고려공산청년회의 조직과 활동(1920-28)」, 『한국근현대청년운동사』, 1995.
심철기, 「1907년 의병전쟁 참여세력의 존재양상과 일제의 대응 – 경기·강원·충청지역 재판기록을 중심으로 – 」, 『한국민족운동사연구』 90, 한국민족운동사학회, 2017.
윤범모, 「김복진 연구 – 일제 강점하 조소예술과 문예운동 – 」, 동국대학교출판부, 2010.
李炫熙, 「三·一運動裁判記錄을 통해서 본 天道敎代表들의 態度分析」, 『韓國思想』 12(崔水雲 誕生 150周年紀念論集), 한국사상연구회, 1974.
임경석, 「고광수 – 고문에 스러진 젊은 영혼」, 『역사비평』 62, 역사문제연구소, 2003.
장석흥, 「조선학생전위동맹의 조직과 활동」, 『한국학논총』 22, 국민대학교 한국학연구소, 2000.
최종길, 「식민지 조선과 치안유지법의 적용 – 1926·27년을 중심으로 – 」, 『韓日關係史研究』 30, 한일관계사학회, 2008.
홍종욱, 「교토 유학생 박제환의 삶과 실천」, 『한국학연구』 40, 인하대학교 한국학연구소, 2016.

국가기록원 독립운동 관련 판결문 홈페이지(http://theme.archives.go.kr/next/indy/viewMain.do).
국가보훈처 공훈전자사료관 홈페이지(http://e-gonghun.mpva.go.kr/user/index.do).

▎근대전환공간의 인문학 – 외래사상과의 만남, 그 흔적을 찾아서 ▎

숭실대학교 한국기독교박물관, 『숭실대학교 한국기독교박물관』, 2004.
숭실대학교 한국기독교박물관, 『한국기독교박물관 소장 고문헌 목록』, 2005.
숭실대학교 한국기독교박물관, 『한국기독교박물관 소장 기독교 자료 해제』, 2007.
숭실대학교 한국기독교박물관, 『한국기독교박물관 소장 과학·기술 자료 해제』, 2009.
숭실대학교 한국기독교박물관, 『한국기독교박물관 소장 한국학 자료 해제』, 2010.
숭실대학교 한국기독교박물관, 『근대의 기억, 신앙의 기억 – 예수교서회의 문서운동』, 2015.
숭실대학교 한국기독교박물관 편, 『숭실 품안에서 반세기 한국기독교박물관』, 2017.

강돈구 외 15인 공저, 『근대한국종교문화의 재구성』(근대성의 형성과 종교지형의 변동 Ⅱ), 한국학중앙연구원출판부, 2006.
강명관, 『조선에 온 서양 물건들』, 휴머니스트, 2015.
강상규, 『19세기 동아시아의 패러다임 변환과 다중거울』, 논형, 2012.
강재언, 『서양과 조선』, 학고재, 1998.
김선희, 「19세기 조선 학자의 자연철학에 관하여」, 『철학사상』 Vol.52, 2016.
김선희, 『서학, 조선유학이 만나 낯선 거울-서학의 유입과 조선후기의 지적변동』, 모시는사람들, 2018.
김승태·박혜진 엮음, 『내한 선교사 총람(1984~1984)』, 한국기독교역사연구소, 1994.
金良善, 『梅山國學散稿』, 서울: 숭전대학교박물관, 1972.
金鎬, 「韓國學中央研究院 藏書閣 所藏 中國本 古書에 관한 一考」, 『中國文學研究』 제54집, 한국중문학회, 2014.
노대환, 「조선 후기 실학자들의 서학서 읽기」, 『한국사시민강좌』 제37집, 일조각, 2005.
문우일, 「변신變身에 대한 바울의 이해-낮은 몸에서 영광의 몸으로-」, 『신학과 사회』 29(2), 2015.
박성순, 『조선유학과 서양과학의 만남』, 고즈윈, 2005.
배지연, 「최인훈 소설의 발생학적 접근을 위한 시론-'메타모르포시스(metamorphosis)'개념을 중심으로」, 『우리말글』 제69집, 우리말글학회, 2016.
연세대학교중앙도서관, 『基督敎古文獻展示目錄』, 연세대학교중앙도서관, 1968.
이광래·후지타 마사카쓰 편, 『서양철학의 수용과 변용-동아시아의 서양철학 수용의 문제』, 경인문화사, 2012.
이덕주, 『한국 기독교 정기간행물 100년』, 기독교교문사, 1987.
이만열, 『韓國基督敎文化運動史』, 大韓基督敎出版社, 1992.
이병수, 「한반도 근대성과 민족전통의 변형」, 『시대와철학』 제23권1호, 한국철학사상연구회, 2012.
이용범, 『중세 서양과학의 조선 전래』, 동국대학교출판부, 1988.
이용주, 박종천, 박원재, 김미영, 김선희, 『조선유학의 이단 비판-이학집변을 중심으로』, 새물결출판사, 2016.
이혜순, 『전통과 수용』, 돌베개, 2010.
이화인문과학원 엮음, 『동아시아 근대지식과 번역의 지형』, 소명출판사, 2015.
장석만, 『한국 근대종교란 무엇인가?』, 모시는 사람들, 2017.

장윤금, 「우리나라 초기 외국인 선교사 자료의 디지털 아카이브 구축 필요성 연구(1800-1910)」, 『정보관리학회지』 제30권 제4호, 2013.
장인진, 「계명대 동산도서관 고문헌의 활용과 연구 방향」, 『한국학논집』 제60집, 2015.
한명근, 「開化期(1876-1905) 신서적 발간과 그 특징」, 『崇實史學』 20, 숭실사학회, 2007.
한명근, 「예수교서회의 기독교문서 출판과 그 의의」, 『근대의 기억, 신앙의 기록 – 예수교서회의 문서운동』, 숭실대학교 한국기독교박물관, 2015.
한명근, 「한국기독교박물관 소장 근대 자료의 내용과 성격」, 『〈메타모포시스 인문학〉에서 본 한국기독교박물관 소장 자료의 현황과 활용방안』 제1회 숭실대학교 HK+사업단 학술대회 보, 숭실대학교 인문한국플러스사업단, 2018.
홍선표 외, 『17·18세기 조선의 외국서적 수용과 독서문화』, 혜안, 2006.
홍원식, 「한국근대철학사, 그 관점과 방법을 생각하다」, 『시대와 철학』 제24권3호(통권 64호), 한국철학사상연구회, 2013.

▎한국기독교박물관 소장 〈문학과 예술〉 자료의 현황과 〈메타모포시스인문학〉 연구의 활용방안 ▎

숭실대학교 한국기독교박물관 편, 『숭실대학교 한국기독교박물관』, 2004.
숭실대학교 한국기독교박물관 편, 『한국기독교박물관 소장 고문헌 목록』, 2005.
숭실대학교 한국기독교박물관 편, 『한국기독교박물관 소장 기독교 자료 해제』, 2007.
숭실대학교 한국기독교박물관 편, 『한국기독교박물관 소장 과학·기술 자료 해제』, 2009.
숭실대학교 한국기독교박물관 편, 한국기독교박물관 소장 한국학 자료 해제』, 2010.
숭실대학교 한국기독교박물관 편, 『한국기독교박물관 소장 민족운동 자료 해제』, 2012.
숭실대학교 한국기독교박물관 편, 『서양인이 본 근대전환기의 한국, 한국인』, 2012.
숭실대학교 한국기독교박물관 편, 『근대의 기억, 신앙의 기록』, 2015.

김병철, 「근대창가 연구」, 서울대 박사학위논문, 1998.
김영철, 「한국 개화기 시가장르의 형성과정 연구」, 서울대 박사학위논문, 1986.
김수영, 「수출회화로서 기산 김준근 풍속화 연구」, 『미술이론과 현장』 8집, 한국미술이론학회, 2008.
김성은, 「선교사 게일의 번역 문체에 관하여 : 천로역정 번역을 중심으로」, 『한국기독교와 역사』

31집, 한국기독교 역사연구소, 2009.
김승우, 『19세기 서구인들이 인식한 한국의 시와 노래』, 소명출판사, 2014.
김정숙, 「19세기말 기독교 소설 〈인가귀도〉 연구」, 숭실대 석사학위논문, 2009.
김해성, 「기독교가 한국문학에 끼친 영향」, 『교수 아카데미 총서』, 일념, 1993.
문순희, 「개화기 한국인의 일본기행문과 일본인의 한국기행문 연구」, 연세대 박사학위논문, 2016.
문옥배, 「근대 선교사의 찬송가 가사 번역에 관한 연구」, 『음악과 민족』 22집, 민족음악회, 2001.
민경찬, 「창가를 다시 묻는다」, 『동악어문학』 51집, 동악어문학회, 2008.
박효은, 「근대전환기 개항장의 조선화가 김준근-현존작 검토를 통한 김준근의 활동양상과 재고」, 『제4회 매산기념강좌 기산 풍속도 연구』, 한국한국기독교박물관, 2007.10.
박효은, 「『텬로력뎡』삽도와 기산풍속도」, 『숭실사학』 21, 숭실사학회, 2008.
배영동, 「기산풍속도의 생산민속과 복식」, 『기산풍속도 연구』, 숭실대 제4회 매산기념강좌 발표집(숭실대 한국기독교박물관), 2007.
송민규, 「근대초기 서양인들의 한국어문학 인식 연구 : 개화기 선교사들의 영역시가를 중심으로」, 고려대 박사학위논문, 2015.
서정민, 「근대 아시아에서의 선교사 문제; 한국과 일본 개신교 선교사들의 활동에 대한 검토를 중심으로」, 『한국기독교와 역사』 5, 한국기독교 역사연구소, 1996.
오선영, 「율의 번역과 번역의 율」, 『상허학보』 11집, 상허학회, 2003.
오선영, 「찬송가의 번역과 근대 초기 시가의 변화」, 『한국문학이론과 비평』 42집, 한국문학이론과 비평학회, 2009.
오순방, 「1894년 간행 중문기독교 소설의 전파와 번역 그리고 초기 한국의 문서 선교 : 한국기독교박물관 소장 〈유도요지〉와 한역본 〈인가귀도〉를 중심으로」, 『중국소설논총』 27집, 한국중국소설학회, 2008.
오순방, 「플랭클린 올링거의 한역본 〈인가귀도〉와 〈의경문답〉 연구」, 『중어중문학』 47집, 중어중문학회, 2010.
이상현, 「제임스 게일의 한국학연구와 고전서사의 번역 : 게일 한국학 단행본 출판의 변모와 필기, 야담, 고소설의 번역」, 성균관대 박사학위논문, 2009.
이지나·정희선, 「p.로웰의 여행기에 나타난 개화기 조선에 대한 시선과 표상」, 『문화 역사 지리』 29집, 문화역사지리학회, 2017.
이필영, 「민속학적 관점의 기산풍속도 해제」, 『기산 김준근 조선 풍속도』, 숭실대학교 기독교박물관, 2008.

장경남, 「〈문성기〉 연구」, 『고소설연구』 21집, 한국고소설학회, 2006.
장경남, 「국문본 연행록 〈북연기행〉 연구」, 『우리문학연구』 29집, 우리문학회, 2010.
전영주, 「찬송가의 유입과 메타모포시스 시학의 가능성 – 창가, 신체시, 자유시의 등장을 중심으로」, 『문학과 종교』 24권1호, 2019. 3.
정성은, 「한국 근대미술에 나타난 토착화의 함의」, 『동양예술』 18, 동양예술학회, 2012.
정성은, 「「텬로력뎡」 삽도의 시각이미지 연구 : 개신교 선교사들이 주문한 箕山 김준근 작품을 중심으로」, 성균관대 박사학위논문, 2013.
조규익, 「창가의 형성에 미친 번역 찬송가의 영향」, 『온지논총』 16집, 온지학회, 2007.
조숙자, 「한국 최초의 악보 찬송가 〈찬양가〉(1894) 연구」, 『교회와 신학』, 장신대 출판부, 1992.
조숙자, 「선교사 베어드의 한글 번역 찬송가」, 『한태동교수 고희 기념논문집』, 연세대 간행위원회, 1995.
조흥윤, 『민속에 대한 기산의 지극한 관심』, 민속원, 2004.
주근옥, 「한국시 변동과정의 모더니티에 관한 연구」, 시문학사, 2001.
주근옥, 「창가의 문화접변적 성격 연구」, 『국어국문학』 133집, 국어국문학회, 2003.
차봉준, 「한국 최초의 대학 숭실이 한국문학에 남긴 영향」, 『한국문학과 예술』 3집, 숭실대학교 한국문학과 예술연구소, 2009.
차봉준, 「애니 베어드 소설의 개화기 문학사적 의미 – 〈고영규전〉과 〈부부모본〉을 중심으로」, 『신앙과 학문』 17집, 2012.
하재연, 『근대시의 모험과 움직이는 조선어』, 소명출판, 2012.
황호덕, 「사전과 번역과 현대한국어문학, 고유한 근대지성의 출현과 전파번역의 황혼 – 이광수, 제임스 게일, 윌리엄 커의 근대 한국어관, The Korea Bookman을 중심으로」, 『비교어문연구』 42집, 비교어문학회, 2016.

▌숭실대학교 한국기독교박물관 소장 근·현대시기 영문 자료 연구 (17세기~20세기 전반기) ▌

CAPTAIN BASIL HALL, *Account of a Voyage of Discovery to the West Coast of Korea and the Great Loo-Choo Island.*, London, John Murray, 1818.
JOHN M'LEOD, *Voyage of His Majesty's Ship Alceste, Along The Coast of Corea To The Island of Lewchew.* Wentworth Press. 23 Feb. 2019(영인본)

ERNEST OPPERT, *A Forbidden Land: Voyages to the Corea*, S. Low, Marston, Searle, and Rivington. 1880.

PERCIVAL LOWELL, *Choson: The Land of Morning Calm*, Ticknor and Company, Boston, 1888.

TRUMBULL WHITE, *The War in the East, Japan: China, Corea*, P. W. Ziegler & Co. 1895.

HON. GEORGE N. CURZON, *Problems of the Far East*, Longmans, Green, and Co. London, 1894.

HENRY CHUNG, *The case of Korea*, New York, Chicago, Fleming H. Revell Company. 1921.

James S. Gale, "The Missionary Outlook in Korea," *The Missionary Review of the World*, 1920.

찾아보기

ㅣㄱㅣ

가뎡위생 69
감리교 31, 32, 47
監理會報 50
갑오개혁 65
갑오농민전쟁 64
강우규 82, 130
강화군 83
게일(J. S. Gale) 35, 107, 109, 112, 119, 195
격문사건 140, 152
格致學 74
格致彙編 180
경북유림단사건 136
경성여학생만세사건 152
경성의학전문학교 83
京城日報 76
경학원 79
京鄉雜誌 62

啓聖學報 58
고려공산당 86, 139
고려공산청년회 86, 142, 151
고영규선 38, 190, 197
고요한 아침의 나라 258
공산주의 140
攻西派 174
곽재기 84, 135
광무대 146
광주학생운동 85, 138
구미외교위원회 118
구세군 31
구세론 34
국가동원체제 100
국민부 87, 146
國民小學讀本 65
국민정신총동원운동 95
국진순 147
권용상 151

찾아보기 • 271

그리스도신문 49, 203
그리피스(William Eliot Griffis) 108
근대교과서 66
금쥬미담 36
기독교 17, 21, 33, 66, 75, 163, 187
基督敎社會思想 39
기독교청년회연합회 47
기독신보 49, 204
畿湖興學會 78
길선주 40, 178
김대건 61
김도엽 87, 141
김병룡 146
김병식 145
김병업 146
김복진 140
김성숙 146
김순희 141
김승려 146
김시현 84
김양선 16, 125
김용출 141, 151
金允植 72
김의호 146
김점권 85, 151
김준배 140
김준연 87, 139
김창수 141
김창숙 98, 136
金昌俊 65
김태희 140

김형기 132

| ㄴ |

나석현 137
盧炳善 39
노회록 45
農民生活 58
農學入門 69

| ㄷ |

단천군 83
단편주석서 28
대구고등보통학교맹휴사건 136
대영아시아학회 52
大朝鮮人日本留學生親睦會 79
대죠션독립협회회보 78
大平壤 79
대한독립단 87
대한독립의용단 87
大韓每日申報 76
대한민국임시정부 83
大韓民國臨時政府成立祝賀文 65
大韓民報 76
大韓新地誌 68
대한의용단 145
대한인국민회 118
대한청년단연합회 84, 135
大韓協會會報 76, 78
대한흥학회 79
독립신문 166, 202
독립협회 63

동대문격문사건　146
東道　166
동아개진교육회　63
동아일보　100

ㅣㄹㅣ

러일전쟁　114
루소　177
리델 주교　60

ㅣㅁㅣ

마포삼열　178
만국공법　177
만국기독교청년면려회　48
每日申報　77
메타모포시스　162, 165, 178, 187, 211
명성황후　109, 114
文順龍　100
文藝街　79
文章指南　69
閔泳綺　71
민족대표　82
閔燦鎬　117

ㅣㅂㅣ

박성녀　140, 149
박애순　83, 133
朴殷植　71
박응선　145, 151
박인호　131
박재혁　84, 135

박정양　64, 177
박지원　72
박창철　145, 151
박헌영　139
백낙준　118
白潮　79
法學協會雜誌　78
베네딕토회　109
베어드(A. L. A. Baird)　32, 112, 190, 202
베어드(W. M. Baird)　21, 66
闢衛編　175
闢異淵源錄　175
변영태　118
丙寅洋擾　174
併合前後暗殺事件判　81
보호관찰제도　92
불교　79, 110
비숍(Isabella Bishop)　113

ㅣㅅㅣ

辭課指南　107
사민필지　66
四史聖經　60
사상범보호관찰법　102
사상범보호관찰제도　95, 97
思想月報　80
사회주의운동　93, 102
사회진화론　167
三國遺事　71
三一獨立宣言書　65
3·1운동　80, 115, 131, 154

3·1운동 10주년 기념시위 145
三千里 79
샛별전 38, 190, 198
샤머니즘 110
서대문형무소 147
西道 166
서산군 83, 133
西禮須知 68
西友學會 78
서울(THE SEOUL) 79
서울성서공회 119
西遊見聞 68
西醫略論 182
西學 170
鮮英文法 106
성경 23
성경잡지 204
성경총론 29
성공회 30, 111
聖敎要旨 173
성교찰리 34, 120
醒進會 85
星湖僿說 71
성경디리 38
손병희 131
孫貞道 84
송성수 137
쇼아교육 69
崇實學報 58
스크랜튼(M. F. Scranton) 66
시천교 79

시편촬요 25
신구약 성서 26
新東亞 79
新文界 79
辛未洋擾 174
신민회 82
信使日記 63
新生 56, 80
信西派 174
신앙교리서 33
信仰生活 57
신약전서 24, 25
辛酉敎難 165
辛酉敎獄 174
新訂東國歷史 68
신태익 147
神學月報 51, 54
신학지남 54, 204

ㅇ

아담 스미스 177
아펜젤러(H. G. Appenzeller) 24
안과의학 74
안식교 110
安宗洙 70
안중근 81
安昌浩 84
알렌(H. N. Allen) 108
암살사건 129
애국계몽운동 78
夜雷 78

야마자와 사이치로(山澤佐一郎) 80, 81
洋物論 63, 175
兩儀玄覽圖 168
양주동 17
언더우드(H. G. Underwood) 24, 35, 107, 195
언문첩경 68
에드킨즈(Joseph Edkins) 73
엡윗청년회 56
연행록 172, 194
염원형 83, 132, 153
瀛環志略 176
禮拜模範 75
예수교문답 35
예수교서회 119
예수교연합공의회 32
예수교회보 204
예수성교문답 24
예수성교누가복음젼서 120
오경석 176
오페르트(Ernest Oppert) 113
오학수 84, 135
요한공부 30
우두신설 71
우리의 가뎡 79
우에노 히라오(上野平雄) 87, 142
원산독립소요사건 135, 149
元山學舍 65
衛正論 174
유교 110, 167
유림단 사건 84

윤원삼 132
윤자영 132
尹致昊 82, 118
을사늑약 70, 109
의열단 84, 98
이노우에 가쿠고로(井上角五郎) 76
李東秀 130
李東輝 84
이명수 141
李範晉 64
李奉石 83
李商在 64
이수흥 84, 136
李昇薰 82
異樣船 165
이완용 81, 129
李祐珪 70
이인정 133
李淙遠 70
이토 히로부미(伊藤博文) 81
李學逵 173
이학종 141
이형술 146
李鎬準 64
인가귀도 198
일본공산당 87, 142
일진회 76
臨時政府宣言書 65
임종환 141
임주홍 137

| ㅈ |

장로교 31, 32, 45, 47
長老會報 50
張志淵 78
쟝자로인론 190, 198
전시동원체제 88
鄭秉夏 70
정석행 87, 141
정약용 72
정약종 60, 173
정의부 88
政治原論 68
朝光 79
조동호 141
조미수호통상조약 105, 254
조선 그리스도인 회보 204
조선공산당 86, 151
조선공산당사건 141
조선불온문서임시취체령 102
朝鮮俗曲集 70
朝鮮新報 76
조선어사전 196
조선예수교서회 54, 119
조선예수교장로회총회 70
조선일보 100
조선책략 177
朝鮮天主敎小史 61
조선총독부 94
조선학생전위동맹 85, 138, 141, 152
조선학생혁명당 141
조선헌병대사령부 102

朝陽報 78
조용한 아침의 나라에서 109
존 오웬 214
존 프라이어(J. Fryer) 73
종교교육 55, 205
종교범죄 93
주일학교 41, 55
주일학교연구 204
중서견문록 73, 176
池錫永 71
진우연맹사건 136

| ㅊ |

찬미가 31
찬송가 31, 190, 197, 200
찬양가 201
참의부 87, 145
창세기 75
蔡弼近 57
斥洋錄 63, 175
천도교 71, 110
天道敎大憲 69
천로역정 37, 190, 199
天神會課 59
天定論 75
천주교 23, 59, 106, 172
천주실의 59, 62, 168
天學考 172
天學初函 168
청일전쟁 109, 114
初等小學 68

최창식 87, 145
최창인 133
최한기 182
춘생문사건 109
치명일기 175
치악산 69
치안유지법 145
친일활동 104
칠극 59, 62, 168
침례교 31

| ㅋ·ㅌ·ㅍ |

코리안 리포지터리 223
통의부 87
파혹진선론 39

| ㅎ |

한경석 141
한국기독교박물관 16, 20
한국문법 106
한국선교공의회 42
한글주석서 27
한글 79
한림 141, 151
한불문전 106
한불사전 195
한불ᄌ뎐 106
한성순보 76
韓英文法 106
한영자전 107, 195, 189
海國圖志 176

海禁정책 169, 171
海道圖說 75
海東名將傳 68
헐버트(H. B. Hulbert) 66, 107, 112, 223
湖西募義錄 64
홍길동전 194
洪陽紀事 64
홍종국 141
홍주의병 64
華夷觀 181
火柱 57
活泉 54
皇城新聞 76
황옥사건 135
황종하 135
황죵화 84
黑船 169
흑전사 88, 146, 152
흥선대원군 113
히부학 67

| A~Z |

A Case of Korea 252
An Humble Testimony 213
History of Corea 215
Korean Sketches 108
The Catholic Church in Korea 62
The Christian Literature Society of Korea, Catalogue of Korean Publications 119
The Japan Magazine 76
The Korea Bookman 52, 205

The Korea Mission field 204

THE KOREA REVIEW 223

The Korea Review 51

The Korean Repository 51, 78, 216

The New East 52

필자소개

▌한명근(韓明根)
숭실대학교 대학원 사학과 졸업(문학박사)
숭실대학교 한국기독교박물관 학예팀장
『한말 한일한방론 연구』, 『통감부 설치와 한국의 식민지화』(공저)

▌성주현(成周鉉)
한양대학교 대학원 사학과 졸업(문학박사)
숭실대학교 한국기독교문화연구원 HK연구교수
『일제하 민족운동 시선의 확대』, 『식민지시기 종교와 민족운동』 등

▌오지석(吳知錫)
숭실대학교 대학원 철학과 졸업(철학박사)
숭실대학교 한국기독교문화연구원 HK교수, 한국기독교사회윤리학회장
『서양 기독교윤리의 주체적 수용과 변용: 갈등과 비판을 넘어서』, 『가치가 이끄는 삶』(공저)

▌전영주(全暎珠)
동국대학교 대학원 국어국문학과 졸업(문학박사)
숭실대학교 한국기독교문화연구원 HK연구교수
「개화기 서구인의 시조번역과 시가인식」, 「찬송가의 유입과 메타모포시스 시학의 가능성」 등

▌김지영(金志寧)
헝가리 부다페스트대학교(ELTE) 근현대사학과 졸업(역사학박사)
숭실대학교 한국기독교문화연구원 HK교수
『1968년』(공저), 『세계 속의 러시아혁명』(공저)